JOHN
THOMSON

FORMOSA

尋找 湯姆生

1871臺灣文化遺產大發現

1871

John Thomson (14 June 1837 – 29 September 1921) was a pioneering Scottish photographer, geographer, and traveller. He went on to visit the island of Formosa (modern-day Taiwan) with the missionary Dr. James Laidlaw Maxwell, landing first in Takao in early April 1871. The pair visited the capital, Taiwanfu (now Tainan), before travelling on to the aboriginal villages on the west plains of the island. After leaving Formosa, Thomson spent the next three months travelling 3,000 miles up the Yangtze River, reaching Hupeh and Szechuan.

JOHN
THOMSON
FORMOSA

寫在出版之前

「旅行即是擁有世界。」美國 Burton Holmes（1870-1953）曾被譽為二十世紀偉大旅行者，他認為經由旅行，可以更完整、更令人滿意地擁有世界，更甚於透過購買或征服。

Holmes 這樣的觀念在今天是受到挑戰的。他認為旅行者的擁有並不自私，他不會奪取任何事物，也不會有人因為他的旅行變得更窮困。今天的旅行研究談論「帝國之眼」，也就是說談旅行者如何以他們既有的意識型態來觀察和評價眼前事物；而觀光的盛行，也使人警覺於它的資源掠奪性——觀光客所需取用的資源，往往數倍於當地人士。

螳螂捕蟬，黃雀在後。觀看者在今天也是被觀看者。和遠足文化龍傑娣總編輯共同規畫「見聞‧影像」書系，基本的信念既不在推動旅行文學，也不在提供臥遊觀覽的樂趣。雖然並不排除以上的文類和可能效果，但書系提供更多的是史料、文獻、考察和發現。

書系首先著重的一個特點是個人親身的踏查和經歷，雖然在實際的情況中，一位認真的旅行者總是閱讀著其他人的書寫或是歷史上累積下來的資料。而且，它們大多具有壯遊或踏查性質，而不是一般性質的旅遊。這種親歷現場的特質，使得書系中的作品，往往是具有和大歷史對抗意味的「小歷史」或是個人歷史。

書系的另一個特點是我們會偏好出版富於影像的書籍。這是因為，如果親歷現場者寫出了他們的小歷史，影像又是另一種不同的記載和表達媒材。我們相信，它們不只是文字的插圖，而是自有其意義深度的事物。基於這樣的信念，書系中甚至希望多包括具有拍攝目的旅行、物件收集和地誌探查。

比如作為系列第一本出版作品的歐文‧魯特《1921 穿越福爾摩沙》，作者為英國皇家地理學會及皇家人類學會會員，並曾具有軍人、殖民地官員、學者和作家等多種身分，也曾在南洋地區長期居住和經營農園。魯特曾在 1921 年 4 月 3 日到 11 日之間訪問臺灣，他由高雄上岸，一路北上經臺中、臺北由基隆搭船前往日本。在臺灣，這部著作過去只有翻印的英文版通行，《1921 穿越福爾摩沙》是首度翻譯的中文版。他對於當時已受日本殖民經營二十五年以上的臺灣所做觀察和評論，帶有一老牌歐洲殖民帝國觀看一新興殖民帝國之經營櫥窗的意味，在近百年後的今天讀來反而像是一被觀察的觀察者。魯特來臺參訪時間不長，但對日本殖民中期的原住民（理蕃）政策，或是對漢人政治地位訴求問題皆提出不同於日本統治者的見解，作為個人踏查及見聞的小歷史，已足供後世參考。

書系出版的第二部著作是臺灣當代藝術家高俊宏的《橫斷記：臺灣山林戰爭、帝國與影像》。高俊宏來自視覺藝術創作背景，2017 年甫自臺南藝術大學藝術創作理論研究所取得博士學位。他的作品以錄像、身體實踐與書寫為媒介，主要關注歷史與生命政治、社群與諸眾、冷戰與東亞和新自由主義在臺灣等議題。2013 年他開始展出「廢墟影像晶體計畫」，是透過身體勞動進行歷史踏查，投射出新自由主義在臺灣的相關議題。高俊宏在 2015 年完成「群島藝術三面鏡」套書《小說》、《諸眾》、《陀螺》榮獲文化部金鼎獎獎勵，是臺灣當代藝術家展開大量書寫及運用出版的傑出範例。

　　接下來的《再見海南島》一書為張子涇（1921-2010）的回憶錄，主要的內容是他本人在二戰後在海南島成為戰爭囚犯，如何經歷各種苦痛及拋棄，終於能夠回返臺灣的故事。這是一段臺籍日本兵的創傷經驗回憶，然而因為這樣特殊敏感的身分，此書先是在日本出版。對這次推動中譯的長榮大學臺灣研究所副教授天江喜久而言，原書在 1984 年出版，年代處於臺灣解嚴之前，令人驚訝。

　　之後加入系列的譯著《福爾摩沙・美麗之島：1910-20 年代西方人眼中的臺灣》，其中第一部分是曾在臺停留長達三年的美國駐臺北領事夫人愛莉絲為《國家地理雜誌》撰寫的報導〈福爾摩沙・美麗之島〉，出版於 1920 年 3 月。由於愛莉絲的領事夫人身分，她因而也較能獲得臺灣總督府的信任，可以得到許多交通、產業（茶、糖、尤其是樟腦）、原住民相關的資料與第一手影像圖檔，也使 1910-1920 年左右日本在臺灣治理，得以透過《國家地理雜誌》的報導傳播到世界各個區域。同書第二部分是有「漂浪王子」之稱的哈利・法蘭克所著的《日本與福爾摩沙一瞥：福爾摩沙部分》（出版於 1924 年）。不同於其他外國訪客從日本本土到達北方的基隆，或直達南方的高雄，哈利是從日本內地進入朝鮮、滿洲、中國，而後跨越海峽進入臺灣。哈利的寫作方式是試圖透過自認不帶感情的態度、不做修飾地記錄自身印象和體驗，但他其實仍保持著大眾旅行作家的風采。

　　本身是美國德裔移民後代的哈利對民族與文化的比較與評價特別感到興趣。對於日本這個正在東亞興起的強權，他的描述與評價帶有矛盾的情緒，既加以鄙夷又忍不住稱讚。對於臺灣原住民族，哈利同樣著迷，並且提出他們日本南方島民難以分辨的看法，甚至進而大膽推論出臺灣原住民與日本人，具有共同的南方來源。

　　最新加入這個系列是是民間文史研究者游永福長期的工作成果，他以

在地生活者的優勢追索了 1871 年蘇格蘭攝影家湯姆生在臺灣南部的行程。他詳細對照湯姆生留下的書寫紀錄和照片，多次回到現場考證他的足跡，設法確認過去每一張留世照片的拍攝地點在前後脈絡，這個細密的田野工作，即使有所有研究工作所可能受到檢證和批評，但作者的期望是可以成為後來的各種研究者的基礎。

「見聞・影像」這個書系出版規劃雖以臺灣為主，但並不侷限於此，比如前述哈利的作品即涉及日本，也包括之前海南島臺籍日本兵戰後遭遇回憶為主題的著作和最近出版的《庫克船長與太平洋》，乃是以 200 張珍貴的圖片及其解說來紀念庫克船長首航 250 週年。豐富的圖文及實地紀錄總是此一系列的重要特色，比如也是系列中最近出版的譯著《從臺中雙冬疏散學校到內地復原》，原先便是一部原長 14.27 公尺的繪卷奇「書」。在邀請大家期待的同時，也歡迎相關提案。

林志明（國立臺灣美術館館長、臺北教育大學藝設系教授）

費德廉
Douglas L. Fix

推薦序

　　18 年前（即 2001 年）5 月，我和幾位老師及朋友在臺北開會，討論如何在剛成立的國立臺灣歷史博物館（以下簡稱臺史博），展現十九世紀的臺灣影像。當時蘇約翰教授與我才剛獲得奇美基金會的補助，來整理、註釋以及編輯收藏在美國國會圖書館的李仙得（Charles W. Le Gendre，1830-1899）《臺灣紀行》（Notes of Travel in Formosa, 1874）手稿。因為我們 2000 年暑假已經看過並複製了《臺灣紀行》手稿中所有的文字與圖像，開會時，我就提議用這些圖像加上少許文字內容以讓 1870 年代的舊臺灣風景與人物再現。當時蘇教授與我也已知李仙得手稿中的照片，有一大半是英國攝影家湯姆生所拍攝的，所以我們 2001 年 7 月與 10 月所提出作為展覽的具體內容，就決定包括湯姆生的照片。不過，蘇教授一再提醒大家的是，展現湯姆生 1870 年代的攝影成就的同時，不要忘記這些圖像是帝國主義在亞洲擴展的背景之下所拍攝的。

　　跟開會的同仁經過幾月的通信之後，我在 12 月底寫信給胡家瑜與吳密察兩位教授，把蘇教授和我的構想做了一次整體的說明。其中包括兩項不同的展覽會內容。第一項，即「重訪湯姆生的風景照」，或許較易實現，須要找一位職業攝影家與熟悉南臺灣內地湯姆生踏查過的路線專家，在湯姆生 1871 年取景地點再次拍攝風景照片。取得這些現代風景照片後，即可在展覽會場並列展現 1871 年和 2001 年所拍攝的風景圖像，讓參展的觀眾看到臺灣自然界在 130 年中的變化。第二項構想，即「重整湯姆生拍攝的人像」，卻比較複雜，因為要分成兩個階段完成。起先要把湯姆生 1871 年所拍攝的人像透過移動展覽帶到南臺灣原地來展現，而且展覽時就邀請當年被湯姆生所拍攝的族群後代提出自己對這些人像的感想；同時，請他們依照自己的想法給當地社群重新拍攝人像。這階段完成之後，就把第一階段所收集的感想和照片與 1871 年湯姆生所拍攝的人像放在一起，再做一次移動展覽。希望在臺灣各城市都能夠展現。胡家瑜和吳密察教授幫忙將我們的構想轉達給國立臺灣歷史博物館籌備處做參考。2002 年 1 月，臺史博負責和國外機關聯絡的職員，就開始跟倫敦的威爾康圖書館（Wellcome Institute，收藏有湯姆生後代當年捐送的玻璃底片）通信，希望能夠設法引介湯姆生的照片到臺灣展覽。可惜的是，2002 年臺史博才剛剛成立籌備處，還沒有展覽場地可以進行這一類的特展，因此蘇教授與我的構想就不了了之了。

　　整整 18 年後的今天，游永福先生在他的新書《尋找湯姆生》就完成了類似的計畫。看了他新書的內容就感覺到他所走的路、花費的時間、觀

察的照片以及分析的歷史文獻要比湯姆生還多，也更辛苦。據我所知，我們的展覽計畫剛開始成形的 2002 年初，游先生已經得知湯姆生對他家鄉甲仙埔有所報導。2005 年 4 月，好友黃智偉第一次帶我參觀湯姆生曾經到訪的村落（拔馬、木柵等），游先生在當時就已開始尋找湯姆生當年的路徑，同時試圖釐清湯姆生照片取景地與照片的內涵。可惜的是那時候我還不認識游永福先生，無法得到他在地人的協助。

　　讀者閱讀游先生的新書以及書中的豐富圖像時，不但能夠知道湯姆生 1871 年取景地點在哪裡，還會看到同個地點的現在面貌，知曉湯姆生路徑中每個地帶的植物、食物與特產，並能了解南臺灣平埔族群 1870 年代的房屋、武器、衣服等器物是如何構成的等等。透過長年的實地調查、舊照片的分析與歷史文獻的研究，游先生的新著作《尋找湯姆生》，終於完成近似我和蘇教授當年想要實現的展覽。在我祝賀他新書出版時，也不要忘掉蘇教授 2001 年所提醒我們一同開會的朋友的，即欣賞十九世紀英國攝影家的風景照片與人像時，必須記得湯姆生是依靠英國帝國主義在臺灣擴展的機制（包括英國長老教會的協助、英國海軍部的海洋測量等）以及當地的臺灣嚮導與村落居民的協助等，才能夠取得這些圖像的。游永福先生的新書也有助我們認清這個事實。

費德廉（美國里德學院歷史系教授）

王雅倫

推薦序

　　1997 年，當我出版《法國珍藏臺灣早期影像：攝影與歷史的對話》一書之後，陸續收到一些好心的研究者捎來一些對我這本書的指正和問題，其中的一位就是游永福先生。他的建議和指正的信件也是最長最多次的，對我當初千頭萬緒的疑問的確有很大助益，也對後來的修訂再版有一定的影響。這位從信封地址來看，是住在南臺灣深山的一位在地文化工作者（當時他謙稱是一小書店老闆）。一直到 2006 年我才在臺灣大學圖書館主辦的研討會中見到他，期間我知道他已出版了相關書籍《甲仙文史記事：為式微的平埔文化開出一條活路》，並時常投稿報社發表最新的發現。2006 年他帶領威爾康圖書館（收藏湯姆生玻璃底片之處）的館員與夥伴，一起重走南臺灣湯姆生 1871 臺灣行路線，同時確定了出現最多次的一張湯姆生拍攝的山谷，即是甲仙的「白雲仙谷」，並拍下一些對照圖（2008 年因為風災的關係，此處人工景致已完全消失，回復了自然樣貌）。

　　住在高雄甲仙的游永福，因著「湯姆生曾經住過甲仙一夜」的緣份，開始了他長達 18 年的追蹤。從湯姆生僅僅標示的幾個地名線索，啟動了這趟不可能的任務，如今這本《尋找湯姆生：1871 臺灣文化遺產大發現》終於誕生。它不僅僅是一本說明湯姆生當年如何拍攝臺灣的書，也開啟了以下幾個先例：

> 一、消失地景的對照：以中研院人社中心提供的衛星照片、《臺灣堡圖》和自己的登山經驗，重畫湯姆生足跡地圖。
> 二、早期平埔族服飾的紀錄：盤整平埔族群服飾的特色。
> 三、先民的文化與生活紀錄：挖掘並明述南臺灣的人文與產業。

　　游永福的行徑，如同他自己在書中所言：「用雙腳體驗英國攝影家湯姆生 1871 年南臺灣內山之行辛苦；用眼睛瞭解路徑沿線文化、生態、產業、宗教與地景之美；用心成為文化關懷與生態保育先鋒。」他不但逐字拼出湯姆生的路線，也按照湯姆生行走的路線重走了好幾次，在此過程中還發現且校正了湯姆生當時誤植的地名。即使是收藏湯姆生原作玻璃底片的威爾康圖書館，也多未依湯姆生在影像上的題字來說明。比對起來，如果沒有足夠與持續的熱情，是無法完成的。除了平面地圖還借助衛星影像尋找正確位置，找出當年湯姆生拍照所站的位置重拍一次，就算地形有了變動他仍能清楚交代位置。湯姆生在玻璃底片上的題字夾雜著閩南語發音，有時在判讀上會有點困難，但游永福一點一滴慢慢都做到了。當然，整個過

程中這個「文具店、小書店老闆」不但把全家拖下水，也把好朋友們都邀請來一起踏查研究。就這樣游永福比對了 59 張湯姆生所拍攝的臺灣影像（兩張〈打狗港景觀〉影像合成的〈打狗港景觀全景〉不計入），衍生出一部對南臺灣地理、植物、平埔族群生活的回顧與整理。

「湯姆生，可是為我們記錄了 1871 年臺灣這一珍貴植物活化石的影像。」游永福也與湯姆生一樣，深信這一條線性文化路徑還能提供給地質學家或植物學家一個豐富的探索環境——雖然豐富，可惜許多耆老及文化遺產在成為這本書的插圖後，均不復存在了。由於深知文化不能等待，所以游永福一步一腳印，學習拍照、架設網站、開設社區探索課程，並舉辦作品展覽擔任導讀人等，一頭栽入了湯姆生南臺灣旅行檔案的探索與研究。

18 歲時開始寫詩，差點成為詩人的游永福，卻以質樸（如同湯姆生描述他在南臺灣山林間所遇到的人的感覺一樣），又如壯碩的山林一般的開闊心胸，在沒有補助的情況下，獨力又細膩地完成這本大作，在這紛擾喧囂的時代，特別映照出一股清流與書香。對照起部分西方學者，總是以他者之眼或東方主義來理解或質疑湯姆生拍照的動機以及他所拍攝的東方圖像，在通過閱讀這本書之後，或許應該說，湯姆生的知音晚了 148 年才出現吧。

雖然筆者在 22 年前曾出版了《法國珍藏臺灣早期影像》這本書，但這個不期然完全是因為大學時曾為山服社一員，加上對教會的熟悉，在國外意外看到這批影像，利用自己研究以外的時間來完成，正因為如此，書中有許多疏漏。如今我必須說，如果您看過湯姆生相關著作，或者您喜愛攝影，也關心文化遺產研究，一定要加上游永福這本新作才算完備。

在此恭喜游永福先生，書就要付梓了，那不可能的任務終於完成了。

王雅倫（國立成功大學藝術研究所副教授）

PREFACE

游永福

自序

臺灣的徐霞客

　　臺灣的面積不大，古道卻不少，如草嶺古道、魚路古道、八通關古道、瑯嶠‧卑南古道等，充滿人文與歷史之美，也充滿地景之麗，向來是慕名者熱門走訪的。

　　可惜這些路線未能如《徐霞客遊記》一般，有著早期的完整走訪報導，讓我們可以按文索驥、今古對照。萬萬想不到，1871 年 4 月，臺灣竟然出現了一位徐霞客，除了遊記，還留下了極為珍貴的照片。

　　這位臺灣徐霞客，風度翩翩、兩眼有神，是舉世公認的傑出旅行攝影家，名叫約翰‧湯姆生（John Thomson, 1837-1921）。

　　湯姆生是英國蘇格蘭愛丁堡人。他在同為蘇格蘭人的宣教士馬雅各醫生（Dr. James L. Maxwell, 1836-1921）對「美好平埔番」之講述與令人讚嘆的魅力吸引下，於是在 1871 年 4 月 1 日隨著馬雅各從廈門搭乘輪船（Steamer）前往臺灣。4 月 2 日破曉時分，兩人來到打狗岸邊約一哩處下了錨，接著轉搭舵手「鴉片」（Opium）的小船上岸。自從懷著興奮心情的攝影家一

照片 1
湯姆生，〈湯姆生與中國福建省廈門的兩個滿州士兵〉
Courtesy of Wellcome Collection

腳踏上了陸地之後，臺灣的面目開始清晰了；歷史，也有了不同角度的寫法。

為臺灣新寫歷史的湯姆生，長相到底如何？頗令人好奇。攝影家一向為人作嫁，所以會留下自身影像的並不多。這一張難得接近正面的〈湯姆生與中國福建省廈門的兩個滿州士兵〉（Amoy, Fukien province, China: two Manchu soldiers with John Thomson）影像（照片 1），判斷應是由其助理協助拍攝。

話說湯姆生在打狗上岸後，於旗後、猴山（今柴山，又名壽山）與打狗潟湖四處獵艷，因此為打狗港保留了極為難得的青春容顏。在此盤桓三天後，一行人又乘船北上，於 4 月 5 日早上 8 點來到臺灣府。故府城的古意與靜謐，也依序入了鏡頭。

到了 4 月 11 日，備好旅行用品，並找到苦力，即挑夫之後，大夥兒又往東行去，前往內山地界客旅極稀，且以閩南語音來記錄的拔馬（Poah-be）、崗仔林（Kong-a-nah）、木柵（Bak-sa）與柑仔林（Kam-a-na）等「熟番」地區，以及瓠仔寮（Pau-ah-liau）、甲仙埔（Ka-san-po）、荖濃（Lau-long）、六龜里（La-ko-li）與枋寮（Pang-liau）等清朝官方避之惟恐不及，絕少經營的「熟番」與「生番」交雜地界。

因此，湯姆生留下了一張張地景、風景、維生、產業、植物、動物、房屋、服飾與人物等精彩照片。此外，還有扼要或細膩，一篇關於臺灣的報導及三本專書描述臺灣的章節——這些照片與報導後來熱絡流傳於歐美，為世驚艷。

1920 年，湯姆生寫信給倫敦威爾康展覽館館長，試探展覽館創立者亨利·威爾康是否有意收藏他手中的玻璃底片及展覽這些照片。[1] 信的內容如下：

> 親愛的先生，我不知道威爾康先生是否打算在貴館騰出空間來展覽照片？如果是，我在東方旅行時所拍攝的一系列照片將是有用的，因為每一張照片對我所造訪的國家及其人民都具有特殊意義：每一個系列都包含了古董、藝術、建築和演化發展的證據。我造訪的地區包括暹羅、交趾中國（越南）、柬埔寨、中國、福爾摩沙（臺灣）和賽浦路斯。我可以提供底片及每張照片可用的相關註記。我確信這樣的系列照片將能提升貴館展覽效益，並使展覽更加生動有趣。敬請告知您對此事的看法。
>
> 誠摯問候您
> 約翰·湯姆生[2]

湯姆生自認為「每一張照片對我所造訪的國家及其人民都具有特殊意義」的信件內容，讓我們知道，湯姆生對自己的攝影作品，除了他自己深為看重之外，也認為對他造訪的國家與人民都具有特殊意義，因此相當重要。可惜的是，對臺灣具有特殊意義的這批珍貴資產，從 1871 年起 126 年間，未曾在臺灣出現。直到 1995 年，攝影學者王雅倫前往法國影像中心進行研究，無意中在法國國家圖書館發現了這批珍貴的臺灣影像，才著

手整理，並於 1997 年編著完成了《法國珍藏早期臺灣影像》一書。[3]從此，湯姆生 120 多年前沖印的南臺灣照片複製品才得以正式現身臺灣。

接著在 1999 年，劉克襄的《福爾摩沙大旅行》專書收錄了〈穿越惡地形：英國攝影家湯姆生的內山紀行〉這篇文章，[4]以湯姆生的〈南福爾摩沙紀行〉（Notes of a Journey in Southern Formosa, 1873）來進行導讀，而插圖則是以版畫呈現。

到了 2002 年，荷蘭人蘭伯特（Lambert van der Aalsvoort）所著《風中之葉：福爾摩沙見聞錄》第四部「捕捉臺灣昔日風貌的英國攝影師」單元，是以湯姆生的《麻六甲、印度支那與中國間海峽：十年海外旅居歷險記》（The Straits of Malacca, Indo-China and China or, Ten years' Travels, adventures, and residence abroad,1875）第 11 章內容來呈現臺灣的部分，所附插圖也是版畫。[5]

2006 年 2 月，法國魏延年（René Viénet）的《從地面到天空臺灣在飛躍之中》出版了，[6]同樣是以湯姆生《十載遊記：麻六甲海峽、中國與中南半島》第十一章的內容來編寫。不同的是，該書圖檔採用英國威爾康圖書館（Wellcome Library）[7]典藏的湯姆生玻璃底片重新掃描列印。由於 A4 規格、兩百頁的篇幅所能收錄的照片仍然有限，所以專書出版時，魏延年特別在臺北世貿中心書展，展出更多湯姆生拍攝臺灣與臺灣以外的照片。

這些高畫素掃描重新沖印的照片，大都附有湯姆生的親筆題字，展現更多細節，令人震撼。現在湯姆生的南臺灣照片與精彩遊記報導，除了為國際人士珍視外，也真正成為臺灣重要文化資產。

關於筆者提及 1999 年劉克襄的《福爾摩沙大旅行》，王雅倫曾來信提醒筆者：「其實他早在 1989 年就出版了。」經詢問劉克襄，確實最初出版的時間為 1989 年，原出版單位為「自立報系出版社」。

王雅倫還提及：「時報也曾翻譯出版湯姆生的《中國與中國子民》這本書。」經追查，該書出版資料為：約翰・湯姆遜（Thomson, John）攝影、撰文，羅智成節譯，《中國最後一個古代》（Illustrations of China and its People），由時報出版社於 1984 出版，比劉克襄的專書早了五年。因此正確來說，湯姆生此一珍貴資產在 1871 年的 113 年後便在臺灣出現——筆者久居甲仙山區，資訊明顯不足，慶幸有兩位老師提醒與確認，始得更正。

而魏延年策畫的湯姆生照片展覽，在 2006 年 2 月首度於臺北國際書展展出之後，又於同年 2 月 22 日起至 3 月 24 日止在臺大圖書館再次展出。2014 年 5 月 30 日至 8 月 31 日，轉至澳門博物館展出，展覽名稱則為「珂羅・重現：湯姆遜與黃豪生的光影對接」。及至 2015 年 9 月 14 日至 11 月 28 日，在巴黎「中國之家」展出，展覽名稱為「福爾摩沙 1871：臺灣早期影像展」。

2015 年 10 月 29 日至 11 月 21 日又在巴黎「泰勒基金會」展出，展覽名稱為「中國與中國人民影像展」。魏延年策展所使用的湯姆生照片來源如下：

1980 年，魏延年獲得了一套衛爾康圖書館館藏中，完整的玻璃底片原版印相。1992 年，藉由麥可・格雷（Michael Gray）的幫助，兩人積極地

修復了所有在十九世紀末時，使用各類不同印刷技術所留存下來的湯姆生的攝影作品，如使用塗碳技術、珂羅版技術或是使用凹版技術印刷的圖片等，再以高畫質的影像檔數位化保存。[8]

　　現在，筆者就以保存在威爾康圖書館 53 片掃描的臺灣玻璃底片，來說明湯姆生攝影作品的收藏狀況。湯姆生在底片上扼要題字且點出地名的有 37 片，如〈木柵女與嬰孩〉（A Bak-sa woman & child, Formosa, 1871）；只題字無地名的有八片，如〈Fishing in the surf, Formosa, 1871〉；另外八片則無任何文字。這樣的題字量比例，就出自湯姆生之手的東南亞照片來說，還是最多的。

　　然而，只靠這麼簡要的題字，想要明白湯姆生口中的「每一張照片對我所造訪的國家及其人民都具有特殊意義」，實在不容易。而且湯姆生出版附有短文來說明照片內容的《中國與中國人影像》一書，在臺灣部分只選錄了 15 張照片，其中六張人頭照僅由一篇〈福爾摩沙的原住民〉來說明；總計 15 張照片中有三張玻璃底片已經佚失。綜合上述兩項資料，湯姆生口中所謂「可以提供底片及每張照片可用的相關註記」，其實也僅有這些。

　　湯姆生曾在甲仙埔住過一夜，這裡是筆者的出生與居住地。身為在地人，見到這批有圖（照片）、有文（報導）如此珍貴的湯姆生臺灣檔案，卻一直未受到國人應有的重視，令人遺憾。在筆者對湯姆生研究與踏查投入十多年努力後，2014 年 3 月終於在中央研究院人文社會科學研究中心廖泫銘先生的協助下，取得研究用途的威爾康照片電子檔。湯姆生書寫於玻璃底片上的題字，經翻轉影像放大檢視，由筆者的工作夥伴——來自美國的外甥女婿 Joshua Heald 協助判讀部分潦草字跡，才能釐清大致的內容。

　　釐清題字內容後，就能確認出照片拍攝地點之地名，並進行後續踏查工作。而原先沒有標示地名的照片，也有了可以追查的方向。其次，參考湯姆生一份關於臺灣的報導與三本專書的臺灣章節，以及繪製於 1873 年標示有路線和地名的「南臺灣旅行地圖」（Sketch Map of Southern Formosa）之後，成果終於陸續顯現。電子檔影像經放大檢視，也出現紙本影像見不到的許多細節，讓人對乍到臺灣的湯姆生獨到的眼光與用心大感佩服。

　　當然，宣教士馬雅各的人文素養以及一路默默帶領與協助之辛勞，令人感動。更令人驚嘆的是，整個行程中，馬雅各竟然沒有留下任何一張個人影像，真是出人意外的低調。

　　湯姆生的臺灣文化資產有以下價值：一、地景照片，讓我們見證滄海桑田的變化，瞭解守護環境的重要。二、樸實平埔原住民的衣著、家屋與活動照片，讓我們知道先民的文化與生活。三、原住民平埔族群與高山族群互動的描述，讓我們瞭解當時的族群關係。這些具體而微的平埔文化精華，都是臺灣文化的底蘊，冀望筆者的階段研究成果，可作為關心者往前探究或往後索驥的踏腳石。

　　本文開頭提及的《徐霞客遊記》，2011 年 3 月 30 日中國將開篇之作〈遊天台山日記〉中所記載的第一天——5 月 19 日，訂為「中國旅遊日」，

並展開重走「霞客路」一系列活動。2013 年 3 月 14 日，中國浙江臺州恩澤醫療中心主任陳海嘯建議恢復「徐霞客古道」，並申報「世界線性文化遺產」。

　　所謂「線性文化遺產」（Lineal or Serial Cultural Heritages），主要是指擁有特殊文化資源集合的線型或帶狀區域內，所包含的物質和非物質的文化遺產族群表現形式，如運河、道路、鐵路等。中國的長城、大運河與絲路已通過聯合國線性文化遺產的申請。[9] 到處是遺產的中國對於文化保存的持續重視，令人不由得深深反思。期望此一深具「世界線性文化遺產」內涵與潛力的「攝影家湯姆生 1871 臺灣線性文化遺產」的文化路徑，能在本書出版後能獲得國人與相關單位的重視。

游永福

1

CHAPTER

第一章

JOHN THOMSON

湯姆生南臺灣旅行地圖、報導文章與照片

1871 年 4 月湯姆生的南臺灣旅行結束之後，撰寫了一篇關於臺灣的報導，以及三本有描述臺灣章節的專書；此外還繪製了一張標示路線與地名的南臺灣旅行地圖。其拍攝的照片在國內外學者和筆者努力搜尋與考證下，有了階段性的成果。

　　就湯姆生現存的影像來說，可區分為當時沖印老照片與玻璃底片現代掃描影像兩種。關於湯姆生的玻璃底片，《歐洲中國日報》（China Daily Europe）網頁的「E-paper / Life」專欄，在 2014 年 4 月 4 日刊有 "A sharp eye on everyday China" 專文敘述來由：

William Schupbach, iconographic collections librarian for the Wellcome Trust, first came across the three crates in the 1970s, and noticed they were labeled "scratched negatives."He studied the images in detail and realized they were of historical value.His team then made prints from the negatives and catalogued each photograph.They have since been digitalized.

威爾康基金會負責肖像收藏品的圖書館員威廉・舒巴赫，在 1970 年代首次見到這三個箱子時，注意到箱子貼上了「刮傷底片」的標籤。他仔細研究（底片上的）影像之後，發現它們具有歷史價值。他的團隊把底片沖洗出來並將照片編列目錄，從此完成了照片的數位化。[1]

　　而關於底片的處理，威爾康圖書館另有說明：

**　　自 1981 年起，在許多學者的協助下，計有 660 片玻璃底片編目、研究與掃描，照片的掃描檔也公開於圖書館線上。2009 年，有 150 張精選照片在中國四個城市巡迴展覽。2010 年，這些照片在英國繼續巡迴展出。除了 150 張照片，網頁上也一併呈現。[2]**

　　說明文中指述的 2009 年湯姆生照片展，是由久居英國的華裔文化界人士姚詠蓓（Betty Yao）策展，展覽名稱為「晚清碎影：約翰・湯姆遜眼中的中國」（China Through The Lens of John Thomson），曾在中國北京、福州、廣州和東莞等四個城市巡迴展出。英國的展出緣於 2010 年上海所主辦世界博覽會。由於利物浦和上海是姐妹城市，2010 年春節時想找個中國題材，而且是普羅大眾都有興趣的展品來展覽，於是姚詠蓓策畫的「晚清碎影」展雀屏中選。單單在利物浦，就從春節展到六月。[3]

於是，姚詠蓓的策展在中國、英國、美國及瑞典等 12 個國家和地區展出。當初她因為不忍湯姆生出色的作品遭埋沒，而辭去文化推廣組織「Asia House」的總監工作，自稱是以「外行人」的勁道全力策展，至此總算嚐到甜美的果實。[4]

　　同樣出自威爾康圖書館收藏的「玻光流影：約翰・湯姆生世紀影像特展：鏡頭下的福爾摩沙與亞洲紀行」，則在 2012 年 7 月 14 日至 10 月 28 日於高雄市立美術館隆重展出。

　　筆者歷經十多年的研究與踏勘，湯姆生鏡頭下臺灣文化資產的內涵逐漸明朗。2013 年筆者透過帶領旗美社區大學秋季班課程，與伙伴們共同走遍整條內山路徑，也累積了很多成果，都在本書中與讀者分享。

湯姆生的南臺灣旅行地圖

具經緯度標示的「1871 年湯姆生南臺灣旅行地圖」截取（地圖 1）[1]，比同時期清朝官方地圖來得細膩。在打狗的位置上，湯姆生標示了「南打狗」（S. Takow）與「北打狗」（N. Takow）。清朝官方以「旗後」稱呼南打狗，以「哨船頭」稱呼北打狗。以南、北打狗稱呼，可見哨船頭在當時已經有一定程度的發展。

1871 年 4 月 5 日，湯姆生與馬雅各醫生乘船北上臺灣府，重要地標為西元 1627 年命名的「熱蘭遮城」（Fort Zelandia）——該城由荷蘭人建造於 1634 年，到了 1871 年會呈現何種樣貌？且留待〈荷蘭人的熱蘭遮城〉章節進一步討論。4 月 11 日，湯姆生一行人離開了臺灣府往東前進，進入拔馬之前的近山地區；對此，湯姆生標示有「Hak-kas」文字，即客家移居

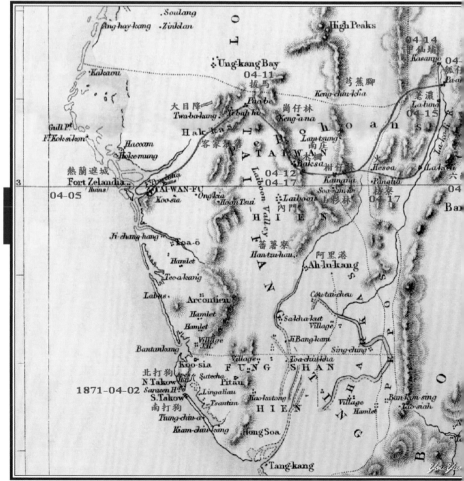

地圖 1
「1871 年湯姆生南臺灣旅行地圖」截取
資料提供：費德廉
中文標示：游永福

聚落。離開客家移居聚落之後，來到內山地界範圍的「拔馬」；從拔馬起往東便進入「Pepohoans」區域，即平埔番地界[2]。由其文字報導與影像如此大的比重來看，平埔原住民議題應該是湯姆生此行最想呈現的重心。在更往東方的中央山脈區塊，湯姆生則標示了「So-ah-ma-hai Tribes」與「Bantan Tribes」，即高山原住民的區域。

從上述分析來看，各個族群的分布與生活區都很清楚。但從湯姆生的文字報導，以及 1865 年進入本區域的必麒麟（W. A. Pickering）所撰寫的《歷險福爾摩沙》（Pioneering in Formosa）相關報導來看，[3]始於瓠仔寮的平埔原住民生活區與高山原住民獵區，實際上是交疊的。

高山原住民因自認權益受損，時有出草與掠奪的情形出現，所以湯姆生一行人從甲仙埔東往荖濃，接著南下六龜里，再西經枋寮時，甲仙埔的接待者特別安排武裝嚮導一路護衛。兩位武裝嚮導在荖濃附近留下了影像，在六龜里也留下文字報導，到了枋寮附近小溪又再留下影像特寫。只是過了枋寮離開該區域之後，便不再有嚮導的影像與報導出現，看來應該是已經離開險境了。湯姆生在武裝嚮導影像裡將枋寮題字為「Pang-liau」，地圖標示則少了符號「-」與字母「u」。

湯姆生的南臺灣旅行地圖雖細膩，而且有經緯度標示，但可能是因為一行人以急行軍方式進出山區累壞了，所以在〈南福爾摩沙紀行〉報導裡出現了「我們越過六龜里溪，抵達小村子瓠仔寮」[4]（We crossed the La-ko-li River to reach the small settlement of Pa-ah-liau.）此一不正確的內容。南仔仙溪旁的瓠仔寮與甲仙埔兩個聚落，被湯姆生往東誤植於「六龜里溪」，即今天的「荖濃溪」旁。而重要的〈甲仙埔與荖濃間的山溪〉照片，在《中國與中國人影像》裡也有「六龜里附近的山道」[5]（The view of the mountain-pass, taken near La-ko-li）之錯誤。

為推測其訛誤，且容筆者退一步試想。即使當時荖濃溪畔真的有名為「瓠仔寮」的小聚落，但湯姆生一行人一大早從木柵行走八公里山徑到達柑仔林，接受東長老接待再出發時，已經是下午「一點鐘左右」[6]。從柑仔林途經山杉林到火山，再北往南仔仙溪旁的瓠仔寮，里程還有 16.5 公里之遙。經過瓠仔寮之後，還要走六公里到甲仙埔，然後再走 20 餘公里，才能抵達荖濃溪溪畔，[7]要在黃昏之際抵達，是不可能達成的任務。所以，瓠仔寮與甲仙埔兩個聚落的位置確實為誤植。至於湯姆生一行人從六龜里西返木柵的路線標示，也是嚴重偏南，於是劉克襄有「繼續南下，經過今日美濃附近，或者偏北的山谷，再回到內門去」[8]的推論。

然而，姑且不論上述的錯誤，這一張旅行地圖之所以重要，是因為其呈現南臺灣內山地界的拔馬、崗仔林、木柵、柑仔林等平埔原住民生活區地名，也讓內山地界更東山區的山杉林、火山、瓠仔寮、甲仙埔、荖濃、六龜里與枋寮等地名被正式提出，揭示平埔原住民在山區踏踏實實生活的事實。

　　為了確切呈現1871年湯姆生的南臺灣行程，筆者圈定範圍後，請「中央研究院人文社會科學研究中心 GIS 研究專題中心」提供高畫素衛星影像圖檔，再放大檢視，尋找正確位置，標示相關內容，而產生了「1871年湯姆生南臺灣旅行地圖衛星影像對照版」（地圖2）。

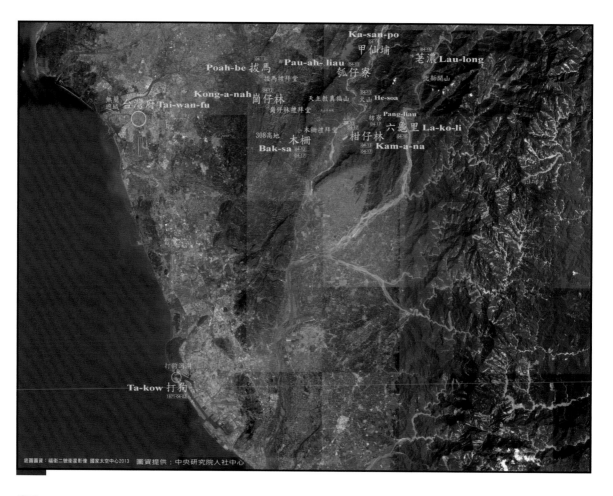

地圖 2
「1871 年湯姆生南臺灣旅行地圖」衛星影像對照版
圖像資料來源：中研院人文社會
科學研究中心 GIS 研究專題中心
內容標示：游永福

湯姆生的報導文章

　　湯姆生離開臺灣後，撰寫了一篇與臺灣相關的報導，以及三本包含臺灣章節的專書，依時間序羅列於下：

　　一、Notes of a Journey in Southern Formosa（1873）

　　二、Illustrations of China and its People（1873-1874）

　　三、The Straits of Malacca, Indo-China and China or, Ten years' Travels, adventures, and residence abroad（1875）第 11 章

　　四、ThroughChina with a Camera（1898）

　　關於 "Notes of a Journey in Southern Formosa, 1873" 這篇報導，目前出版的中譯作品只有劉克襄的《福爾摩沙大旅行》中〈穿越惡地形：英國攝影家湯姆生的內山紀行〉一篇。以當時有限資料來看，作者可說相當用心。

　　2012 年 11 月，廣西師範大學出版社出版了 Illustrations of China and its People（1873-1874）這本專書的簡體字全譯本，書名為《中國與中國人影像》，譯者為徐家寧。關於臺灣的篇章，出現在該書第 167 至 196 頁，照片是當時沖洗照片的掃描，文字則是重點式介紹。2013 年 11 月 3 日，徐家寧翻譯的《中國與中國人影像》再度由香港中和出版有限公司出版繁體字版，隔年有修訂版問世。

　　至於較知名的 The Straits of Malacca, Indo-China and China or, Ten years' Travels, adventures, and residence abroad 第 11 章之完整譯本，則可見蘭伯特的《風中之葉：福爾摩沙見聞錄》與法國魏延年的《從地面到天空臺灣在飛躍之中》兩本書。魏延年版本採中、英、法三種文字呈現，首先為中文全譯，接著是英文原文，最後是法文翻譯。圖版部分，蘭伯特的插圖是版畫，魏延年的則是高解析度掃描版照片，後者雖有較為細膩的內涵，可惜有些照片與文字的編排無法對應。

　　當然，這項工作對於當時還未進入南臺灣內山地界實地踏查的外國人士來說，的確有困難。其實就連威爾康圖書館網站上的湯姆生臺灣影像，也多未依湯姆生在照片上的題字來說明。筆者臆測，若不是相關專家的疏忽，便是題字夾雜了閩南語音譯文字在確認上有困難。

　　還有 Through China with a Camera 專書還沒有中譯本。書中臺灣章節的內容與 The Straits of Malacca, Indo-China and China or, Ten years' Travels, adventures, and residence abroad 幾乎相同。嚴格說來，有關臺灣的報導與專書只有三份。

CHAPTER 1.3

湯姆生的攝影方法與臺灣照片統計

　　檢視英國威爾康圖書館所典藏的臺灣玻璃底片，扣除曝光失敗與光線較暗的重複照片，已知湯姆生的臺灣照片僅有 53 片。從其標示來看，大小規格可分為三種：

　　一、10×12 吋，屬單鏡頭影像，總計有 11 片，今依路徑順序臚列館方照片編號於後：L0056517、L0055967、L0056543、L0055961、L0055969、L0055971、L0055691、L0055975、L0055977、L0056551、L0055963。

　　二、4×8 吋，屬雙鏡頭立體影像，有 10 片，編號如後：L0055885、L0056043、L0055995、L0056047、L0056049、L0056045、L0055943、L0055945、L0055887、L0055997。

　　三、沒標示規格者，有 32 片，尺寸應該是有大有小。

　　至於湯姆生使用的照相機，若對照〈約翰‧湯姆生的中國和遠東照片〉報導與法國攝影博物館（Muséefrançais de la photographie）所典藏的類似相機及其說明，便可大略瞭解湯姆生所使用的照相機與玻璃板規格。

　　然而，本書研究的對象湯姆生是英國籍，筆者卻援用法國攝影博物館的相機典藏來討論，[1] 主要是因為筆者檢視英國國家媒體博物館（National Science and Media Museum）所收藏的相機，發現在 375 件 Plate camera、247 件 Box camera 與 75 件 Stereo camera，總計 697 件與筆者研究有關的典藏品裡，[2] 屬於 1870 年代或更早的相機並不多。

　　此外，該機構對於相機、底片的規格及機體的重量之說明過於簡略，只有極小部分品項有標示。[3] 囿於英國的研究材料有限，筆者只好進一步借助附有明確說明內容的法國攝影博物館之相機典藏，來理解〈約翰‧湯姆生的中國和遠東照片〉的報導內容。原報導內容摘出如下：

　　If a large print was required, a large wooden box-type camera capable of accommodating a glass plate of up to 12×16 inches（sometimes even larger）was required. Throughout his travels he used a small stereoscopic camera, making two small images at one time, in addition to a number of larger cameras for such pictures.

　　若需要沖印大的照片，就必須使用可以容納 12×16 吋（有時甚至更大）玻璃底片的木箱相機。在他所有的旅途中，除了用幾架大型相機拍攝這樣的照片，還用了一架可同時拍攝兩個小影像的小型立體鏡相機。[4]

　　湯姆生使用「幾架大型木箱相機」，表示他想依需求來拍攝不同規格的單鏡頭影像；而「小型立體鏡相機」主要是用來拍攝立體雙鏡頭影像。法國攝影博物館典藏有多部類似這兩款相機，[5] 筆者僅選擇了其中四型來討論。照片 1、2、4 三型，館方都標示為：「Procédé : collodion」，「沖印法為火棉膠」，又稱為「濕版攝影法」，故機體有「濕版相機」之稱。照片 3 者則標示為：「Procédé : daquerréotypie」，「銀版攝影法」，機體稱之為「銀版相機」。

　　「1853 年的單鏡頭木箱相機」（照片 1）的機體是以木材為主，是相當笨重的「木箱相機」（wooden box camera 或 wooden box-type camera），其附上的說明翻譯如下：[6]

Type surface sensible : 23×30.5cm, plaque
感光面類型：23×30.5 公分，塗上火棉膠的玻璃板
Dimensions : H31×L38.5×P85cm
規格：高 31× 寬 38.5× 深 85 公分
Fermé : H8.2×L38.5×67.5cm

合攏：高 8.2× 寬 38.5×67.5 公分

Poids（gr.）：10.1kg

重量（毛重）：10.1 公斤

　　玻璃板標示為：23×30.5 公分，換算英制後為：9×12 吋，接近威爾康圖書館的 10×12 吋。相機的尺寸真的不小，所以有了合攏的設計之後才利於攜帶。機體重量，則高達 10.1 公斤。那麼，改良後的「1865 年單鏡頭蛇腹相機」（照片 2），又會輕多少呢？且看說明：

Type surface sensible : 26×26cm, plaque

感光面類型：26×26 公分，塗上火棉膠的玻璃板

Dimensions : H39.5×L36×P86.5cm

規格：高 39.5× 寬 36× 深 86.5 公分

Fermé : H39.5×L36×39cm

合攏：高 39.5× 寬 36×39 公分

Poids（gr.）：8.9kg

重量（毛重）：8.9 公斤

照片 2
1865 年單鏡頭蛇腹相機
Chambre de studio, collodion,
fabriquée sans marque
庫存編號：71.1630
授權單位：法國攝影博物館
Musée français
de la Photographie /
Conseil départmental
de l' Essonne,
Benoit Chain

玻璃板標示為 26×26 公分，是正方形，換算英制後為 10.25×10.25 吋，接近威爾康圖書館的 10×12 吋。86.5 公分經深度合攏起來為 39 公分，縮小了一半多；木箱的大部分改為蛇腹之後，重量是 8.9 公斤，比「1853 年單鏡頭木箱相機」的 10.1 公斤只少了 1.2 公斤，還是相當笨重。

　　所謂「立體鏡相機」乃是指「立體雙鏡頭相機」或「立體雙眼相機」，簡稱「立體相機」。拍攝出來的影像稱之為「立體影像」或「立體照片」，在當時相當流行，是用來表現景物的三維空間，但須透過特製眼鏡檢視，兩個影像才能合而為一。

　　湯姆生為何會使用立體相機？筆者曾寫信請教攝影學者王雅倫，她的回覆如下：

　　在底片快沒了的情況下，為了節省底片，使用立體雙眼相機來拍攝大有好處，因為可以岔開兩個鏡頭曝光的時間，以確保至少有一張底片可用。

　　由於法國攝影博物館沒有濕版攝影法立體木箱相機的收藏，所以筆者謹以體積略大的銀版攝影法「1855 年雙鏡頭立體木箱相機」（照片 3）來討論。博物館的相機說明為：

照片 3
1855 年雙鏡頭立體木箱相機
hambre à tiroir,
stéréoscopique, Charles
Chevalier
庫存編號：89.6913
授權單位：法國攝影博物館
Musée français
de la Photographie /
Conseil départmental
de l' Essonne,
Benoit Chain

Procédé:daquerréotypie

攝影方法：銀版攝影法

Type surface sensible:plaque

感光面類型：12×20 公分，鍍上薄銀的銅板

Dimensions:H 21 x L 26.5 x P 43 cm

規格：高 21× 寬 26.5× 深 43 公分

Fermé : H 21 x L 26.5 x P 25 cm

合攏：高 17× 寬 27×47 公分

Poids（gr.）: 3.88kg

重量（毛重）：3.88 公斤

這部「1855 年雙鏡頭立體木箱相機」的銅板底片標示長與寬為 12×20 公分，機體的高與寬只有 21×26.5 公分，顯然比上兩部單鏡頭相機小；重量也輕多了，僅 3.88 公斤。

那麼，我們再來看看「1855 年雙鏡頭蛇腹立體相機」（照片 4）的說明：

Type surface sensible: 12×21cm, plaque

感光面類型：12×21 公分，塗上火棉膠的玻璃板

Dimensions: H24×L29.5×P42.5cm

規格：高 24× 寬 29.5× 深 42.5 公分

Fermé:H30×L29.5×15cm

合攏：高 30× 寬 29.5×15 公分

Poids（gr.）: 3.21kg

重量（克）：3.21 公斤

玻璃底片 12×21 公分換算英制為 4.75×8.25 吋，接近威爾康圖書館的 4×8 吋；機體重量則為 3.21 公斤，與「1855 年雙鏡頭立體木箱相機」的 3.88 公斤差不多。

討論至此，若湯姆生只攜帶兩部單鏡頭木箱相機，便有 20.2 公斤重，還要加上重 3.88 公斤的一部雙鏡頭立體相機，以及 8 公斤左右的木製三腳架，總重量達 32 公斤，可說是件大差事。

那麼，威爾康圖書館已經標示規格的 10×12 吋與 4×8 吋玻璃底片，一片有多重？[7] 總重量又是多少？

1870 年代的玻璃與今日的玻璃製作方法不同，密度應該會有差異。由於筆者無法親赴威爾康圖書館檢視與量測，故暫且以現代玻璃換算公分的公式來計算重量，即長度 × 寬度 × 厚度 × 2.5（一般玻璃的密度，「比重」）÷1000= 玻璃重量（kg），[8] 或許有助於掌握當時的情況。

當時湯姆生使用的 10×12 吋與 4×8 吋玻璃板，換算公分後，前者為

照片 4
1860 年雙鏡頭立體蛇腹相機
Chambre pliante
stéréoscopique
collodion, fabriquée sans marque
庫存編號：85.5502
授權單位：法國攝影博物館
Musée français
de la Photographie /
Conseil départmental
de l' Essonne,
Benoit Chain

25.4 公分 ×30.4 公分，後者為 10.15 公分 ×20.3 公分。然後分別以 2 公釐與 3 公釐厚度的玻璃來計算重量，試算如下：

10×12 吋規格：
2 公釐厚：25.4 公分 ×30.4 公分 ×0.2 公分 ×2.5÷1000=0.386 公斤
3 公釐厚：25.4 公分 ×30.4 公分 ×0.3 公分 ×2.5÷1000=0.579 公斤
4×8 吋規格：
2 公釐厚：10.15 公分 ×20.3 公分 ×0.2 公分 ×2.5÷1000=0.103 公斤
3 公釐厚：10.15 公分 ×20.3 公分 ×0.3 公分 ×2.5÷1000=0.155 公斤

目前已知湯姆生拍攝完成的 10×12 吋單鏡頭玻璃底片有 11 片，未標示規格的單鏡頭玻璃底片經統計也有 11 片，而曝光失敗的單鏡頭玻璃底片則有九片，若都以 10×12 吋規格來計算，總計有 31 片。

此外，有些照片玻璃底片已經失佚，加上湯姆生提到曾經拍攝卻不見的照片，並參考湯姆生「想造訪更南方生番經常出沒的地方，但是他們正

與中國人交戰，無法安全地進入他們的領土而作罷」[9]的說法──湯姆生本來想繼續進行臺灣的旅遊與攝影，保守估計，湯姆生攜帶的單鏡頭玻璃板應該有 200 片以上。

而 4×8 吋雙鏡頭玻璃底片，已知的有 10 片；未標示規格的雙鏡頭玻璃底片，經統計後有 21 片；曝光失敗者有 4 片。若都以 4×8 吋規格來計算，總計有 35 片。保守估計，雙鏡頭玻璃板至少有 200 片。以此估算湯姆生所攜帶的玻璃板總重量，大略如下：

10×12 吋規格：

2 公釐厚：每片 0.386 公斤 ×200 片 =77.2 公斤

3 公釐厚：每片 0.579 公斤 ×200 片 =115.8 公斤。

4×8 吋規格：

2 公釐厚：每片 0.103 公斤 ×200 片 =20.6 公斤

3 公釐厚：每片 0.155 公斤 ×200 片 =31 公斤

木箱相機與木製腳架重達 32 公斤，加上 2 公釐厚的 77.2 公斤與 20.6 公斤兩款玻璃板，總重量共 129.8 公斤。再加上 3 公釐厚的 115.8 公斤與 31 公斤兩款玻璃板，總重量就高達 178.8 公斤。還要加上相關化學藥劑、行動暗房，與適量乾糧與衣物，這無疑是一趟超重裝備行程。

再來談談威爾康圖書館典藏的這些保存狀況良好玻璃底片。經該館專家以最新技術完成掃描後，照片展現出超細膩的內涵，讓人驚豔。而這些底片全都是以「濕版攝影法」拍攝。

關於濕版攝影法（Wet Collodion Process），其操作步驟是將含有碘化鉀（Potassium Iodide）的火棉膠（Collodion）倒在玻璃板上，並輪流向四個方向傾斜，好讓火棉膠均勻分布。接著將玻璃板浸在硝酸銀（Silver Nitrate）液中，趁玻璃板潮濕感光特強時進行曝光拍攝。然後立即以沒食子酸（Gallic acid）或沒食子酸所提煉的連苯三酚（Pyrogallol）進行顯影，接著再使用次亞硫酸鈉（Sodium Thiosulfate，又稱「海波」、「大蘇打」）定影。

由於操作上重要的材料是火棉膠，所以又有「火棉膠攝影法」的稱呼。這一種攝影方法是由英國雕塑家弗雷德里克・斯科特・阿切爾（Frederick Scott Archer，1813-01-1857-05）研發的。他在自行研究有成後，並未申請專利，而是將成果發表在 1851 年 3 月的《化學家》（The Chemist）上分享給全世界。遺憾的是，最後阿切爾潦倒以終。

與 1839 年法國的「達蓋爾銀版攝影法」（Daguerreotype）與 1841 年同是來自英國人研發的「塔爾伯特攝影法」（Talbotype）相較，阿切爾這項發明除了程序較為複雜之外，還有一個限制，即玻璃底片的製作、拍攝與沖印等所有步驟都必須在火棉膠未乾燥的 20 分鐘內完成。

該攝影法有以下特色：一、感光性特強。二、曝光時間大幅縮短。三、照片清晰細緻。四、玻璃底片可以大量沖印照片。五、成本低，約為達蓋爾銀版法的十二分之一左右。有了這五項優點，濕版攝影法頓時在攝影產

業廣受歡迎，獨領風騷近 30 年。直到 1878 年，才被大量生產且更輕便的「膠質乾版攝影法」（又稱「溴化銀乾版攝影法」，Dry Gelatin Plates）所取代。

其中第二點「曝光時間大幅縮短」的說法，筆者在此稍加解釋：由於當時尚未發展出閃光燈設計，所以拍照時須視光線的強弱來機動調整曝光時間，約在三秒至一分鐘之間完成，好讓影像更顯清晰。檢視湯姆生的照片，不難發現他對曝光時間的掌控可謂箇中高手。

如前所述，濕版攝影法在進行拍攝時，必須攜帶木製相機、木製腳架、玻璃板，以及大量相關化學藥品。此外，還得準備可以馬上沖印的行動暗房；現地還需備有乾淨的水來清洗，可說非常不便而且辛苦，操作上是一大工程。

當湯姆生從臺灣府向東前往內山地界時，他特別僱請苦力，也就是挑夫，來協助搬運工作。到了木柵，欲深入有出草之虞的東偏北方山區，即因漢人挑夫不願繼續前進，而改由六位木柵平埔人士代替，這時才出現挑夫人數的確實記錄。當我們深入瞭解實情，又有機會一睹湯姆生這批1871 年珍貴的臺灣影像時，感到無比震撼與感動。

濕版攝影法曝光時間雖大幅縮短，但仍需約三秒到一分鐘的時間。拍攝人物時必須選擇光線充足處，同時需要請被拍攝者定格不動一段時間來配合，才不會出現雙重影像或影像模糊的情形。發展到後來，才出現頭部用固定叉架。認真檢視湯姆生這批臺灣影像，應該還未使用頭部固定叉架，而其人物拍攝卻能如此成功，更顯其珍貴。

以收藏在英國威爾康圖書館的 53 片玻璃底片來說，其中四片是由兩片立體影像玻璃板崩裂產生，其電子檔已由筆者的工作夥伴合併完成，所以實際上是 51 片。其中，打狗港有兩張「打狗港景觀」影像已經合成為一張全景，算是新增一張新的影像。若加上當時曾經沖印但玻璃底片已散佚，經由國內外學者確認的照片八張，湯姆生拍攝的臺灣系列照片總計有60 張之多。

一如國立東華大學副教授田名璋注意到〈福爾摩沙森林〉（Forest in Formosa, 1871）影像時，有感而發地說：「臺灣還有在異鄉流浪的老照片。」筆者衷心希望，所有臺灣老照片能陸續現蹤，回到自己的家鄉。

田名璋註記的這張〈福爾摩沙森林〉影像，出處為 John Thomson（1837-1921）Photographer 第 153 頁，作者為 Richard Ovenden，出版者為The Stationery Office Limited, 1997, ISBN 0114958335。影像編號、標題與註記如下：124. "Forest in Formosa, 1871" 220*290mm, Platinum Print, Royal Geographical Society。

美國里德學院歷史系教授費德廉閱讀本拙作初稿時，在 2016 年 5 月25 日特別針對這張〈福爾摩沙森林〉影像提出以下的看法：

「Forest in Formosa」影像，是否是湯姆生在臺灣拍攝的，我無法確定。因為 2002 年 1 月，蘇約翰（John Shufelt）曾經問過 Richard Ovendon[10]，他辨認此照片是引用何種資料？ Ovendon 回答說他找不到他當時的筆記，但是

他猜測他當時是依賴照片後面註記的「Forest in Formosa」來判定的。

　　根據查證，費德廉認為：「這只是『模糊的記憶』而已，由於Ovendon 無法提供更具體的資料，因此我還不敢說此照片是湯姆生在臺灣拍攝的。」此回應十足展現學者治學的嚴謹，也激發筆者持續研究以探查〈福爾摩沙森林〉之確實影像內涵。之後，將藉本書專門篇章對其進行論述。

　　經過踏查與考證，湯姆生的 60 張臺灣照片依序以地點來區分，高雄市的打狗港 12 張，高雄市近郊 2 張，臺南市區 4 張，臺南市近郊與近山 4 張，臺南市左鎮區 2 張，高雄市內門區木柵 20 張，高雄市內門區溝坪 1 張，高雄市杉林區 3 張，高雄市甲仙區 2 張，高雄市六龜區荖濃 8 張，六龜區六龜里 2 張。

　　從左鎮區開始的內山地界，即平埔原住民生活區，總計有 38 張，佔全數比例 63%。主題內容涵蓋地景、植物、動物、人物、服飾、房屋與維生方式，非常廣泛，證明平埔原住民議題確實是湯姆生此行最想呈現的重心。佔 12 張的打狗港與打狗海邊，比例為 20%，是為數第二多的取景地點。

　　大略釐清湯姆生臺灣照片取材地區的數量與比例之後，接下來讓我們順著湯姆生的鏡頭與其細膩的旅行報導，一步步深入其境，一窺 1871 年湯姆生臺灣線性文化遺產的風華。

第二章

好戲就從打狗開演

湯姆生在 1875 年出版的《十載遊記：麻六甲海峽、中國與中南半島》（*The Straits of Malacca, Indo-China and China or, Ten years' Travels, adventures, and residence abroad,1875*）第 11 章打狗港的段落中，用了不少篇幅來分析與探討當時臺灣的現況以及可能的發展，頗具先見之明，值得注意：

> 　　某些原住民（註：是指臺灣當時的部分原住民）是食人族的事實應該是無庸置疑，而且他們絕對有搶劫與殺害那些不幸的船難受害者。為了懲罰這種暴行，一隊日本軍人最近被派遣到福爾摩沙，以報復據稱發生在一位日本船員身上的殘忍行為。由於福爾摩沙是中國屬地，因此很難說日本的武裝干預會如何結束。日本現在已經開始將鄰近的中國視為劣等，所以我在先前的作品中也預測，中國與日本之間將產生嚴重的衝突。
> 　　根據 Pall Mall 公報，在日本艦隊於福爾摩沙下錨，但日軍尚未登陸前，一艘中國小型巡洋艦與砲艇出現，而且船上的武器與士兵都已就位並蓄勢待發。這兩艘船絕對可以擊沈整個日本艦隊，但在一陣交涉後，中國的戰船便靜靜地駛離，日本軍隊因此登陸。[1]
> 　　目前的情勢是，已經有兩千名的日本士兵，登陸在福爾摩沙南部的瑯嶠（今恆春），而中國當局卻在大陸本土袖手旁觀，只是對日本這大膽的行逕表現出像作夢般的吃驚。[2]

　　湯姆生提到的「登陸在福爾摩沙南部的瑯嶠」之戰爭，是指肇因於 1871 年「八瑤灣琉球人事件」、結束於 1874 年的中、日「牡丹社事件」。這三段報導透露出「日本現在已經開始將鄰近的中國視為劣等」的心態，接著伺機以武力企圖侵入臺灣；同時也反應出清朝官方「在大陸本土袖手旁觀」與「像作夢般吃驚」的軟弱反應。接著，湯姆生對「中、日兩個種族」的未來發展有大膽的預測：

> 　　唉。或許在不久之後，福爾摩沙靜謐的林地，又會再次被捲進戰爭的喧囂。在這場爭奪霸權的戰爭中，中、日兩個種族將首次使用現代武器對決。
> 　　萬一這場戰爭真的發生了，毫無疑問地，它將會是漫長而猛烈的，而且戰爭的結果，也許會導致中國開放本土。又或者是，陶醉於勝利中的中國，會急忙地採取閉關鎖國措施，以抵抗外國人可恨的侵略。不過後者的

可能性不大，因為中國將會發現，維護自身安全的唯一方法，即是永遠保持優勢，以和蠢蠢欲動的日本敵人對抗。[3]

　　湯姆生對於「中、日兩個種族將首次使用現代武器對決」與「萬一這場戰爭真的發生了……將會是漫長而猛烈的」之預測，最後都發生了。其「永遠保持優勢」是「維護自身安全的唯一方法」之真知灼見，如今讀來仍令人震懾且受用。

　　回顧 1894 年清朝軍隊在「甲午戰爭」戰敗，清廷向日本求和，被迫割讓臺灣，直到第二次世界大戰結束後的 1945 年 10 月 25 日，接續清朝政體的中華民國，終於從日本奪回臺灣的統治權。然而，由於有日本這一對外擴張的遺害，使臺灣內部出現不同歸屬的論辯，而且有越來越嚴重的趨勢。儘管如此，不管將來如何發展，湯姆生這一「永遠保持優勢」的洞見，絕對是臺灣思考向前走或是向上提升時，需永銘在心的不變原則。

　　那麼，臺灣的優勢在哪裡？

　　或許睿智的湯姆生已在其報導或拍攝的影像裡，為我們透露提點出一些訊息。現在，就讓我們隨著湯姆生充滿情感的筆鋒與一張張樣貌豐富的影像，一起來尋找臺灣。

打狗港景觀

到達打狗時間：4 月 2 日破曉時分

入境，該當問俗。關於打狗地名，翁佳音有獨到研究：

陳第文中的「打狗嶼」，是今天的高雄市，好久以來也被認為是原住民的地名。然而，從荷蘭等外國所繪製的古地圖，或文獻，「打狗」大概都被拼寫成「Tancoia」等等，再怎麼唸，都不像「Ta-kao」。如果你對外國文獻有研究，你會發現當時歐洲人的臺灣地名拼寫，通常是聽什麼音就拼什麼音，荷蘭語的「Tancoia」，要唸成：Tan-ko‧-a，有一點類似「銅鼓仔」，意即「響鼓聲」。所以，清代人解釋「打狗」又名「打鼓」，意即海水拍打海岸所產生的聲音，反而可能更貼近事實了。陳第是福州人，他所記的「打狗」之「狗」字，如果用文言音來念，也與「鼓」同音。

1636 年 J. Vingboons 所畫臺灣圖，打狗一帶的海灣，記有「生意人之島」，如果你用心去考訂，你也會發現生意人之島就是今天高雄市內，顯然，高雄市原來不完全只是一個漁村[1]。

翁佳音從古地圖切入，又以陳第的福州音印證，挖掘出「打鼓，意即海水拍打海岸所產生的聲音」之結論。而「打狗一帶的海灣，記有『生意人之島』，顯然不完全只是一個漁村」[2]的地圖新發現，則讓我們知道1636 年間，除了漁捕，打狗也已經是一個物資交易的所在；而在 1871 年，打狗是屬於「福建省臺灣府鳳山縣興隆里」管轄。

那麼，這一「海水拍打海岸」的打狗港，到底呈現何種樣貌？

湯姆生的打狗港照片有〈打狗港入口〉（Entrance to Takow harbour, Formosa, 1871）立體影像、〈打狗港景觀〉（View in Takow harbour, Formosa）、〈打狗港景觀 1871〉（View in Takow harbour, Formosa, 1871）立體影像、〈打狗港〉（Takow harbour, Formosa, 1871）、〈打狗沙岬〉（Sand spit of Takao）[3]等五張。且先看看湯姆生的文字記錄：

我們一行人現在正在浪尖上，船前後顛簸著，像是要往海底栽進去似的；鴉片看起來很平靜，他這種神情讓人感覺很安心。不久我們翻過了最後一個巨浪，一眨眼就被沖進了岩石間的小港口。這些岩石是火成岩，看起來像是熔化的金屬在猛烈沸騰時突然冷卻一樣。

我們上了陸，接著爬過許多洞穴，洞壁邊緣有如燧石一般堅硬，也像碎玻璃一樣銳利：不少洞穴都分布著填滿沙土的窟窿，窟窿裡滋生著灌木，和一種矮小的棗椰樹。海灘周圍潮濕的沙土呈現深黑色澤。[4]

由湯姆生口中的「不久我們翻過了最後一個巨浪，一眨眼就被沖進了岩石間的小港口」之描述可知，當時有「小港口」存在，要駛入港口似乎並不容易。在葉振輝的《開港初期打狗史事研究》第三篇〈打狗海關的設置與運作〉裡，有「1864 年 8 月 1 日，臺灣關稅務司麥士威（Willian Maxwell）公布了打狗海關關稅章程，章程要點如下……第六、預備卸貨時，受貨人須將詳載貨品的中英文申請書送交海關，取得許可證後，始得卸貨至小貨船上。小貨船須駛至海關碼頭，以備貨物受檢估稅」[5] 的記載，明白指出「1864 年 8 月 1 日」打狗港已經有「海關碼頭」，可知湯姆生一行人上岸並不是以搶灘的方式。

無庸置疑，湯姆生的〈打狗港入口〉立體影像（照片 1）是最能呈現他筆下「這些岩石是火成岩，看起來像是熔化的金屬在猛烈沸騰時突然冷卻一樣」與「我們上了陸，接著爬過許多洞穴，洞壁邊緣有如燧石一般堅硬，也像碎玻璃一樣銳利」的岩石之描述；如今筆者在現地也能捕捉到這樣的對比影像（照片 2）。

照片 1
湯姆生，〈打狗港入口〉立體影像，1871
Courtesy of Wellcome Collection

照片 2
打狗港入口現地對比
攝影：游永福

只是筆者對於湯姆生口中的「火成岩」存有疑義，故引證國立高雄應用科技大學土木工程系副教授蕭達鴻的〈高雄市地質調查與土層特徵〉專文來釐清。經比對相關論述，打狗港入口南、北兩側的坑坑洞洞岩層為「珊瑚礁石灰岩」，又有「高雄石灰岩層」的稱呼，[6] 並不是「火成岩」；當地人以「硓𥑮石」稱呼珊瑚礁石灰岩，與澎湖地區一樣。

而關於「一種矮小的棗椰樹」，湯姆生的原文記錄為「a sort of dwarf date-palm」。依據湯姆生〈打狗港入口〉立體影像與〈打狗港景觀〉裡出現的樹種，其羽狀複葉與樹幹上布滿落葉後留下疤狀痕跡的特徵來看，應該是臺灣固有原生種的「臺灣海棗」。由於海邊礁岩較為貧瘠，無法正常生長到七、八公尺高度，所以當湯姆生第一次見到時，誤以為是西亞和北非沙漠綠洲常見的棗椰樹，而以「一種矮小的棗椰樹」來稱呼。

臺灣海棗另有「糠榔」之名，與臺灣油杉、臺灣穗花杉、臺灣蘇鐵並稱「臺灣四大奇木」，都經歷過冰河期物競天擇的自然界嚴屬歷練，在地球上強悍生存了幾千萬年。所以，湯姆生可以說是為我們記錄了 1871 年臺灣這一珍貴植物活化石的影像。

至於〈打狗港入口〉的取景點，應是從今日旗後燈塔位置往東北方拍攝，讓哨船頭港區旁邊的礁岩地貌完全呈現。照片下方，沿斷崖構築的護牆內側可見到一方形圍欄平臺，這個平臺有何作用？

王雅倫《法國珍藏臺灣早期影像》專書中有一張「打狗港平面圖」，相關位置標示為「Fort」[7]，從影像中的規模來看，可稱之為「旗後小砲臺」。該平面圖上還標示了港口入口、撒拉遜山丘、撒拉遜頭、醫院、市集、碼頭、英國領事館、外國人生活區、防波堤俱樂部與猴山等相關位置，讓我們對打狗港南北兩側地點的實況有了基本的瞭解。[8]

在〈打狗港入口〉與「打狗港平面圖」中，在猴山東側哨船頭處都可看到一平頭三角形小山丘，筆者特別稱之為「哨船頭山」，後文將進一步探討。對照後，推估湯姆生的〈打狗沙岬〉就是在哨船頭山與猴山鞍部取景。

還有不同角度的〈打狗港〉（照片 3），也能呈現植被矮小的礁岩樣貌。這一影像玻璃底片的左下角與右下角已經毀損，顯見確實是保存不易。整張影像得見波浪輕搖畫面，收帆的大船安穩地在打狗港內下錨；左下側有兩艘定泊的舢舨；下側中央也有兩艘，其中一艘槳木平放於舢舨正中央，一派自在悠閒的模樣。

在猴山南伸的最南礁岩，略微突出海面與水下的部分，因拓寬航道入口工程，而在 1908 至 1912 年間遭鑿除。今天位於山上的打狗英國領事館官邸，在照片中還未出現。從張宇彤根據英國國家檔案局外交和工部檔案所做的縝密研究考證，該建築在 1878 年初興建，1879 年 6 月完成。[9]〈打狗港〉的取景點，經踏查應該是在今天海巡署旗後安全檢查所（以下簡稱「安檢所」）後方的位置，即海岸路住宅區向北偏西拍攝，惟視野被安檢所的樓房所阻擋。

值得注意的是，〈打狗港〉畫面中猴山南伸礁岩最後第三段尾端，即

照片 3
湯姆生，〈打狗港〉，1871
Courtesy of Wellcome Collection

港口入口左側，明確地有一個向上凸出的岩石，與王雅倫在《法國珍藏早期臺灣影像》裡 St. Julian H. Edwards 拍攝的〈撒拉遜頭〉照片，樣貌非常相似。王雅倫對於撒拉遜頭有以下簡短的說明：

位在高雄港入口的撒拉遜頭（今旗後山），長約 200 公尺，高度約 50 公尺，它的名稱來自英國砲艇撒拉遜號（Saracen），其以測量臺灣島沿岸為目的，行經旗津進入打狗港時，艦長以其艦來命名。[10]

關於〈撒拉遜頭〉，筆者在 2016 年 5 月 20 日取得費德廉的看法：

王雅倫的資料原始來源或許是出自 1855 年出版的文章，即：John Richards,"Harbours of Kok-si-kon and Taku-kon at the south-west end of Taï-wan or Formoza."The Nautical Magazine and Naval Chronicle (1855): 372-375.

2016 年 6 月 7 日，費德廉對 JohnRichards 所描述的撒拉遜頭文章有進一步的回應：「我提供比較粗略的翻譯，希望您瞭解其意思。」原文與翻譯如下：

The S.W. part of the mole (a steep cliff) I named Saracen Head. It bears S.S.E. 34 miles from West Point, and 32 miles from Gull Point, on the same line of bearings. It is at lat. 22°36'15"N., long. 120°16'41"E., var. 0°34 1/2'W. [11]

防波堤的西南邊（是個陡峭的懸崖），我命名為『撒拉遜頭』。其位置在西角東南的南邊 34 哩，也是離鷗角相同的方向 32 哩。緯度為 22°36'15"N；經度為 120°16'41"E（相差距離只有 0°34 1/2'W）。

（左）地圖 1
Formosa Plan de Takaô, 1893
打狗港平面圖

（右）地圖 2
Formosa Takow, 1885
英國海軍打狗港地圖 1885
更正版

資料來源：
Reed College Digital Collections
經費德廉同意引用
中文標註：游永福

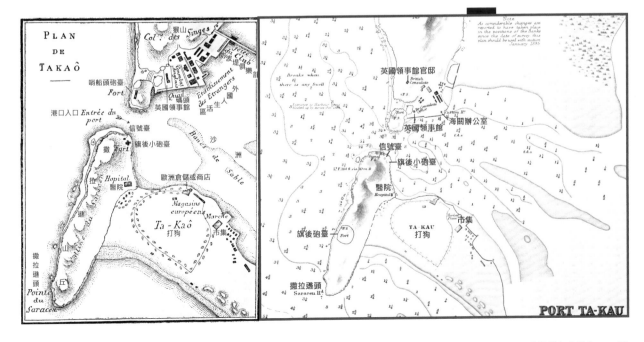

在譯文後面，費德廉還附上註釋：「依照當年的海洋報告，鷗角為國姓港入港處的北邊。西角在鷗角正北方 3 哩。」同時熱心提供筆者「英國海軍打狗港地圖 1885 更正版」與「打狗港平面圖」參考應用。

將「打狗港平面圖」（地圖 1）與「英國海軍打狗港地圖 1885 更正版」（地圖 2）並排對照，標示上釐清過的中文，更利於閱讀與研究。在兩張地圖中，「撒拉遜頭」的位置確實都是標示在 John Richards 口中的「防波堤的西南邊」，而且位於「防波堤」的尾端。

關於「打狗港平面圖」，費德廉說：「應該是一位法國金屬板雕刻家 Louis Pierre Housselin 引用英國海軍部所製作的打狗港地圖繪製，他只是把英文翻譯成法文而已。」因為如此，所以地圖圖面少了海水深度的標示，內容則差距不大。仔細瞧瞧地圖上「撒拉遜山丘」的東、西、南、北四側，除了東側 60% 以上與沙岬連結者除外，看起來都是陡峭礁岩。

再看看由費德廉與蘇約翰主編翻譯的李仙得《臺灣紀行》第二冊有一段關於「撒拉遜頭」的記錄：

> 一道防波堤從此巨大山丘處延展。有一個寬為 75 到 80 碼的斷口，將之分隔為二，形成港口的入口。防波堤的北邊部分被命名為「撒拉遜頭」。近入口處是一塊凸出的珊瑚所組成的巨大岩塊團，形似一個龐大的怪物，頭向一邊伸出，口往南方張開，好似在護衛著港口，賦予那地點十分奇異的外貌，相當獨特。我為該景致拍攝了兩張相片，應會頗有意思的。[12]

李仙得口中的「一道防波堤」與 John Richards 所說的一樣，顯然不是人工防波堤，而是指述猴山南伸到旗後的天然礁岩。只是 John Richards 口

（左）照片 4
〈撒拉遜頭〉影像
出自《臺灣紀行》II
32 Edwards，經費德廉與蘇約翰同意引用

（右）照片 5
湯姆生，〈打狗港〉截取影像
Courtesy of Wellcome Collection

中的「防波堤的西南邊（是個陡峭的懸崖），我命名為『撒拉遜頭』」的說法過於簡略，導致相關位置不明確而易讓人產生誤解。李仙得關於「斷口，將之分隔為二，形成港口的入口」的描述，讓我們知道港口入口的北邊與猴山相連；南邊則因分隔而獨立。所以這「防波堤的北邊部分被命名為『撒拉遜頭』」的說明，明確提點出「撒拉遜頭」的位置是在港口入口北邊；而且這個「頭」是「向一邊伸出，口往南方張開，好似在護衛著港口」，方向指示可以說是相當具體。透過李仙得的說明，顯示出上兩張地圖標示確實有誤，因為位置若是在「防波堤西南邊」，這「往南方張開」的「口」，面向的是臺灣海峽，無法「好似在護衛著港口」。

李仙得這一「我為該景致拍攝了兩張相片」的說明，相關影像就出現在《臺灣紀行》第 156 頁。編號 2.31 的〈打狗港入口處北邊〉正是湯姆生的〈打狗港〉；編號 2.32 的〈撒拉遜頭〉，則是 Edwards 拍攝的這張——與王雅倫在《法國珍藏早期臺灣影像》裡的畫面一樣。筆者以 Edwards 近拍的〈撒拉遜頭〉（照片 4）與湯姆生遠拍的〈打狗港〉截取影像（照片 5）進行比對。經過仔細檢視，〈撒拉遜頭〉照片與〈打狗港〉截取影像裡的岩石和景致樣貌，最起碼有 17 處的特徵相同。這說明了兩張影像的地景確實如李仙得所述，是在「打狗港入口處」的「北邊」。

然而，如此一來卻更加難理解。因為前文已經說明，湯姆生這張有「撒拉遜頭」的〈打狗港〉取景點位於今日海巡署旗後安檢所後方，從海岸路住宅區向北偏西拍攝，但兩張地圖的「撒拉遜頭」，卻都標示在「防波堤的西南邊」，旗後山尾端。

進一步檢視〈打狗港〉中收帆的大船，是下錨於港區。而舢舨必須靠岸才能固定，所以四艘舢舨是泊靠於岸邊，湯姆生的照相機三腳架正是固定在下側兩艘舢舨後方的岸邊。至於影像南、北兩側，岸邊都有大船下錨，北側岸上也有房舍，確實是在打狗港的港內範圍取景。

為了解答其中之謎，筆者決定前往海巡署尋隙取景，驗證〈打狗港〉的影像與現地是否相仿。

（左）照片 6
湯姆生，〈打狗港〉影像，
1871
Courtesy of Wellcome Collection

（右）照片 7
打狗港現地對比影像
攝影：游永福

筆者這張打狗港現地對比影像（照片 7），是在海巡署旗後安檢所東南側，靠近旗津渡輪站的空隙處取景。雖然不是正確的位置，但猴山的前、後稜線與山崙樣貌，與湯姆生的〈打狗港〉（照片 6），仍有六處可供確認，即〈打狗港〉的取景點，正如原先推估無誤。這也正顯示，「撒拉遜頭」位置，確實是在猴山南伸礁岩最後第三段尾端，港口入口左側。這樣的結論也正符合李仙得「防波堤的北邊部分被命名為『撒拉遜頭』」的描述。所以，透過 Edwards 拍攝的〈撒拉遜頭〉照片與湯姆生的〈打狗港〉的詳細比對與定位成果，確實凸顯出影像存在的價值。

然而，即使在旗後山南端，甚至其他文獻記載的旗後山北端，各有一處與「撒拉遜頭」相同的岩石，但檢視地圖，旗後山陡峭的岩石旁毫無立腳處。沒有立腳處，要如何架設三腳架拍照？放寬條件，讓攝影師站立在船上拍照，但以當時的濕版攝影法來說，要在海浪晃動的船上，以三秒至一分鐘之間的時間來完成曝光動作，畫面會清晰嗎？

根據裁切掉的湯姆生題字來看，這張〈打狗港景觀〉（照片 8）應該也是一張雙影像立體照片，只是另一半可能已毀壞。這倖存的半張影像，一般認為是旗後的場景，拍攝位置應該是在旗後燈塔一帶。2012 年經筆者幾度現場踏查，在旗後燈塔東側或南側將照相機對準旗後，所拍攝的相關場景景深都不夠，不由得心生疑惑。

事實上，湯姆生在報導文字裡也出現「目前，或是我提到的這段時期（1871 年 4 月），廈門有兩、三家歐洲貿易公司在打狗設有分公司。這些外國人的房子後面矗立著一座一千多呎高的山，俗稱『猴山』，因為這裡唯一的居民是偶爾群集在峭壁附近的大型猿猴。從這座山可一覽無遺地瞭望打狗港（From this hill I obtained a commanding view of Takow harbour, and the observations which I made here.）」[13] 的說明。

故筆者大膽推論〈打狗港景觀〉照片，應該是湯姆生辛苦爬上猴山拍攝的，但拍攝範圍不是旗後，而是哨船頭山東側的港灣與屋舍——但這個與眾不同的觀點仍需實地考察，以便證實。[14]

李仙得的《臺灣紀行》有一張 Edwards 拍攝的〈南打狗〉（Southern

照片 8
湯姆生，〈打狗港景觀〉
Courtesy of Wellcome Collection

（左）照片 9
St. Julian H. Edwards
〈南打狗〉
資料來源：中央研究院人文社會科學研究中心

（右）照片 10
St. Julian H. Edwards
〈北打狗〉
資料來源：中央研究院人文社會科學研究中心
兩張照片下方有李仙得的題字

Southern Takao

Northern Takao

Takao）（照片 9）。這張照片與湯姆生的〈打狗港入口〉都是在今日高雄旗後燈塔一帶取景，拍攝哨船頭與碼頭及猴山東稜與下方的內港。哨船頭一帶是「南打狗」，哨船頭後面是北方，即北打狗。果不其然，該書收錄了〈北打狗〉（Northern Takao，照片 10），也是由 Edwards 拍攝，[15]與湯姆生的〈打狗港景觀〉照片取景角度相同，差別在於湯姆生拍攝的畫面充滿景深之美。

Edwards 這兩張與湯姆生同時期拍攝的照片，若依李仙得的親筆題字來看，正好呼應了筆者所提拍攝範圍不在旗後，而是哨船頭山東側的港灣與屋舍。

英國威爾康圖書館所典藏的湯姆生照片電子檔案裡，有一張館方編號 L0056517（照片 11）之地點標示為「西貢」（Saigon）；但在《臺灣紀行》裡，李仙得則標示為「Sand spit of Takao」（打狗沙岬）。高雄市立美術館出版的《約翰湯姆生世紀影像特展》專書收錄了林志明〈古影像的數位生活：「湯姆生特展」的時代意義〉之專文，其中關於打狗沙岬的論述如下：

照片 11
湯姆生，〈打狗沙岬〉
Courtesy of Wellcome Collection

在此篇文章書寫之際，高美館現場傳來一件有趣的事，可以說明觀眾在現場的確有點像是進到影像檔案室，開始作起考察事物身分，斷定標示正確與否的工夫。原先威爾康中心收藏中有一張影像被標註為「Saigon, Cochin China（Vietnam）」，但經觀眾指出，認為可能是標題誤植，應該是打狗港的景象。這張影像的拍攝主題判斷，其實有兩種方法：

一種是根據視覺證據，如同現場觀眾所作的，辨識其中主題的視覺相似程度，比如把湯姆生其它用不同角度拍攝打狗港的影像拿來對比，仔細驗證港口中碼頭（哨船頭）、沙洲（旗津）、細部的建築物（洋行）形制及位置、甚至停靠的船舶型號及相互關係。如果這其中的細節相符，就非常有可能是標題誤置。

另一個方式則是尋找此一影像是否有其他出處，而在那些出處又是如何受到斷定。很幸運地，由第一個方式，我們發現有許多相關的當時打狗（不是湯姆生所拍），可以說明此一影像的許多細節和現存打狗港哨船頭相符合（尤其是前方的三連棟和有旗杆的特殊建築物）。

而更幸運的是，受惠於最近（2012 年 3 月）的出版，我也得以找到此一影像當年照片。而且，除了這一張影像複製的出現，同時也含帶著一個註記，由此影像所描繪製成的版畫，其實就在此次展出的同一批版畫之中，只是因為展出的可能性限制，它被放置於一個展出圖像的背面。

如此，透過觀眾與學者的接力合作，威爾康所藏的臺灣影像在記錄上又多了一張，而美術館也就成為產生一個「檔案故事」（archive story）的場所，這毋寧是此次高美館「湯姆生特展」在「數位檔案室」概念的影響力之下，所能產生的美事一樁。[16]

林志明所提出的「兩種方法」之論述很具體，確實是比對的好方法。筆者以湯姆生的〈打狗港入口〉截取影像（照片 12）與〈打狗沙岬〉

1. 猴山南脈山脊
2. 東興洋行（Julius Mannich & Co, 德）
3. 魯尼倉庫（Rooney warehouse）
4. 哨船頭山南麓樹林
5. 怡記洋行（Elles & Co, 英）
6. 怡和洋行（Jardine Matheson, 英）
7. 東興洋行
8. 打狗海關稅務司
9. 碼頭（後來為水陸洋行填築地）

（上）照片 12
湯姆生，〈打狗港入口〉截
取影像
Courtesy of Wellcome Collection

（下）照片 13
湯姆生，〈打狗沙岬〉截取
影像 1
Courtesy of Wellcome Collection
考證：郭吉清
照片標示：游永福

截取影像 1（照片 13）的內容來進行比對。無論碼頭或建築物都是同一個樣貌，所以〈打狗沙岬〉確實是臺灣打狗的哨船頭景觀。而當時的屋舍及碼頭與山脈的位置，也在高雄市舊城文化協會理事長郭吉清窮究中外史料考證後，完成確認工作，由筆者在影像中一一標示出來。[17]

〈打狗沙岬〉的取景點，初步研判是在猴山與哨船頭山鞍部；鏡頭向南，旗後景觀也遠納於畫面之中。威爾康圖書館〈打狗沙岬〉的電子檔案可以放大檢視，成了可與〈打狗港景觀〉比對的重要影像，也是確認〈打狗港景觀〉是旗後或哨船頭影像的最後線索。

兩張影像經比對後，有了令人驚喜的大發現。

在不同取景角度與樹叢遮蔽下，以湯姆生的〈打狗沙岬〉截取影像 2（照片 14）與〈打狗港景觀〉截取影像（照片 15）進行對比，編號 1 到 7 七處房舍具有相同的特徵，還有一處方形圍牆（A）與一整排曝曬船帆的位置（B）相似。以這兩張湯姆生影像來進行細部比對，筆者與當時的李仙得的看法都錯了。〈打狗港景觀〉確實是在旗後，而費德廉的研究團隊早就發現這個結果。費德廉與蘇約翰主編的 Notes of Travel in Formosa（1874）英文版，以及由費德廉與蘇約翰主編、羅效德與費德廉翻譯的中文版，在 2012 與 2013 年出版時都已訂正錯誤。

為何湯姆生的取景畫面充滿景深之美，現地拍攝照片卻無法呈現這個效果？原來是因為立體相機鏡頭焦距較短，單一鏡頭焦距僅約 15 至 25毫米左右，拍攝風景時充滿景深之美，還會有較為寬廣的視野。因此，〈打

狗沙岬〉的下半段，即哨船頭位置，碼頭、下錨的船隻及位於中間偏左的
打狗海關稅務司辦公廳舍，都顯得相當清楚分明。

在拍攝〈打狗港景觀〉時，湯姆生碰到的困難是：若以海水與泊船處
為主景，右側的房舍區塊只能部分入鏡；若讓房舍區塊全部入境，海水與
泊船處就會被腰斬。也就是說，鏡頭所及只能約略呈現旗後打狗港區一半
的畫面。

以這樣的鏡頭條件，湯姆生在拍攝了以海水與泊船處為主景的影像之
後，將鏡頭往右挪移了一下，更換好塗上藥劑的玻璃板，接著調整焦距和
曝光，於是〈打狗港景觀1871〉立體影像（照片16）就出現了。若將〈打
狗港景觀〉置於左側，〈打狗港景觀1871〉置於右側同時觀看，就可以
看到打狗港景觀的全貌。

然而，企圖心強烈的湯姆生顯然不只是想讓我們並排兩張影像一睹打
狗港全貌而已。因為兩張影像下方同時出現了兩株大棵臺灣海棗，前一張
在影像右側，後一張在左側；而且植株在兩張影像中的高度都一樣。如此
看來，湯姆生在挪移鏡頭時小心翼翼，也特意讓兩張影像一右一左，各自
保留一條幅的相同畫面，應該是為了利於景物對照銜接。

2014年，美國畫家Joshua Heald協助合成這兩張影像，[18] 筆者特別以
〈打狗港景觀全景〉（Panoramic view in Takow harbour, Formosa, 1871）（照片17）
來命名。端視此一壯觀影像，心想或許湯姆生在小心翼翼挪移鏡頭時，
已有影像是可以合成的先見之明。一舉為打狗港也為臺灣歷史增添一張照
片，令人欣喜。

（上）照片14
湯姆生，〈打狗沙岬〉截取
影像2
Courtesy of Wellcome Collection

（下）照片15
湯姆生，〈打狗港景觀〉截
取影像
Courtesy of Wellcome Collection

照片16
湯姆生，〈打狗港景觀
1871〉立體影像
Courtesy of Wellcome Collection

照片17
湯姆生，〈打狗港景觀全景〉
合成影像，1871
影像合成：Joshua Daniel Heald

50

You, Yungfu

51

從 1862 年到 1872 年十年間，湯姆生在遠東旅行、拍照並撰寫報導。到了 1878 年，最後一次外出是前往賽浦路斯（Cyprus）旅行攝影。以他這麼豐富的旅行經歷，可以合成的照片應該不少吧。

然而，搜尋英國威爾康圖書館網站，檢視 1,368 份與湯姆生有關的影像與資料，卻只有拍攝於香港（Hong Kong）編號 L0055637 與 L0055639 的兩張影像，出現以一左一右的取景方式。在其左方影像右側與右方影像左側，各有一條幅寬度相同的建築與景物，但取景點不同，取景高度也有差異，而且取景位置有遠近之別，故無法成功合成。這樣的遺憾不禁令人疑惑，為何湯姆生在打狗港拍攝時，要小心翼翼挪移鏡頭留下獨厚臺灣的畫面？

仔細檢視合成影像，船隻羅列，屋舍儼然，綠樹成蔭，港內外船帆列陣曝曬，沙洲蜿蜒遠伸，好不壯觀。景致中有兩棵大臺灣海棗右前方山腰，樹叢間隱現一間屋瓦猶白房舍，難道是帶領湯姆生來臺灣拍照旅行的馬雅各醫生，於 1866 年 9 月新建的臺灣第一家禮拜堂與第一家西醫醫館的建築嗎？到了 1886 年，主事的梅醫生（Dr. Myers）將醫館擴建為醫院，招募學生，成為臺灣第一家醫學院。

兩棵大臺灣海棗周圍有一大片光著枝椏，十分壯觀的「綠珊瑚」。這「綠珊瑚」是大戟科（Euphorbiaceae）大戟屬（Euphorbia）有毒植物，因樹形獨特而有「綠玉樹」、「青珊瑚」、「光棍樹」、「鹿角樹」等名稱。此植物原產非洲東部，1630 年前後由荷蘭人引進。生性耐旱與鹽風，已野生歸化於台南、高雄、屏東、澎湖等海濱沙地。除了野生，臺灣各地大都栽培為景觀植物。[19]

就在放大〈打狗港景觀〉影像時，發現左側這一株大臺灣海棗，頂端的羽狀複葉左側吐露出獨特的肉穗花序，開花時間符合臺灣海棗花期三至六月的記錄。

時至今日，「打狗港景觀全景」又展現何種樣貌？

從彭淑芬拍攝的旗津全景影像（照片 18）可以看見：在「旗後燈塔位

照片 18
旗津全景
攝影：彭淑芬

置，視野已經被樹木與房子遮蔽，不得已取景點只好下移到山腰」[20] 的影像中，昔日的中式、洋式平房或二樓建築已經蕩然無存；港內港外曝曬船帆的漁村風光，也消失無蹤；處處，都是林立的高樓大廈。不禁令人探問：「『海洋高雄』的夢景，該建築在哪一層生活文化的地基上？」

為了確認〈打狗沙岬〉的取景位置，筆者於 2016 年 4 月 15 日特別走了一趟哨船頭山區踏查，發現該地點視野被茂盛植物與樓房擋住。最後來到哨船頭山東北側的制高點──安船街三十號大樓下。只見大樓鐵門深鎖，正猶疑該不該在此等候時，屋主出現了。筆者因此得有機會直上樓頂拍攝〈打狗沙岬〉踏查對比影像（照片 20）。

在〈打狗沙岬〉截取影像 3（照片 19）裡，編號 1 的旗後山與編號 2 的猴山南脈山脊，是左右交疊在一起的；而在〈打狗沙岬〉踏查對比影像裡，對應景物的編號 1 燈塔左側旗後山與編號 2 的猴山南脈山脊，則是左右分開的。這一現況說明在哨船頭山後方取景是有誤差的。在與郭吉清討論之後，認為取景點應該右移至猴山，即今壽山南脈山脊的東面北側。

再來比對〈打狗沙岬〉截取影像 4（照片 21）與郭吉清協助拍攝的〈打狗沙岬〉現地對比影像（照片 22）。填海造陸之後，畫面裡山與海的銜接，

以及景致大略分佈樣貌，可說已相當接近。

當時有哪些從打狗港進出口的物品？在葉振輝的《開港初期打狗史事研究》第三篇〈打狗海關的設置與運作〉文章裡，有一個 1865 年至 1870 年「下港進出口統計表」，統計資料是以打狗港進出口的貨物為主。主要進口貨物有灰洋布、白洋布、嗶吱（斜紋紡織品，分毛織與棉織兩種）、紫花布、羽紗、花緞、長袈裟布、鴉片、煙草與麻袋。出口貨物則是花生、花生餅、麻、龍眼、米、鹽、芝麻、紅糖、白糖與薑黃為主；1869 年還出現蓖麻子。[21]

葉振輝統整的記錄讓我們了解到：在當時，鴉片是臺灣的進口貨物之一。得知此一事實，不禁想問：這時期臺灣的鴉片進口有多少？

清領時期臺灣鴉片的進口量，從 1865 年至 1874 年的十年中，平均每年 193,000 斤；到 1894 年，平均達 470,000 斤；最高峰在 1881 年，達 858,000 斤。鴉片進口值平均佔臺灣總進口值的 57%，最高曾達到 81%，可見鴉片在臺灣流行與危害的程度。[22]

那麼，鴉片又是由誰進口？

1858 年到 1860 年，安平、打狗、淡水、雞籠相繼開港，洋行紛紛成立。其中怡和洋行、顛地洋行（又稱甸德洋行）為香港最大的洋行，扮演先驅要角，首先在打狗、淡水設行貿易。隨後因茶、糖、樟腦大量出口，鴉片、

照片 23
湯姆生，〈包裝蔗糖〉，
1871。
出自《臺灣紀行》II_63f
經費德廉與蘇約翰同意引用

洋貨大量進口，外商競相設立大小洋行，形成多元競爭之局。[23]

　　由此可知，鴉片的進口就是怡和與顛地兩家英資大洋行的傑作。筆者不禁想問：經歷 1839-1842 與 1856-1860 兩次中英鴉片戰爭，以文明自豪的英國，為何依然維持這種荼毒他國人民以大賺其錢的行徑？

　　而打狗港主要出口貨物的糖，是否也曾擄獲湯姆生的鏡頭？在《臺灣紀行》一書裡有一張〈包裝蔗糖〉（Sugar packing）（照片 23）。根據費德廉的考證，攝影者正是湯姆生。若就湯姆生來到臺灣的 4 月來說，正是甘蔗的熬煮與糖的銷售期，最適合拍照。再者，從照片的內容來看，影像中的蔗糖，確實是「由竹簍裝之」，運送到港口之後倒入木箱，再以麻布袋（即進口貨中的「麻袋」）包裝過磅。

　　在〈包裝蔗糖〉左面的中上側有一艘放下了帆的船隻，很接近岸邊。由地景來看，該照片在哨船頭碼頭拍攝的可能性最高。

打
狗
潟
湖
與
打
狗
海
邊

　　湯姆生拍攝打狗潟湖的照片有：〈打狗潟湖〉（Lagoon Formosa, Takow, 1871）、〈打狗竹筏〉（Bamboo boats Takow, Formosa, 1871）、〈Fishing in the surf, Formosa, 1871〉與〈猴山山腳岩礁〉（Rock at the foot of Ape's Hill）四張立體影像，以及〈竹筏〉（Bamboo boat Formosa, 1871）一張，總計五張。

　　在繪有等高線的 1904 年《臺灣堡圖》裡，筆者截取並標示出「打狗港截取圖」（地圖 1）一份。[1] 圖面中看來相當寬闊的打狗港濱線鐵路西側內港水域，到了 1908 至 1913 年，因為進行港內疏濬填海造陸計畫成為陸地，規劃成鼓山一路、濱海一路與二路，還有登山街環繞於四周，形成繁華街市。日本人口中的兩條濱線鐵路「はません」（Hamasen），居民是以閩南語音「哈馬星」稱之。

　　筆者試著在截取的圖面裡尋找可能的位置，以圓形標示出影像範圍，方便比對與探討。在〈打狗潟湖〉立體影像（照片 1）與截取圖面圓形範圍的上方都有礁岩，礁岩的前方也有彎曲幅度一樣的道路，接下來則是環形沙岸。整個打狗港地圖再也無法找到類似場景，因此可確認湯姆生指述的打狗潟湖即日後出現的哈馬星。

　　若將〈打狗潟湖〉影像放大，可以看到遠遠的潟湖中浮有七艘竹筏，

地圖 1
《臺灣堡圖》之「打狗港截取圖」
資料來源：中央研究院人文社會科學研究中心

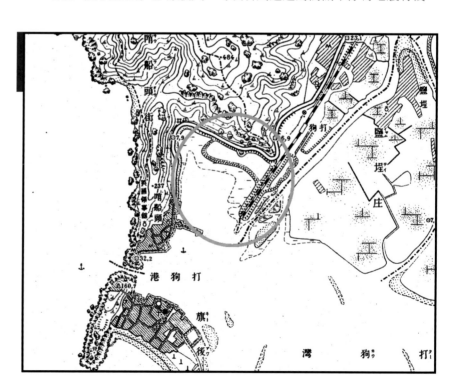

照片 1
湯姆生，〈打狗潟湖〉立體影像，1871
Courtesy of Wellcome Collection

有篷者一艘，張帆者五艘。從這樣的景況可知，在打狗潟湖確實有竹筏存在。

　　再從湯姆生已經標示「打狗」的〈打狗竹筏〉立體影像（照片 2）來看，左側沙岸彎曲幅度與〈打狗潟湖〉影像相當接近。由於打狗港地圖再無其他類似場景，所以取景地只有打狗潟湖這唯一選擇了。

　　至於〈打狗竹筏〉裡的竹筏，已張了帆，前端微微翹起的前五分之二浮起水面；後五分之三還擱在淺水下的沙灘上，正是準備出航的模樣。頭戴斗笠的擺渡人有兩位，擺在竹筏中間偏後的圓形木桶裡有一人乘坐，不知欲渡往何方？

照片 2
湯姆生，〈打狗竹筏〉立體影像，1871
Courtesy of Wellcome Collection

　　湯姆生的〈竹筏〉（照片 3）與〈打狗竹筏〉（照片 2）兩張影像，左側地景是一樣的，意謂〈竹筏〉影像的取景地也是在打狗潟湖。竹筏上的三個人物，兩位戴斗笠的人，衣服和斗笠的顏色都與〈打狗竹筏〉影像相同；還有乘坐木桶漢子的頭部與臉部細節以及白色上衣，也與手搖木槳的漢子一樣，可推測是同一批人。當然，經比對後，影像中的竹筏也是同一艘。

　　關於竹筏的用途，或可從「竹筏」影像題字來推測：湯姆生書寫的「Surf boat, Formosa, with tub for pass ocean」說明，即「置放了木桶做為渡海用途的福爾摩沙小船」。而〈打狗竹筏〉影像畫面中的大木桶裡有人乘坐，顯示竹筏的確是臺灣一種近海渡越的交通工具。至於竹筏的移動，則是依靠風帆與木槳的共同作用，照片中竹筏右前與左後槳正由擺渡人划動著。

照片 3
湯姆生，〈竹筏〉，1871
Courtesy of Wellcome Collection

　　至於〈Fishing in the surf, Formosa, 1871〉立體影像（照片 4），王雅倫在《法國珍藏早期臺灣影像》一書中給了「旗後港（高雄）捕魚的情形」這樣的標題。[2] 而魏延年所著《從地面到天空臺灣在飛躍之中》的湯姆生專書中，則標示為「打狗的漁夫」。2011 年 5 月由臺北市立美術館出版的《時代之眼：臺灣百年身影》專書，則多加了一個字，標示為「打狗港的漁夫」。高雄市立美術館出版於 2013 年 4 月的《玻光流影：約翰·湯姆生世紀影像特展》專書中，經慎重考證將該影像標示為「浪中捕魚（臺灣）」，另加註「Fishing in the surf,1871」的英文標示。

照片 4
湯姆生，〈Fishing in the surf, Formosa, 1871〉立體影像
Courtesy of Wellcome Collection

　　檢視這張威爾康圖書館編號 L0056043 的〈浪中捕魚（臺灣）〉，湯姆生的原題字是「Fishing in the surf, Formosa, 1871」，直接譯為「浪中捕魚（臺灣）」是合理的。但是，若能再深入分析探索，便會發現這樣的翻譯顯然不夠周全，因為這辜負了照片的價值與內涵。

　　要了解這張湯姆生臺灣捕魚照片的價值與內涵，就必須了解照片的取景地何在。到目前為止，取景地有「旗後港」、「打狗」與「打狗港」三個說法，指述可以說都很接近。惟〈浪中捕魚〉照片畫面的海天交接線，左面的五分之二有沙岸的痕跡，除此以外，並沒有明確可以比對的地景細節。所以第一時間很難判定取景位置是在何方。

　　2012 年 8 月，筆者與工作伙伴董武慶前往高雄市立美術館參觀「玻光流影：約翰·湯姆生世紀影像特展」。沿著動線，走到圖幅約半個人高的〈竹筏〉高解析度放大照片前方時，眼睛為之一亮，因為三位「浪中捕

魚」漁夫的影像,就出現在照片正中央的張帆竹筏左後方水波上,照片中漁夫的人數可以確認的有七位(照片5)。在《從地面到天空臺灣在飛躍之中》專書與《時代之眼:臺灣百年身影》專書中,約7×7吋全頁印刷的〈竹筏〉影像,在同一個位置卻只呈現幾個很容易讓人疏忽的三角小黑點。

　　照片的取景位置都明朗。那麼,辛苦站立在打狗潟湖波浪中的漁夫,到底是在撈捕什麼魚?

　　三個漁夫手中握著的漁具,是以兩根長竹竿交叉固定,然後掛網而成。這種漁具依操作方式、外型或撈捕功能而命名,共出現「手抄網」、「手叉網」、「三角網」與「魚苗叉網」四種名稱。由「魚苗叉網」這個名稱可知,這種漁具可撈捕魚苗,專門用於撈捕「鮘仔魚」等小魚。直至

現在，臺灣仍有不少地方以這種獨特方式來撈捕魚苗，延續著數百年漁家風光。惟東海岸的魚苗撈捕因為經常驚濤拍岸（照片 6），原住民為了貼補家用而在河口附近撈捕，幾乎每年都傳出意外，令人遺憾。

臺灣的魚苗撈捕有個極為道地且傳神的專業名稱，閩南語管他叫「lu 魚栽」：這個「lu」字在遠流出版的《臺灣話大詞典》有記錄，即同文書局原版《康熙字典》第 378 頁裡的「擼」字，[3] 有強行往前推動的意思。關於「lu」字，劉建仁在《臺灣話的語源與理據》裡〈倒退嚕〉的專文裡就相關用字進行論述，認為「推土機」的「推」字「理據較強」，[4]「lu」是「推」的意思。

至於「魚栽」，即閩南語中的「魚苗」。

由於不同魚種的繁殖季節有異，所以臺灣的擼魚栽作業有季節性。湯姆生這張照片的拍攝時間約在 4 月 3 到 4 月 5 日之間，撈捕的當然不是鰻魚苗，因為鰻魚苗出現在冬季；也不是日本禿頭鯊魚苗，日本禿頭鯊魚苗出現在春夏之交。那麼，1871 年 4 月在打狗潟湖可撈捕到什麼魚苗？

《農業知識入口網》的〈種魚自然繁殖及受精卵收集〉專文有以下敘述：

> 以臺灣沿岸的海域來說，一般在 4-10 月之間，會有虱目魚苗的出現，而養殖的種魚，大約也在這個時候會自然產卵。
>
> 若觀察虱目魚種魚的自然產卵行為，可以發現他們喜歡在夜間產卵，而在產卵之前就會有徵兆，像是提醒養殖業者，今天晚上別打擾喔。在產卵之前的虱目魚準父母們，會開始在水面泳動並有明顯的追尾行為，即可看到虱目魚的準爸爸繞著準媽媽一直游泳，在追求牠。[5]

虱目魚的受精卵「約在 21-28 小時後孵化」[6]，「一般而言，因為虱目魚苗身體細小如針，體長約在 1.5cm，一開始的型態幾乎呈現透明狀，不太容易以肉眼辨認，只能看到頭部細小而黑」[7] 的樣貌。

孵化後的虱目魚苗太小，臺灣的網頁並無細膩可看的照片，讀者不妨參考澳大利亞 Jurgen Freund Photography 網站上的影像。晶瑩剔透的魚卵與魚苗玲瓏可愛。照片下方有「Bangus or milkfish（Chanoschanos）eggs hatch at night from 8 to 10 pm」的說明文字，[8] 意為「虱目魚卵在晚間八點到十點之間孵化」，顯示魚卵的孵化有快有慢，而且是持續進行的。

雖說「一般在 4-10 月之間，會有虱目魚苗的出現」，但虱目魚苗則是「以 4 至 6 月為盛產期」，[9] 可知 4 至 6 月是臺灣地區撈捕虱目魚苗的主要季節。那麼，魚媽媽會選擇在哪裡產卵？淡水與海水交匯的河口充滿有機質與浮游生物，聰明的魚媽媽都選擇在這裡產卵，小魚孵化後就有豐富的食物可享用而順利成長。根據此一推論，我們或許可以假設：湯姆生的〈浪中捕魚〉照片，漁夫站立的位置，正是今名「愛河」的河水流入打狗潟湖後附近。當然，黃雀在後，河口或溪口也成了魚苗最佳的撈捕場域。

一般來說，撈補魚苗有兩種方式：一、漁夫緩緩在岸浪中往前推。

二、漁夫站立不動，任岸浪一波接著一波推湧而來，魚苗即順著波浪進入網中，等於是被動地撈了。不論是「在岸浪中往前推」或「魚苗即順著波浪進入網中」，漁獲都無法穩定，工作相當辛苦。探索至此，湯姆生這張〈Fishing in the surf, Formosa, 1871〉立體影像，若譯為〈在岸浪中撈魚苗〉，意思會更為完整與明確。而此一臺灣有史以來的第一張撈虱目魚栽照片，充滿寫意，最能凸顯打狗海邊的常民生活。

照片 7
湯姆生，〈猴山山腳礁岩〉
立體影像
Courtesy of Wellcome Collection

至於湯姆生的〈猴山山腳礁岩〉立體影像（照片 7），威爾康圖書館歸類在中國大陸九龍（Kowloon）。但在《臺灣紀行》裡，李仙得標示為「Rock at the Foot of Ape's Hill」。檢視湯姆生與九龍相關的影像，遍尋不到礁岩的景觀。關於打狗港，湯姆生的〈打狗港入口〉、〈打狗港〉與〈打狗潟湖〉影像中出現的礁岩畫面，在今天現地也到處可見。由此可知，與湯姆生同時期的李仙得之文字標示是正確的。

〈猴山山腳礁岩〉影像中有受風吹襲而傾斜的灌木，灌木後方稜線上有一棵棵臺灣海棗，礁岩與沙灘清晰可見，可知拍攝地位於打狗潟湖與猴山交接處，即〈打狗潟湖〉影像範圍內。由於填海造陸後地形地貌有所變動，時至今日礁岩上植物茂盛，取景點已不易搜尋。但影像中的漢子紮綁短褲，壯碩的古銅色上身赤膊，而且頭戴斗笠，與〈打狗竹筏〉、〈竹筏〉、〈在岸浪中撈魚苗〉等影像中人物類似，可推測〈猴山山腳礁岩〉屬於打狗潟湖系列照片。

關於〈打狗潟湖〉、〈打狗竹筏〉、〈竹筏〉與〈在岸浪中撈魚苗〉四張影像，費德廉在 2016 年 5 月 23 日回應筆者：

我看了您對照片 1、2、3、4、5 的論述之後，想請您再次考慮這幾張照片的取景位置。讓我簡單地說明為何有此想法，我觀察了照片 2、3、4 三張照片左方的岸邊與照片 1 潟湖的岸邊，發現兩地不一樣。仔細看潟湖左方的岸邊就找不到類似沙丘地，只看到類似耕田地、退了水的泥巴地與小森林地。照片 2 與 3 卻不同。照片 2 的下方是沙灘，而不是泥巴地；左上方的岸邊，好像是沙丘地。照片 3 就更清楚了，岸邊的確是沙丘地——我想這樣的沙丘地形，只能在打狗海邊見到。

那麼，照片 2、3、4、5 的取景位置應該在哪裡呢？觀察您書中地圖 1 撒拉遜山丘南段東側，也可看到沙灘有彎曲的形式。這彎曲的形式也符合照片 3 的背景。

另外，我還是相信湯姆生自己在照片 4「Fishing in the surf」（在岸浪中撈魚苗）的題字；葉子先那張非常美麗的臺東浪中捕魚照片，也是在海岸上照的。而潟湖，會有此種浪嗎？總而言之，我覺得打狗潟湖不是照片 2、3、4、5 的取景地。因此，希望游先生再次仔細審視這四張照片的背景。

為此，筆者再次仔細檢視相關照片，發現費德廉的觀察細膩精準，便約郭吉清走一趟旗津海水浴場。到了海水浴場，馬上走向北側礁岩地區，回頭一望，沙洲蜿蜒，海浪一波接著一波，湯姆生的〈打狗竹筏〉影像取

景點出現了。於是，〈打狗竹筏〉現地對比影像（照片 9）與旗津海水浴
場〈竹筏〉現地對比影像（照片 10）就此現身。

關於這張〈猴山山腳礁岩〉，費德廉在 2016 年 5 月 23 日的來信中
也有以下回應：

因為照片 7 下方也是有明顯的沙灘地，所以我想此照片也是在打狗沙
岬靠海洋的沙灘上拍的；也可能是在猴山山腳下的沙灘上照的。有關打狗
的文獻，也記錄有洋人在猴山下方的海灘上走過。但是，不知道湯姆生是
否在那塊地方照過相。我還想請教游先生有關照片 7 中漁夫所戴的斗笠，
是否是臺灣那時所看到的斗笠？我一直覺得此斗笠的上方，比臺灣經常看
到的斗笠更尖——這就讓我有一點懷疑，此張是否在臺灣照的？

郭吉清也認為李仙得所標示的〈猴山山腳礁岩〉，是在旗津海水浴場
北側拍攝的。當筆者抵達現場看到礁岩樣貌時，不禁熱血沸騰。在日本時
代，臺灣總督府為了外海防波堤的興建，開挖海水浴場北側的礁岩，而破
壞了山形樣貌。筆者與郭吉清只好冒著洶湧海浪拍打的危險，小心翼翼地
向凹凸不平礁岩的南偏西山腳方向挺進，終於成功取得礁岩與山形的近似
對比。在旗津海水浴場〈猴山山腳礁岩〉近似對比影像 1（照片 12）中，
礁岩歷經 145 年，已沖刷風化，不再那麼銳利；臺灣海棗的後代，則仍傲
然挺立。湯姆生影中人物背後的沙灘，是位於對比影像右側中間偏下的部

（左）照片 11
湯姆生，〈猴山山腳礁岩〉
截取影像，1871
Courtesy of Wellcome Collection

（右）照片 12
旗津海水浴場〈猴山山腳礁
岩〉近似對比影像 1
攝影：游永福

（左）照片 11
湯姆生，〈猴山山腳礁岩〉
截取影像
Courtesy of Wellcome Collection

（右）照片 13
旗津海水浴場〈猴山山腳礁
岩〉近似對比影像 2
攝影：游永福

位。

在旗津海水浴場〈猴山山腳礁岩〉近似對比影像 2（照片 13）裡，沙灘更為清晰。從影中人物站立處到碉堡，以及碉堡往後延伸至山坡方向，都是礁岩開挖地段。其開挖的痕跡明顯（照片 14），開挖後的地面遍佈海沙，長滿旋花科（Convolvulaceae）牽牛花屬（Ipomoea L.）植物「馬鞍藤」，有「海濱花后」之稱（照片 15）。

費德廉關於「照片 7 裡漁夫所戴的斗笠，是否是臺灣那時所看到的斗笠？我一直覺得此斗笠的上方，比臺灣經常看到的斗笠更尖」之疑問，經檢視〈打狗竹筏〉立體影像、〈竹筏〉與〈在岸浪中撈魚苗〉立體影像，

（左）照片 14
旗後山山腳開挖之後的礁岩
影像
攝影：游永福

（右）照片 15
長在礁岩地面海沙上的馬鞍
藤影像
攝影：游永福

比較明確的有三種不同樣式的斗笠。〈在岸浪中撈魚苗〉立體影像中，站立在後頭，即由前面往後數第三位漁夫，其斗笠是尖的，斗笠底層也一樣比較平。

有了費德廉「照片 7 下方也是有明顯的沙灘地，所以我想此照片也是在打狗沙岬靠海洋的沙灘上拍的」之判定，以及斗笠樣式的確認，再經筆者與郭吉清實際走訪旗後現地踏查比對，認為這張〈猴山山腳礁岩〉立體影像取景地，應該是在旗後山山腳的旗津海水浴場。因此，建議李仙得的〈猴山山腳礁岩〉立體影像正名為〈旗後山山腳礁岩〉（Rock at the foot of Ke-how Hill）立體影像。

於是，〈打狗竹筏〉、〈竹筏〉、〈在岸浪中撈魚苗〉與〈旗後山山腳礁岩〉四張影像的拍攝地點，都必須從打狗潟湖調整為打狗海邊的旗津海水浴場。這四張影像的拍攝地點，若從打狗潟湖調整為打狗海邊的旗津海水浴場，在岸浪中還能否撈捕到魚苗？這富含有機質的愛河之水，是否可流到打狗海邊而形成魚苗場域？

海流與漲退潮情況十分複雜，莊士巧在論文《高雄港流場與海水交換之數值模擬研究》中提供以下的說明：

> 在流向方面，表層的海流仍以流向港外為主」、「在退潮時……一港口的海流是先流出港外後流進港內」、「河川淡水的排放對於一港口的表層海流可能有影響。[10]

文中指述的「一港口」即打狗港口。由於愛河河川鹽分較低比重較輕，因此形成了表層海流，這「表層的海流」「在退潮時」，是「以流向港外為主」。

> 在退潮時的前半時期，外海的海流仍處於漲潮情況，但在後半時期之後才會轉向成退潮的情況，而且一直持續到漲潮的前半時期。相似地，在漲潮時也是有這樣的情況，前半時期是退潮情況，後半時期才轉為漲潮情況」、「明顯可看出外海海流與水位有二分之一週期的相位差；換句話說，當漲潮漲到最高時，向南的流速達到最大，然後流速慢慢地減慢至水位為零時，海流開始轉向為向北的方向，接著又慢慢地增強；當退潮退到最低點時，向北的流速達到最大，以此機制一直循環下去。[11]

莊士巧論文中這兩段說明，讓我們了解「在退潮時」「流向港外」的愛河水流，會碰到「仍處於漲潮情況」的「外海的海流」。而這「外海的海流」，其流向是「向南的」，即有機質可順著海流流向旗津海水浴場。也就是說，在旗津海水浴場仍然可以撈捕到魚苗。

打
狗
近
郊
風
光

在湯姆生這張〈顯露根部的榕樹〉（Banyan with exposed roots, Formosa, 1871）立體影像中，其題字未標示地名；而〈龍眼樹與當地水井〉（The lang-an tree and native well Formosa,1871）立體影像中，玻璃底片左上角題字的位置有些破損，看不出是在哪個地點拍攝的，值得追蹤探討。首先談談〈顯露根部的榕樹〉題字裡的「banyan」。

在維基百科「榕亞屬」條目中，關於「榕樹的名字」有以下介紹：

榕樹的拉丁文為 banyan，在西方這個名字多指來自印度及孟加拉等地的孟加拉榕（F. benghalensis）；但在中國及亞洲等地則多指細葉榕（F. microcarpa）。由於它們同屬榕亞屬，並且有相近的生活周期及氣根等特徵，因此榕樹現多作為桑科榕屬下榕亞屬的簡稱。[1]

這個樹種以「孟加拉榕」、「細葉榕」，或網路辭典所翻譯的「印度榕樹」來稱呼，但以「榕樹」最為簡要。在〈顯露根部的榕樹〉立體影像（照片 1）中，榕樹樹幹分枝多，且具有盤根交錯的板根；葉片不大但十分茂密，形狀接近倒卵形或橢圓形，這些都是榕樹的特徵。自樹冠中左側到左下側，葉片有些模糊，仔細檢視後得知，這是因為底片曝光時，這些部位因風的流動，造成葉片晃動而模糊。

照片 1
湯姆生，〈顯露根部的榕樹〉
立體影像，1871
Courtesy of Wellcome Collection

湯姆生為了對比樹形的龐大，特別安排一名腳蹬黑布鞋，手拿著煙斗與煙袋的漢子立於樹下。畫面中的漢子顯得渺小。曝光時，漢子上身動了一下，就出現雙影像：在樹下右側不遠處，也有一頭可資對比的中型豬隻，曝光時同樣也稍微移動，而略顯模糊。這些狀況再再顯示當時拍照工作之不易。

在榕樹左後方以磚頭、石頭、木條與瓦片建造的小祠，也因為有龐大的榕樹作為對比，而更顯其小。小祠雖小，屋頂卻有三重，右前方還建有金爐。小祠後方，葉子即將落盡的刺竹，即將新生。影像左側中下的位置有植物，葉片為長條形，一般以「林投」稱之，屬海邊物種。正燦漫生長的林投，或許還不夠成熟，在花期間仍不見開花。

關於豬隻，湯姆生有如下記錄：

我們進入打狗城時，此地的熱帶風貌與婆娑成蔭的棕櫚樹，讓我留下了極深刻的印象，也讓我聯想到馬來亞群島的村落。不過很顯然的，這裡不是回教徒或是馬來人的世界，因為住家附近有些大豬隻，或是四處閒

70

逛，或是守著豬舍的門。最後我們抵達佈道所，受到熱情的款待。[2]

　　湯姆生來到打狗時特別提到豬，在〈顯露根部的榕樹〉立體影像中又出現林投這種海邊植物，因此筆者將影像取景地列名於打狗近郊。在李仙得的《臺灣紀行》第 190 頁，此一影像標示為〈打狗附近的榕樹〉，或許可支持筆者的判定。

　　根據「打狗港平面圖」與「英國海軍打狗港地圖 1885 更正版」，湯姆生進入的「打狗城」為南打狗，即打狗港區南側現今旗津區。至於文中打狗城佈道所指的是當時的「打狗禮拜堂」，位於旗後山山腳，成立於 1865 年 5 月 28 日，即今天的「臺灣基督長老教會旗後教會」前身。

　　在〈龍眼樹與當地水井〉立體影像（照片 2）中，枝頭已長出圓錐花序的龍眼樹，是臺灣常見植物。樹旁有口水井並不稀奇，但敷上水泥的水井井口，上緣的水泥剝落處露出了紅磚主建材；地面也鋪上紅磚與石板，右側竹管屋屋頂則覆蓋了紅瓦。在 1871 年交通不便的內山地界應該看不到這樣的建築素材，因為這屬於沿海地區所專有。照片畫面上也可見竹編動物小屋與竹編圍籬，將影像放大後可看到圍籬範圍上方覆蓋著網子，莫非圍籬內圈養著家禽？

照片 2
湯姆生，〈龍眼樹與當地水井〉立體影像，1871
Courtesy of Wellcome Collection

　　畫面裡這位身著漢式盤扣式右衽上衣的薙髮結辮漢子，腳上蹬的不是草鞋。他站立在井緣上方，正以繩索「揪水」（chhiù-chúi，閩南語）[3]；在漢子背後的柱子後方，有一頂端伸入龍眼枝葉間的竹製梯子；挑水木桶則一高一低擺置井旁。

　　這張照片讓我們看到當時臺灣沿海常民的生活及衣著樣貌。在湯姆生一篇臺灣報導與三本專書裡的臺灣章節，都沒有此一影像的相關內容，讓取景地的判定變得十分困難。幸好在李仙得的《臺灣紀行》第 190 頁也收錄此一影像，標示為〈打狗附近〉，因此筆者將取景地列名於打狗近郊。

第三章

臺灣府城掠影

3

CHAPTER

TAIWANFOU

到達府城時間：4月5日上午8點

湯姆生一行人搭乘福爾摩沙號（Formosa）輪船來到臺灣府城安平港。
抵達後，他們如何上岸？

　　這個中國海盜當初停泊的港口，如今是一塊乾燥的平原，其上有條大
道穿過，還有一條通往臺灣府古港口的運河。一小部分的平原在漲潮時會
被淹沒，但是砲臺周圍的水現在卻非常淺，因此船隻必須要像我們剛才一
樣，停泊在兩哩外的海上。想穿越這些淺灘，也不是件容易或安全的差事，
至少在海面洶湧時是如此；若吹的是西南季風，那就更不可能通過了。
　　我們乘坐大竹竿扎綁的竹筏上岸，竹竿先用火烤彎使其呈凹型，再用
藤條綁在一起。一塊結實的木板固定在竹筏的中央，支撐上頭張著大蓆帆
的桅杆。整個竹筏的設計沒有用到一根釘子，而最奇特的一點，就是乘客
坐的地方不過是個大桶子。我原本以為這是當地洗衣婦用的桶子，我們這
些坐在裡面的乘客，全身被水濺濕時就像桶子裡的濕衣服一般，一有大浪
便連人帶桶一起沖滾至海灘上晾乾。我們乘坐進去的那個桶子可以容納四
個人，蹲在裡面只能看到桶頂邊緣。由於感覺不太舒服，所以我們離開桶
子坐在竹筏的板上，浪花湧來時，我們的手腳都要緊緊抓住竹筏，免得被
沖走。[1]

　　從這兩段文字，我們知道臺灣府城安平港也有接駁竹筏。經搜尋，安
平確實有岸邊與
淺海用途的渡海
〈安平竹筏〉（照
片1），目前收藏
在國立臺灣大學圖
書館。或許是為了
在運河上使用，木
桶規格比打狗港竹
筏小了好幾號；而
且木桶直徑只有六
根竹管寬，要容納
湯姆生說的「四個

照片 1
日治時期大正年間下帆停泊
的〈安平竹筏〉
圖片提供：臺灣大學圖書館

人」，而且「蹲在裡面」，是不可能的。

紮綁竹管的「藤條」，在湯姆生的原文中記錄為「rattan」[2]，確實有「藤條」之意。但紮綁竹管或其他紮綁用途，都是取藤條的外皮來使用，並非整條藤條。

湯姆生一行人在搭乘竹筏上岸之後，由於持有官方的正式引薦名帖，所以先行拜訪臺灣道臺。關於「道臺」，湯姆生的原文是記錄為「Taotai」，屬閩南語音，此乃明、清地方政府官職「道員」的俗稱。湯姆生拜訪過的道臺，經過查證，名叫黎兆棠（1827-1894）。他在同治八年（1869）七月（另有九月，即西曆十月的說法），[3] 卸任時間沒有明確資料。但從下任道臺「定保」派任時間為同治十年（1871）四月（西曆六月）來判斷，[4] 黎兆棠應是在接見了湯姆生之後，最晚於西曆六月卸任。

在當時，道臺的全稱為「按察使銜分巡臺灣兵備道」，簡稱「分巡臺灣道」、「臺灣道」與「臺道」，是福建省轄下臺灣府的最高行政長官。

經過引介，是由「一位會說流利英語，還長得不錯的圓臉中國人」來接待湯姆生。這位中國人自稱是道臺的姪子，雖對於湯姆生「想到這個島的內山地界去看看原住民」的說法存疑，但還是保持禮貌地進行引見，並表達了以下意見：「『無庸置疑的，』他向我打包票，『您永遠不可能接近這些生番；您會被他們的毒箭射到，或是在山間迷路。但請過來晉見道臺。』」[5] 接著，湯姆生敘述了拜見道臺的狀況：

道臺是位長得挺好看的中年人，據說他很有管理能力。儘管他很明顯地懷疑我造訪原住民的計劃，還是對我表達了善意：此外，為了答謝我替他拍攝相片，他送了我一小盒茶葉和一些荔枝乾。可惜的是，茶葉在我抵達香港之前就壞了，不過那些荔枝乾非常不錯。[6]

湯姆生提到他曾經為黎兆棠拍攝照片，但現存收藏卻一直未見該影像，可能是因為玻璃底片已毀損？至於荔枝乾，是否為湯姆生筆誤？

在《從地面到天空臺灣在飛躍之中》一書中關於湯姆生此一報導出版以前，相信很多人與筆者一樣未曾吃過荔枝乾。經上網查證汁液豐富的荔枝是否能焙製成乾，結果不見荔枝乾資訊，不禁懷疑翻譯有誤或湯姆生的筆誤？但湯姆生的原文確實是「dried lichees」[7]（荔枝乾）。文字無誤，卻一直未見湯姆生拍過荔枝乾的相關照片。

那麼，在 1871 年清朝時期，臺灣到底有沒有生產荔枝，甚至多到可以焙製荔枝乾？

翻閱乾隆二十八年（1763）余文儀所撰的《續修臺灣府志》，在卷十八物產（二）「草木」單元裡有「龍眼顆小味薄，六、七月熟。荔枝皆自內地來」[8] 的說法。道光元年（1821）謝金鑾、鄭兼才所纂修的《續修臺灣縣志》，在卷一地志「物產」單元裡則有「荔支臺地無之，邑獨種，近皆成林，美不減內地」[9] 的記錄。由上開兩本相距 58 年的方志得知，臺灣本無荔枝，是來自大陸。大量栽植荔枝是在清嘉慶後期，即 1811 年

左右開始。荔枝從栽種到收成，約需四至六年，成林則需十年以上。

　　至於《續修臺灣縣志》裡「邑獨種」之「邑」，指的是當時的臺灣縣；臺灣縣這個稱呼，直到光緒十三年（1887）才改為「安平縣」。成書於光緒二十年（1894）之後的《安平縣雜記》，在「工業」單元，可見「做福員肉司阜：俗名龍眼乾。樹上採下，以火焙之，去殼與核者。名曰『福員肉』」[10] 的記載。其中「司阜」即「司傳」或「師傅」；但仍不見「荔枝肉司阜」、「荔枝肉」或「荔枝乾」的訊息。

　　因此，我們可以推測，在清朝時期臺灣的荔枝鮮果，或是因為產量有限，產銷接近平衡，故無需因價格低迷而加工焙製成乾。即使盛產，銷售遲滯，需要焙製成果乾也需一定的產量，不若容易栽種且產量極豐的龍眼。再者，焙製過程中須先以沸水滾燙去青，曝曬兩三天後焙製三天，甚至十天之後再焙製一次，高度脫水以利保存，可說相當耗時費工。所以不會只是為了焙製荔枝乾而焙製。

　　由於氣候與緯度，臺灣南部的早生荔枝產期是在五至六月，所以湯姆生吃到的荔枝乾應該是前一年，即 1870 年焙製的。雖然存放將近一年，湯姆生仍覺得「那些荔枝乾非常不錯」（the lichees were very good）。那麼，臺灣的荔枝乾到底是怎樣的好口感？

　　目前臺灣荔枝乾的生產，在嘉義竹崎、彰化與彰化芬園三地略具規模，有的產地甚至有來自國外的訂單。荔枝乾的生產之所以都在中部，是因為南部荔枝早熟搶佔市場先機，中部荔枝則晚了一個月，而且產量大，常處於價格低迷的窘境，因此焙製成乾成為惜物與保值的作法。

　　為了瞭解湯姆生筆下「那些荔枝乾非常不錯」的美味，筆者特別買來品嚐，果然荔枝乾獨具甜中微酸的好滋味（照片 2）。

照片 2
美味的臺灣的荔枝乾，已經剝殼者，兩邊是「黑葉仔」品種，中間是有桂花香味的「桂味」品種。
攝影：游永福

荷
蘭
人
的
熱
蘭
遮
城

　　臺灣首府臺灣府城的老建築不少，卻未大量出現在湯姆生的鏡頭中，筆者初步認為原因有三：一、來臺灣之前，湯姆生已於 1866 年走訪令人讚嘆的世界級柬埔寨吳哥窟古蹟。二、1870 年年尾到 1871 年 3 月，湯姆生走訪過老建築與山水景觀豐碩的中國廣東與福建。三、湯姆生最在意的應該是臺灣的平埔原住民議題。所以，湯姆生來到臺灣府城安平時，僅留下〈熱蘭遮城遠景〉（Fort Zelandia, Formosa）立體影像與〈熱蘭遮城〉（Fort Zelandia, Formosa）二幀。

　　荷蘭人建立的「熱蘭遮城」，在 1662 至 1683 年仍是鄭氏王朝駐居的「王城」。及至 1683 年清朝統治，政治重心移至府城內，其牆垣遂因日漸傾毀失修、海岸線西移而漸失功能。

　　那麼，城牆在何時毀壞的？

　　比較正式的說法有：一、《維基百科》〈安平古堡〉條目的說明：「到了 1873 年，英國軍艦來犯，船砲又直接命中城內的軍火庫而引發爆炸，城牆隨之而毀，遂成廢墟」[1]；二、文化部文化資產局〈熱蘭遮城城垣暨城內建築遺構〉文字介紹的說法：「同治十年（1871）軍火庫爆炸，城垣傾圮」[2]；三、臺南市文化資產管理處〈台灣城殘蹟（安平古堡殘蹟）〉一文的描述：「清同治七年（1868），英國軍艦來犯，因城內軍火庫爆炸，城牆損毀。」[3]

　　從 1871 年湯姆生拍下的這兩張一遠一近照片來看，熱蘭遮城在當時已破敗不堪；而英國軍艦砲擊安平的相關資訊只出現在 1868 年。

　　陳德智運用前人研究與中、英文外交檔案呈獻史實的〈清末臺灣安平砲擊事件之研究〉一文，是針對 1868 年樟腦糾紛與教案，以雙方交涉過程為主軸來深入探討，內容相當細膩。在此節錄與熱蘭遮城相關記載，統整說明如下：

　　20 日，吉必勳（John Gibson）[4] 告知茄噹（LieutGurdon）[5] 有必要由海軍執行「強償」，攻佔熱蘭遮城直至閩浙總督處理完所有問題。並避免任何中國軍隊進入熱蘭遮城所在的安平。當晚，吉必勳隨「阿爾及利亞號」（Algrine）和「鴇號」（Bustard，新譯：布斯達、巴士德）一同前往安平。翌日，茄噹令兩艦陸戰隊員、船員登陸，並與吉必勳、絨生（Johnson，「鴇號」艦長）共同勘查形勢，未受絲毫抵抗便佔領熱蘭遮城。[6]

　　此段文字說明英方茄噹艦長一行人「未受絲毫抵抗便佔領熱蘭遮城」

中午，茄噹獲悉有五百人進入安平防禦工事架設槍砲，立刻要求中國水師於一小時內撤出，停止架設槍砲，否則砲轟安平。結果，下午四時仍未收到回覆，茄噹便起錨以旋轉座砲瞄準兩千碼處，將火力侷限在已武裝的砲臺，緩慢地連開巨砲七聲，直到 5 時 20 分才停火下錨。[7]

此段文字描述茄噹艦長在「下午四時」砲轟安平。只是「將火力侷限在已武裝的砲臺」，即砲轟新架設的防禦工事，而不是砲轟熱蘭遮城。砲轟的日期為 11 月 25 日，即農曆 10 月 12 日。

中國方面，自英艦停泊安平以來便不斷加緊防禦。安平駐防的水師將領中，只有江國珍部屬蕭瑞芳曾於 25 日勸江將防兵散歸營伍。江國珍聽信之，卻只撤去守口兵，防禦工事依然繼續。此舉不但未能改變事態發展，反使海岸防守出現漏洞。晚間 10 時 30 分，茄噹自船艦登上小艇，共兩名軍官、23 名士兵，開始登陸行動。英軍抵達距防禦工事八百碼時，臥倒在堤防後方，等待月亮西沉。26 日，凌晨 2 時許，英軍再度前進，成功穿越鎮中心。此時，中國練營士兵還在賭博，毫無戒備。英軍闖入水師協署，茄噹勸練營士兵投降遭拒，遂開火交戰。部分清軍由協署後方破門而逃，不幸有十一名被殺，六名受傷。[8]

此段文字則提到英軍在「26 日，凌晨二時許，成功穿越鎮中心」，而且當時「練營士兵還在賭博，毫無戒備」，可見清軍軍紀相當散漫，所以協署才會輕易攻破。此一戰事也無關熱蘭遮城的毀壞。

英軍攻破協署後行軍至海關，天明再前進熱蘭遮城設置哨兵。同時，茄噹行文通知吉必勳夜襲安平始末，並命令『鵒號』趕來支援。上午，茄噹集合士兵，眼見中國官員率軍前進安平。此時，英軍以一條 23 人組成的戰線，沿河堤排列，向中方開火。中國軍隊亦還擊約五分鐘，最後放棄並撤回臺灣府，損失約六死十傷。英軍立即設置哨兵，建立守衛，設置路障。總計中、英雙方交手兩次，一為凌晨夜襲，一為白晝接仗。中方損失一名副將和 17 名清軍，受傷人數 16 名，英軍則無人傷亡。[9]

從這段文字可知，第三次交戰地點是在安平河堤，也與熱蘭遮城的毀壞無關。

26 日，吉必勳請曾憲德前往臺灣府，阻止進一步衝突。曾憲德則於 27 日凌晨，偕同滿三德北上。雙方將在安平展開軍事衝突後的善後談判。

吉必勳乘「鵒號」抵達後，緘生在茄噹命令下與十三名士兵登陸支援，摧毀軍械庫、彈藥庫，避免發生意外。根據吉必勳觀察，安平仍有約三分

之一的居民，平民、民房沒有受傷毀損。[10]

這兩段文字解釋熱蘭遮城之所以遭毀壞，是 11 月 27 日「吉必勳乘『鴇號』抵達後，絨生在茄嘮命令下與十三名士兵登陸支援，摧毀軍械庫、彈藥庫，避免發生意外」的結果。英方所謂設於熱蘭遮城的軍械庫，我方稱「軍裝局」；英方所謂的彈藥庫，我方稱「火藥局」。原來是 1868 年以預防戰事為前提的爆破性毀壞，1871 年湯姆生拍下的兩張一遠一近的照片，已呈現廢墟。

檢視「熱蘭遮城遠景」立體影像（照片 1），原來三層中上層左面的城牆已嚴重崩毀。一名漢子站立毀壞牆塊旁，是湯姆生特別安排來做對比。城牆角落上方出現的樹木枝葉，與今天現址的榕樹有何關係？在中層毀壞城牆上方，海沙隨風鋪陳；一間茅屋依著牆緣搭建。再下一層平地，崩散的石塊撿拾成堆，沙地也一大壟一大壟地犁整完成，是準備栽種甚麼作物？

在〈熱蘭遮城〉（照片 2）影像裡，湯姆生呈現的是封住的正門。從影像畫面來看，整個正門牆面有一道由右上斜下門緣左下側的崩裂；題了字的門額由正中央裂開，字體也有局部脫落，放大影像的字體已無法完全辨認。

為了讓大家了解熱蘭遮城的大小，湯姆生照例安排一名坐著的漢子來做對比。這位漢子頭巾的紮綁樣式，淺色上衣與深色膝上短褲的衣著及腰帶紮綁的方式，都與〈熱蘭遮城遠景〉立體影像裡站立人物非常近似，推測應該是同一個人。

從這兩張湯姆生拍攝於 1871 年 4 月的照片來看，熱蘭遮城確實已破敗不堪，而維基百科所謂 1873 年「遂成廢墟」的說法是不正確的。至於文化資產局所謂「同治十年（1871 年）軍火庫爆炸，城垣傾圮」的記錄也有問題。

若軍火庫爆炸是在 1871 年 4 月之後，那麼一個軍事重地現場，怎可能出現隨風鋪陳海沙、竹籬笆茅屋，甚至犁整完成的沙地的畫面呢？若爆炸是在 1871 年 1 到 3 月之間，那麼茅屋與竹籬笆必定是爆炸後新蓋的，

照片 1
湯姆生，〈熱蘭遮城遠景〉
立體影像，1871
Courtesy of Wellcome Collection

照片 2
湯姆生，〈熱蘭遮城〉
Courtesy of Wellcome Collection

（左）照片 3
軍裝局門額，2016 年 6 月
18 日
攝影：游心一

（右）照片 4
熱蘭遮城破落的榕樹寄生殘
牆，2016 年 6 月 18 日
攝影：游心一

既然是新蓋的，就不應該如此老舊。

到了日本時代，熱蘭遮城又有新的發展：

　　為建造安平海關宿舍，臺灣城殘蹟被夷為平地，並在其上重建方形臺階式的磚砌高臺，臺的中央蓋起拱卷式的洋樓建築，這便是後人熟知的安平古堡。[11]

　　當年由水師協鎮楊鉕南所立的軍裝局門額（照片 3），可說見證了中、英樟腦事件與臺灣教案衝突而深具歷史意義，在今天則被移置在安平古堡外，任風吹雨打陽光曝曬，不知還能保存多久？而荷蘭人這堵熱蘭遮城殘牆（照片 4），也任由榕樹寄生，在風吹雨打日曬下，逐漸風化。

臺灣府城與近郊

關於 1871 年的臺灣府城與近郊，湯姆生有以下兩段描述文字：

臺灣府四周城牆圍繞，人口七萬，城內土地方圓約五哩，遍佈著田野與菜園。荷蘭人佔據時期的遺跡仍在，例如普羅民遮砲臺遺跡，以及長滿古樹和高大竹林的公園。近郊有無數綠徑交錯，小徑兩旁或有高大的仙人掌矗立，其間點綴著美麗的野生吊鐘海棠與叢聚的旋花植物，或有竹子彎成尖尖的拱道，綠竹成蔭。這一帶的居民主要是福建人和客家人，他們的知識與農業技術已逐漸影響原住民部落。[1]

在我漫步於臺灣府的林蔭小徑時，沒有甚麼比這裡全然的安逸悠閒，更讓我印象深刻的了……除了昆蟲的嗡鳴、滿載農產品前往市場的車輛所發出的嘎嘎聲，以及小孩玩耍時快樂天真的嘈雜聲之外，慵懶的空氣中，完全沒有任何噪音。[2]

從這兩段文字，我們可以想像當時的臺灣府城是個「遍佈著田野與菜園」的城市，而且「近郊有無數綠徑交錯，小徑兩旁或有高大的仙人掌矗立……或有竹子彎成尖尖的拱道，綠竹成蔭」，所以「漫步於臺灣府的林蔭小徑時，沒有甚麼比這裡全然的安逸悠閒」。

而「更讓」湯姆生「印象深刻的了……」這樣的情境，或可從湯姆生的〈臺灣府繁木圍繞的一片綠草地〉（A grassy clearing surrounded by trees, Taiwan-fu, Formosa, 1871）、〈臺灣府鄉間小徑〉（A Country Road Near Taiwanfu, 1871）與〈蓖麻〉（Castoroil plant, Formosa）三張影像略可窺見。

在威爾康圖書館編號 L0056045 的立體影像（照片 1）中，湯姆生沒有題字，但在照片下方附有「A grassy clearing surrounded by trees, Tai-wan-fu, Formosa」的說明，頗切合照片畫面的意境，因此筆者將照片標題命名為〈臺灣府繁木圍繞的一片綠草地〉[3]立體影像。

照片 1
湯姆生，〈臺灣府繁木圍繞的一片綠草地〉立體影像，1871
Courtesy of Wellcome Collection

從照片畫面所呈現的瓦片屋頂與筆直牆壁來看，應該是位於交通方便的沿海地區才有的磚瓦建築。影像右側樹叢間的小徑，富有湯姆生《中國與中國人影像》一書裡〈臺灣府鄉間小徑〉（照片 2）的況味。而且兩張照片都有林投此一葉片修長的植物和高聳的竹子。

照片 2
湯姆生，〈臺灣府鄉間小徑〉，1871
資料來源：中央研究院人文社會科學研究中心

而在〈臺灣府繁木圍繞的一片綠草地〉中，此一府城一角的生活場域，排水設施還不周全，地上的溝渠淺淺，恐難敵豪雨。然而，能在這樣一處寬敞角落閒話家常，也算是一種愜意生活。就連白狗也自由自在趴臥地上。在所有打赤腳老少人群中，只有白狗左後側的那名漢子穿著鞋子。

　　湯姆生這張〈蓖麻〉立體影像（照片 3），在威爾康圖書館網站照片的下方附有「The gourd...China Castor oil plant, Formosa」的說明文字；照片描述（Description）則標示了「1867」此一拍攝時間。追蹤湯姆生的行蹤，如本書附錄〈湯姆生與馬雅各年表〉所述，從 1866 年 6 月到 1867 年 7 月，湯姆生都是在英國，7 月起再次回到新加坡，然後到西貢停留三個月；直到 1868 年，湯姆生才將工作重心移至香港，在皇后大道建立了自己的攝影工作室。由此可知，1867 年湯姆生尚未踏上中國土地甚至臺灣，所以威爾康圖書館標示的拍攝時間有誤。

照片 3
湯姆生，〈蓖麻〉立體影像
Courtesy of Wellcome Collection

　　放大檢視〈蓖麻〉影像畫面，只有「Castor oil plant, Formosa」的題字，而且明確指出「Formosa」，即福爾摩沙的影像，故以湯姆生簡單扼要的題字「Castor oil plant, Formosa」為標題。

　　然而，雖有題字，卻沒有確切指出地點。不過，從中國式風格的主屋舍來看，除了以大塊方形石板搭配磚塊為牆壁，薄瓦片為屋頂，還編插剖竹片作為圍籬。前兩樣建材都須有方便的交通才能搬運，所以筆者判斷拍照地點應該在臺灣府城近郊。而屋左有刺竹，屋右可見仙人掌的畫面，都符合湯姆生上述的文字描述。

　　照片正中央出現的蓖麻，原產於熱帶非洲，臺灣於 1645 年由荷蘭人引進種植。一般來說，蓖麻的花期是在 5 至 8 月，果期為 7 至 10 月。但湯姆生這張拍攝於 1871 年 4 月的蓖麻，粒粒分明結了果實，相當特別。至於蓖麻成熟果實，打狗港 1869 年的出口數量不少，有 46,646.98 擔，[4] 到了日本時代成為官方鼓勵栽種的經濟作物。

　　蓖麻之所以重要，是因為其成熟果實可用來壓榨蓖麻油，是高級潤滑油原料；同時，還可以廣泛應用於油漆、塗料、化妝品、塑料、合成纖維與人造皮革的製造。

　　站立蓖麻旁側著身子的女士，紮綁了頭巾，紮綁方式是纏繞三圈之後將第二圈往上翻捲固定。而頭巾並沒有將整個頭髮包住，所以自頭頂至後頭顱還得見頭髮。她的上衣是左衽而衣，衣領縫了白色條幅。值得注意的是左側腋下工整紮綁的盤扣清晰可見。寬鬆的本島褲在紮綁好之後，腰際還紮綁了一方下垂至膝蓋下方，四圍還有白色條幅的一片裙，但遮蔽位置不是下身前方，而是後方。這一片裙，內山地界的原住民大武壠平埔族群稱為「被仔圍」。

　　女士側身的角度與服裝特色的呈現十分經典，想必經過湯姆生的巧妙安排。影像出現這樣的平埔族群衣著，是否顯示遷移頻繁的平埔原住民，在 1871 年猶有少部分留在府城近郊與漢人混居生活？

　　當湯姆生「漫步於臺灣府的林蔭小徑時」，還提到了「除了昆蟲的嗡鳴、滿載農產品前往市場的車輛所發出的嘎嘎聲……」。「滿載農產品前

往市場」，會發出「嘎嘎聲的車輛」，應該就是湯姆生沒有指述地點的〈牛車〉（Bullock wagon, Formosa, 1871）（照片4）與〈（另一張）牛車〉（Formosa carts, 1871）（照片5）兩張立體影像中的「牛車」了。

在湯姆生這兩張牛車影像裡，共出現了三輛雙輪牛車，其中兩輛有車篷，另一輛則無。但車上並未出現「滿載農產品」，推測是因為「前往市場」趕時間，故無法停駐拍照。推測拍照的時間是在回程時段。以三片寬木板拼製的車輪，顯然單薄了些，因此地面被壓出深溝紋。若是農產品滿載，對兩頭拉車的水牛來說，是沈重的負荷。放大檢視〈牛車〉立體影像，山坡上有刺竹叢散佈，倒竹後方隱約有一位偏左側身的婦女，雙手抱胸而立。

而〈（另一張）牛車〉立體影像中，第一輛牛車上站著薙髮結辮並將髮辮盤繞髮際的男子，穿著右衽盤扣式上衣，嘴巴啃咬著左手指甲，表情狀似痛苦。第二輛牛車左右兩側地上各站了一個人，惟影像不太清楚。靠近兩條牛左側的山腳，仙人掌茂密生長。架在第一隻牛脖子上的軛與連接的麻繩是鬆的，顯示其配合湯姆生的拍攝而暫時停駐腳步。由此可見，湯姆生的拍攝工作總是得到住民的協助。這或許應歸功於馬雅各從1865年5月開始在南臺灣進行醫療宣教，充分博得住民好感。

就在湯姆生拜訪臺灣道臺，備好相關物品，也找好挑夫之後，在「4月11日星期一，我們便離開了臺灣府城前往拔馬（今左鎮）」，[5] 於是，默默散居於低海拔山區的臺灣平埔原住民族群出現了蹤跡。

前十哩的旅程，湯姆生與馬雅各醫生是分別搭乘當地轎子（were carried in native sedans）[6]，一路欣賞風景，輕鬆前行。搬運攝影器材與生活用品的挑夫及 Ahong，則徒步前進。關於 Ahong 的來歷，王雅倫有簡要的介紹：

> 1863年，湯姆生到新加坡與其兄會合，並在當地商業區設立一家攝影工作室。他找來兩個當地華人，阿洪（Ahong）與阿昆（Akum），栽培他們成為得力助手，而阿洪還跟他一起到過臺灣。他們兩位跟隨湯姆生走遍東南亞，還常常成為湯姆生照片中的「景點人物」。[7]

而這一段路，湯姆生有如下描述：「沿路精細耕作的平原上，點綴著中國式農場，還有竹林掩映的小村莊……」

接著又記錄：

> 就像在臺灣府時一樣，我們經過了幾條美麗的林蔭小徑，路旁還有檳榔樹和竹子遮蔭。這些路通往的村子，從遠處看來很迷人，但是近看卻不怎麼有吸引力，而且還完全是中國風格。[8]

> 一接近這些小村子，就可以聞到一股嗆鼻的大蒜味和肥料味，這股氣味還混合著一種中國人很喜歡的花香，這些花氣味甜美，卻相當強烈，甚至蓋過了樹籬上大量生長的白色野玫瑰那種淡香。[9]

照片 4
湯姆生，〈牛車〉立體影像，1871
Courtesy of Wellcome Collection

照片 5
湯姆生，〈（另一張）牛車〉立體影像，1871
Courtesy of Wellcome Collection

從湯姆生的報導可知，在當時臺灣西部的平原農村，竹子與檳榔是常見樹種；當接近村子時，「嗆鼻的大蒜味和肥料味」與「這些花氣味甜美，卻相當強烈」的味道便撲鼻而來，這正是道地的農村氛圍。

接著，湯姆生又說：「我們在到達第一道山脈處停下來，把轎子打發回去，並等著落後在後頭的 Ahong 與苦力們。」[10]

湯姆生所說「第一道山脈」，根據地圖與行進路徑，指的應該是今天的「阿里山山脈」。一行人會停下等候，是因為「不習慣走路的 Ahong 腳已經疼了，他不聽我的勸告穿了草鞋，現在腳底起水泡，因此剩下的八哩路對他來說，簡直就是折磨。」

打發轎子回去之後，湯姆生一行人便開始步入艱困的行程：

天氣非常酷熱，即使現在回想起來，都還覺得炎熱不堪，想脫掉外套。這條道路（假如我們行經的路線，能夠稱得上是「道路」的話）是條蜿蜒於乾燥山丘的崎嶇小徑，路上不時會有硬泥塊與深達六或八呎的坑洞阻道，不過這些與在前方等著我們的路徑相比，根本不值一提。我們慢慢地行進，一會兒沿著兩百多呎深的懸崖邊緣迂迴前進，一會兒又深入大山溝的凹陷處。山溝的平坦表面被太陽曬得炎熱不堪，手只要一觸碰岩壁就會被灼傷。我們越往內地走，土地就越崎嶇難行，懸崖也變得更寬、更深。[11]

這一崎嶇難行的路徑，依地圖與行進路徑來看，指的應該是今日阿里山山脈西側的淺山地區。根據描述，地表遍佈了大坑洞與山溝，連棵樹都沒有，所以「山溝的平坦表面」一經日曬，「手只要一觸碰岩壁就會被灼傷」。在這樣惡劣的地理環境條件下，還能住人嗎？

就這樣，湯姆生一行人走著走著，不知不覺進入了客家聚落。

客家聚落與影像

關於客家移居聚落，湯姆生留下以下的報導文字：

我們甚至在某些絕壁底部發現耕地，以及雨季時，山洪在下方柔軟泥層所形成的地下通道的痕跡。這些通道為中央山脈提供了天然排水口，但同時也使得山區耕種充滿危險，因為耕種者的耕地與住宅都可能由於土壤突然下陷而被沖刷掉。然而，在這塊多變土地上耕作的客家人，早已對這類緊急狀況有所準備，並相當習慣於突然的遷徙。不論他們定居何處，都能愉快地重拾農活。[1]

走在阿里山山脈地區，湯姆生卻使用「中央山脈」的字眼，顯然這是泛指臺灣島中央的山脈，而不是單指今日的「中央山脈」。文中的客家移居聚落，根據湯姆生南臺灣旅行地圖，位置是在「Twa-ba-kang」，即「大目降」之南。大目降是今臺南市新化區。直至 1933 年，總人口 85,277 人的新化郡，客家人口僅 347 人。所以鍾肇政在〈臺灣客家人的分布〉一文說明：「至於臺南縣、臺南市，是客家人最早來到的地方，但是都搬到別處去了。」[2]

英國威爾康圖書館收藏一張編號 L0056417 的臺灣影像，沒有題字，但影像中的人物卻表現出濃濃的客家風情。所以筆者以〈客家服飾與鐮刀〉立體影像（照片 1）來命名，照片細節略述如下：

臺灣早期客家人大都以務農為主，為配合工作勞動的需求，不論男女，褲子的褲襠皆鬆闊寬大，稱為「大襠褲」或「大褲管」。而盤扣式上衣，則偏向平領、立領與無領設計。湯姆生這張照片中人物的衣褲正符合這樣的特色，甚至還出現了充滿惜緣與惜福意義的拼布服裝，手工縫合的痕跡清晰可見。至於三位老少女性髮型，則都具有客家人沒有劉海的特徵；而兩位少女紮綁髮髻後又插上髮簪來固定，有清爽之美；老婦的雙耳則掉掛著大圓耳環。

男童背後紮綁插著鐮刀的刀枷（to-kè，閩南語，外出時攜帶鐮刀的架子），畫面左側女孩也握著鐮刀，彰顯當時客家人以務農為主的生活。兩位露出腳板的女孩則穿著草鞋。人物背後還有另一位穿著大襠褲的男士，但影像並不清晰。

這四位主題人物的身體與頭部所呈現的角度不同，可見湯姆生以人類學角度來進行拍攝的特色。以男童來說，湯姆生想呈現清朝男童薙髮結辮的樣貌。從畫面來看，男童頭顱的額頭、兩側與後顱之髮毛剃除，剩下的

照片 1
湯姆生，〈客家服飾與鐮刀〉
立體影像，1871
Courtesy of Wellcome Collection

頭髮則編了辮子下垂於背後。之後湯姆生拍攝的人物照片，都有類似的安排。

男童的衣著則是拼布服裝。關於拼布服裝，在百度百科網頁裡有一篇〈拼布〉的文章有以下記錄：

中國早期農業社會，物資缺乏，當家中有小孩過滿月時，親朋好友都會送來一片手掌大的布，由小孩的母親將這些零碎布頭縫綴起來，然後給小孩做成衣服，稱為「百衲衣」。希望這個小孩穿各家的衣服長大，將來撫養過程平安順利，性格不嬌貴，更能長命百歲。

在中國天涯社區「天涯問答」裡出現「有人說吃千家飯穿百衲衣是一種迷信，不該提倡，對此你是如何看的」的提問，而摘自江西《江南都市報》的〈百衲衣〉的答覆如下：「常生病遭災小孩，需吃千家飯，穿百衲衣，方能祛病化災長命百歲。」這百衲衣是「挨家挨戶討一塊布頭縫在一起做衣服穿」，接著「穿百衲衣的孩子長大後，父母是要向當年討過布的人家還情的」，這恩情該怎麼還呢？「一般來說，得向討過布的人家還一截能做一件衣服的布。」[3]

原來這「布頭之恩」需「塊布以報」，如此飲水思源是「給我一捧土，還你一座山」[4]的報恩宏願之情誼流動，非常美好。

第四章

馬雅各醫生的教區

到達拔馬後，湯姆生提到：

這個地方是被中國人稱為「平埔番」（即「平原上的外族」）的原住民最早的定居地。平埔番對之前的荷蘭統治者，仍保有生動與親切的回憶，並恪守著仁慈紅毛弟兄所遺留的傳統，因此對外國人都表示誠摯的歡迎。[1]

根據譯文與湯姆生的原文敘述，「拔馬」是「平埔番」（Pepohoan），瀏覽即「平原上的外族」（foreigners of the plain）[2] 的平埔原住民生活區。若根據湯姆生接下來的報導文字判斷，由此開始往東行的低海拔山區，也都是平埔原住民的生活區域。

事實上，在 1871 年 4 月 11 日湯姆生抵達之前，馬雅各已在木柵與拔馬兩地相繼建立了禮拜堂，教友所居範圍涵蓋周遭各個聚落。所以這一地區儼然成為馬雅各醫生的教區。有了馬雅各扎下的根基，基督長老教會也順利在這一區域持續發展。

關於湯姆生記錄為「Poah-be」的「拔馬」聚落，在清同治初年（1862-）的《臺灣府輿圖纂要》早有記載。筆者到了當地才知曉，早期由於山徑崎嶇難行，騎馬的人行路到此經常跌下來，連矯健的馬匹也會摔跤，因此有「拔馬」之稱，而「拔」其實是「跋」的訛誤。拔馬住民以原住民西拉雅平埔族群的卓猴社為主，當時由「臺灣府臺灣縣新化南里」管轄。

拔馬禮拜堂

到達拔馬時間：4 月 11 日下午 4 點左右

〈拔馬教會的起源〉一文描述馬雅各建立木柵禮拜堂之後，拔馬聚落聞訊徒步前往參加禮拜，信徒持續增加的景況。

由於一來一回耗費不少時間，為了方便禮拜活動，信徒要求馬雅各醫生准許他們在拔馬自建一所臨時禮拜堂，做為聚會之用。取得同意後，自 1870 年 12 月 13 日起，信徒在卓加弄厝前蓋起一棟充當堂會的建築，並由幾位傳道輪流前來帶領。

後來，由於參與禮拜的人增加，其中 12 戶熱心的人家便商量籌建較大的禮拜堂。信徒兵元生特別帶著馬雅各前去勘查土地，面積足夠蓋大禮拜堂、小學、傳道人宿舍，而且後有柴山，前方附有兩畝良田。勘查後醫生也喜愛，便帶元生返回府城，由宣道基金補助 46 元，取得租賃權。信徒也自製 15,000 塊土角磚配合，請府城土匠啟豐伯前來砌疊，之後醫生又補貼砌疊工費 14 元。[1]

從「請府城土匠啟豐伯來砌疊」的敘述，可以如此理解，也就是在 1871 年，拔馬的原住民平埔族群還不熟悉土角厝所使用的土角磚之砌疊方法。

檢視湯姆生拍攝的〈拔馬禮拜堂〉（Poah-be chapel, Formosa, 1871）立體影像（照片 1），禮拜堂屋頂很清楚地是以茅草來搭蓋，屋簷下垂的茅草沒有修剪，充滿自然風之美。至於照片右側的植物，看過的人都認為是芒果樹。令人納悶的是，湯姆生拍照的 4 月是芒果青出現的時節，但放大照片電子檔，卻不見枝葉間有任何果子。

第一座正式禮拜堂完成的時間點，據判斷是在 1871 年 4 月不久之前。至於照片拍攝的時間點，由於湯姆生大約在 4 月 11 日下午 4 點來到拔馬，因此時光線不足而無法拍照，故推測這張充分表現拔馬禮拜堂潔淨外觀的影像，應該是隔日起走訪內山地界一圈後，在回程時拍下的。

檢視影像中的人物，兩位婦女紮綁頭巾，左衽而衣，站立於中間的婦女，上衣的衣領縫上寬黑窄白布條，袖口也縫上白布條，樣式相當出色。男士都穿著盤扣式上衣與寬鬆本島褲，圖中左 4 穿著短褲；頭巾只有右 3 這位紮綁，其他四位都薙髮結辮。左 1 與左 4 兩位將辮子環繞過額頭的髮際部位，然後固定於腦後；左 2 與左 5 兩位則將辮子下垂於左前胸。如影像所示，清朝平埔原住民男士梳理頭髮的方式清楚地耀現在我們眼前。當然，所有人物的姿勢與角度都經過湯姆生以人類學影像角度的安排。

照片 1
湯姆生，〈拔馬禮拜堂〉
立體影像，1871
Courtesy of Wellcome Collection

（左）照片 2
左鎮教會的哥德式建築
攝影：游永福

（中）照片 3
教會附設的拔馬平埔文物館
攝影：游永福

（右）照片 4
拔馬平埔文物館中典藏的卓
猴社墓碑
攝影：游永福

　　那麼，今天的拔馬禮拜堂又呈現何種樣貌？已經歷經第五次重建的左鎮教會，完工於 1999 年 9 月 7 日，是一棟美倫美奐的高聳哥德式建築（照片 2）。原地改建的教堂，彰顯長老教會在當地一直穩定發展。在教堂後側，經實地觀察，確實有小山嶺，筆者認為這小山嶺就是「柴山」。

　　教堂旁附設「拔馬平埔文物館」（照片 3），由臺灣歷史博物館支援展覽規劃。在該館眾多文物中，有一刻有「卓猴」二字的墓碑最為特別（照片 4）。

　　一般來說，土葬在拾骨之後，墓碑都要打碎，而這塊墓碑卻能保持完整，並作為文物收藏於文物館，可以說突破了一般民間習俗與禁忌。「卓猴」兩個字是由右而左橫刻於墓碑上方，中間刻有「基督徒諱阿三買府君之佳塋」，右刻「咸豐八年四月十八日健生」，左刻「明治三十六年三月初三日別世」。依據墓碑記錄的出生與別世年份所示，這位墓主買阿三享年 45 歲。

　　此碑文以「卓猴」兩個字最具價值，因為這是原住民平埔族社的名稱，顯示墳墓主人為平埔族群。明治 36 年（1903），當時這家已歸信基督教的買姓墓主與其後人，願意承認自己是卓猴社人，即承認自己是「番」，的確需要勇氣與自信。只是今天具有這樣勇氣與自信的族人還有多少？

　　回到湯姆生的行程。湯姆生一行人來到拔馬隔日，4 月 12 日，便開拔前往木柵行去。筆者參考了湯姆生的旅遊報導與南臺灣旅行地圖、照片取景位置，以及與 1871 年相距 33 年的 1904 年《臺灣堡圖》，再實地踏查來釐清湯姆生當時所行經的路線。

　　「左鎮教會至木柵教會路徑地圖」（地圖 1）的範圍，是從拔馬出發之後，往南走臺 20 線，或往左鎮區公所方向行走。到了臺 20 線交叉口，改走臺 20 線乙，東南前行後即南接南 168 線。若順著南 168 線南下前行至岡林教會，西轉南 171 線可達 308 高地。之後，再銜接高 122 線南下，

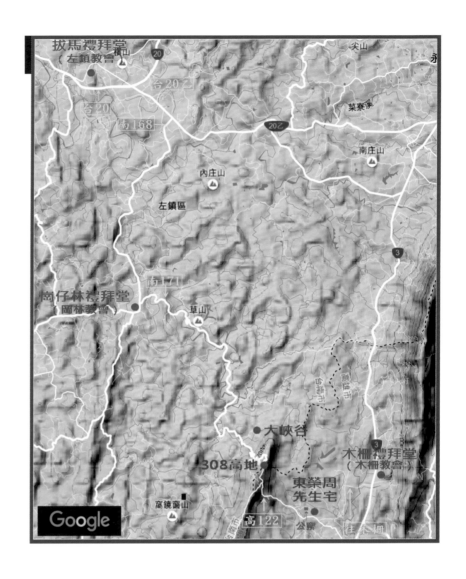

左彎後方向轉為東東南。前行後,會出現往木柵標示的左岔路,方向為向東行。在一個緩慢轉彎後方向轉為北,到了長寮埔即可看到十字路口,右轉後途經木柵國小即接臺 3 線。到了臺 3 線後,再左轉前行,右前方即見木柵教會,總里程數約 23 公里。

湯姆生前往木柵時,有以下的文字報導:

我們在 4 月 11 日星期五早上七點離開拔馬,步行前往 12 哩外的木柵(今木柵,位於三號公路)。那是個悦人的早晨,景色越來越美,我們以為已經遠離昨天走過的崎嶇多變地形。十點鐘左右,天氣變得燠熱不堪,阿洪已經筋疲力盡,由於他的腳起泡,我們不得不放慢腳步,也因此無法在十二點以前抵達木柵山谷。[2]

從臺灣府城出發時,湯姆生記錄:「4 月 11 日星期一,我們便離開了臺灣府城前往拔馬」,但隔日出發後又寫道:「我們在 4 月 11 日星期五早上 7 點鐘離開拔馬,步行前往 12 哩外的木柵。」這究竟是怎麼一回

事？針對此疑問，筆者曾在《甲仙文史記事》一書中進行探討：

　　到底湯姆生一行人可不可能從星期一晚上到星期五早上都待在拔馬？在湯姆生所有的文章裡都沒有相關記載，但依湯姆生在往後行程每個聚落頂多只過一個晚上的情形來看，並沒有這個必要；且湯姆生亦未有天氣不好而耽擱行程的說法，因此，在拔馬湯姆生一行人應只待上一個晚上而已。然而，1871 年 4 月 11 日果真是星期一嗎？為了求證，不懂曆法的我特別以最笨的方法，從萬年曆中求得每 28 年星期別即為一週期的法則，再據此推算，其結果確是星期一；但稍後曾竣源先生從中央研究院搜得的資訊卻是星期二——這樣的落差，一時間讓以臭皮匠自許的後學傻了眼，後經熱心的堂弟新乾提醒，陽曆曆法似有逢百不閏的規則，乃翻查中華書局出版的《辭海》，在第 4669 頁果真有「陽曆曆法逢百之年非閏年，逢四百之年才是閏年」的說明，如此說來，1900 年 2 月是沒有 29 日的，少了一日的結果，1871 年 4 月 11 日的星期別，確是中央研究院表列的星期二無誤。[3]

　　所以，湯姆生當時報導文字中的日子與星期別確實記錯了。在《甲仙文史記事》中，筆者特別依據「湯姆生在往後行程每個聚落頂多只過一個晚上」的結論，製作一份「湯姆生與馬雅各醫生內山之行行程表」：[4] 湯姆生一行人是在 4 月 11 日抵達拔馬，12 日到達木柵，13 日來到弧仔寮，14 日到甲仙埔，15 日到荖濃，16 日到六龜里，回到木柵是在 17 日星期一。不過，回到木柵後湯姆生又有另文報導：

　　最後我們終於到了木柵的禮拜堂。我要特別強調，這個晚上我們睡得非常沈，體力也恢復了不少。我的朋友馬雅各醫生雖然發燒又生病，第二天早上他還是能夠主持宗教儀式。那一整天木柵萬事皆休，在小小的禮拜堂中，聚集了三百多名很虔誠的信徒。[5]

　　基督徒做禮拜都是在星期日，所以稱之為「禮拜天」。但湯姆生說的第二天是 4 月 18 日星期二，馬雅各醫生在星期二「主持宗教儀式」，且「一整天木柵萬事皆休，在小小的禮拜堂中，聚集了三百多名很虔誠的信徒」顯然不合理。由於做禮拜的時間不能變動，故合理的時間應該往前推——4 月 16 日星期日做禮拜，15 日回到木柵，14 日到六龜里，13 日到荖濃，12 日到甲仙埔，11 日到弧仔寮，10 日到木柵，9 日星期日從臺灣府城到拔馬——進行這些論述雖繁瑣，但非常有趣。當然，筆者只是就事實進行討論，本書仍尊重湯姆生原著行文所提，從臺灣府城到拔馬的時間為 4 月 11 日。
　　在前往木柵途中，由於「景色越來越美」，湯姆生一行人「以為已經遠離昨天走過的崎嶇多變地形」，但沒想到「大概十點鐘左右，天氣變得燠熱不堪，阿洪已經筋疲力盡了」，所以「我們不得不放慢腳步」。而天

氣會開始變得燠熱不堪，是因為他們已經進入草木絕少的「草山月世界地形」，無蔭可遮涼。

在進入草山月世界地形之前，都會先經過崗仔林。崗仔林與月世界地形有一段距離，還有乾淨水源可以沖洗玻璃底片，湯姆生絕不會錯過美麗地景，於是在崗仔林附近選定畫面，找好角度架起照相機，在玻璃板上塗抹好化學藥劑，極為慎重拍下了南臺灣內山地界的第一張風景照片——〈崗仔林附近〉（Nem Kong foliage. Nem Kong-a-nah, Formosa, 1871）（照片 5）。

關於〈崗仔林附近〉中湯姆生的題字，威爾康圖書館標示為「Nem Kong foliage. Nem Kong-a-nah, Formosa, 1871」，明顯多了「Nem Kong foliage」三個字。或許是因為湯姆生的書寫體比較潦草，所以館方認知的「Nem」與筆者確認的「Near」有所誤差。

檢視湯姆生兩張〈荖濃附近的捕魚團體〉（A fishing party near Lau-long, 1871）影像裡「near」的題字，與〈崗仔林附近〉的「Near」寫法一樣，若以「near」來確認，兩張影像都可以產生意義，而且貼近事實；若以「Nem」來認知，則徒增疑義。所以，筆者仍以「Near Kong-a-nah, Formosa, 1871」為該影像的英文標題。

檢視〈崗仔林附近〉，畫面上有刺竹、菅蓁、月桃、蕨類與其他十多種不易確認植物，還有盈滿的小水潭，更有山與植物和倒影，以及蜿蜒遠去的小徑，相當珍貴美麗。湯姆生調焦精準，在這張照片右側不知名的闊葉小樹枝椏上，還可以看到一球螞蟻窩。

在湯姆生離開臺灣近七個月後，1871 年 11 月，即馬雅各返回英國之前，就在湯姆生這一張〈崗仔林附近〉影像拍攝地點附近，興建一座「崗仔林禮拜堂」（後稱「崗仔林教會」），這是為了回應崗仔林地區信徒持續增加的需求。而「崗仔林」的老地名，在 1945 年 12 月國府接收並重整行政區劃之後，簡化為「岡林村」。教會名稱也隨之改為「岡林教會」。

是否可能找到湯姆生這張〈崗仔林附近〉影像的取景點？根據岡林教會牧師劉哲民的說法，他沒看過這樣的景致；他也提到，由於公路興建挖取當地土石，已經讓地貌完全改變。或許尋找還是有機會，但著實不易。

照片 5
湯姆生，〈崗仔林附近〉，
1871
Courtesy of Wellcome Collection

（左）照片 6
月世界大峽谷的光禿山景與水潭
攝影：游永福

（右）照片 7
大峽谷乾燥的青灰岩
攝影：游永福

離開崗仔林後，會經過月世界地形。由於月世界地形殊異，敏感度高的湯姆生絕對不會錯過。但仔細檢視湯姆生的一篇臺灣相關報導和三本專書裡的臺灣章節，卻未見湯姆生曾經在月世界停留攝影的記錄。為追究原因，筆者將在第六章〈歸程：返回木柵〉的單元裡進行探討。

　　在今天，月世界地形存在著一個大峽谷（照片6），光禿禿的山丘下有一水潭。一眼望去，只見被雨水沖落的一塊塊又乾又小的青灰岩滿是泥漿塊。青灰岩即「泥岩」，英文名稱為「mud rock」。由於岩質過於濃稠，幾乎不含水分，植物不容易生長，而常顯得光禿（照片7）。此一泥岩地質散布於世界各地，但臺灣這處四面光禿且群峰並起的月世界地形景觀相當獨特。

到達木柵時間：4 月 12 日午後

離開拔馬之後，湯姆生提到一路上「崎嶇多變地形」、「天氣變得燠熱不堪」，所以一行人在午後才到達木柵，比預定的時間晚了一些。其實這行程總里程數約為 23 公里，他們竟能在午後抵達，這些人的腳力真是令人佩服。

由於馬雅各長期在這一帶進行醫療與宣教的關懷與經營，所以當他們到達木柵時，受到當地住民熱情的歡迎。湯姆生的遊記如此記錄：

當我們進入村子，或者應該說當我們進入這個平埔族群的樂園，走在阡陌小徑及掩映著零星房屋的棕櫚樹下時，人們又是一湧而出迎接我們：成群的可愛小孩朝我們跑來，一邊喊著：「祝您平安。」男人也紛紛放下工作，伸出一雙雙長滿繭的手握住醫生的手。[1]

湯姆生「成群的可愛小孩朝我們跑來，並一邊喊著：『祝您平安。』」的記錄，顯示出基督長老教會融入在地文化的用心。因為「平安」兩字，湯姆生的原文是以當時木柵地區特有的閩南語音腔調「Peng-gan」來記錄，另外附加了「Peace be with you」的說明，這是基督長老教會至今行之不輟的招呼祝福語。而「平安」一詞，今日的語音已經有了變化。在《臺灣話大詞典》裡記錄為「pêng-an」[2]，而教育部的《臺灣閩南語常用詞辭典》則是以「ping-an」[3] 來拼音，兩者略有差別。

當晚，湯姆生與馬雅各在木柵禮拜堂過夜。湯姆生記錄為「Bak-sa」的「木柵」，〈臺灣縣正堂王之示諭〉告示文指出，該地集庄於乾隆三十五年（1770），目的為「集聚番丁，在地剪除荊棘，設柵防禦，以絕匪源；並開闢種作，以資口糧」[4]，為防禦亂匪侵擾而設柵集居成庄之地。而木柵住民以原住民西拉雅平埔族群的新港社為主，在當時由「臺灣府臺灣縣羅漢內門莊」管轄。

根據馬雅各醫回報英國長老教會並發表於機關刊物《使信月刊》（*The Presbyterian Messenger*）的宣教報導之記錄，木柵禮拜堂是由於當地信徒一直增加，為了方便做禮拜，便起工興建，於 1870 年 4 月 11 日落成使用。當時參加禮拜的信眾有 120 名之多。隔日，4 月 12 日起，馬雅各伉儷到訪木柵兩個星期，除了主持禮拜、講道論理、看病給藥，還教讀白話字與教唱聖詩，住民反應相當熱烈。難得的是，由醫生娘教讀白話字，一

天上課六小時，住民竟然都不嫌累也不嫌多，可見求知慾十分強烈。[5]

　　關於 1870 年 4 月 11 日落成的木柵禮拜堂建築，其結構與材料，以及會友募款改建過程，可見《教會史話》（第二輯 166）〈木柵早期領洗者〉一文：

　　據《教會的來歷：木柵》（《臺灣府城教會報》165 期，1898 年 12 月刊），1870 年修建的木柵禮拜堂，結構用竹，蓋瓦。使用五、六年之後，因負荷量重，有崩潰之虞，乃商洽甘為霖牧師。甘牧師向眾說，會眾多，該自己設法，如錢不夠，也可不蓋瓦而用草蓋亦非不可。會友募得 300 多元，就派長老姬密前往府城見甘牧師。甘牧師甚喜，准改建，得施大闢牧師（Rev. David Smith）之設計。前次改建，小工、土墼、竹料是會友所獻，教士會供雇師傅及購瓦的錢；而此次會眾就募得 300 元，加教士會之補助，一座堅固的禮拜堂，終於 1877 年 7 月中旬落成了（參見 Campbell. Handbook, 1:5, 3:1, 又見 Campbell. Missionary Success. V.2, p.435, 436）《臺灣教會公報》2061 期 1991 年 9 月 1 日[6]

　　根據上文所述，1870 年建造的木柵禮拜堂是「結構用竹，蓋瓦」，即房屋是竹管骨架與瓦片屋頂之構築。

　　檢視湯姆生拍攝於 1871 年 4 月，威爾康編號 L0055961 的影像，湯姆生在照片左上方「Bak-sa chapel and group, Formosa,1871」的題字，由於字體比較小，比較潦草，而且筆劃也比較細，故被疏忽。湯姆生的題字裡已明確指出此一建築體是木柵禮拜堂，所以筆者以〈木柵禮拜堂群像〉（Bak-sa chapel and group, Formosa, 1871）為影像的中英文標題。

　　這張影像中做為背景的房屋的確是竹管構築，但屋頂卻是搭蓋茅草，而不是瓦片。這份 1991 年 9 月 1 日出版的第 2061 期《臺灣教會公報》，是引述 1898 年 12 月出刊的第 165 期《臺灣府城教會報》與兩份外文資料，撰文的時間點與湯姆生拍攝照片時間的 1871 年 4 月，相距不過 27 年，其報導記錄竟有了誤差，可見歷史與文化的記錄的確不容易。而湯姆生這張第一棟木柵禮拜堂影像，正好發揮釐清事實的功用。

　　檢視這張〈木柵禮拜堂群像〉（照片 1），當中的房屋是傳統式的竹管結構。屋頂覆蓋茅草；牆壁，若不是剖竹片，便是以菅蓁（即「五節芒」）來編插，抹上黏土之後，再敷上石灰。凸露的彎曲竹管，在黑白照片裡呈現出迷人的墨竹韻味。東、西方藝術就這樣交融於影像之中，散發出和諧典雅之美。

　　畫面中，四位平埔族群女士，全部都紮綁頭巾，並左衽而衣；木柵其他影像中的女性，也都是左衽而衣。湯姆生曾提及，居住木柵的新港社平埔族群原住民「婦女的裝扮展現了較多的獨立性，她們堅持穿著傳統服裝」。[7]而五位穿著盤扣式上衣的男士則卸下頭巾，展現出薙髮結辮並將辮子環繞頭部的滿清髮式。在木柵其他影像中，沒有穿盤扣式上衣的男性，則是右衽而衣。

照片 1
湯姆生，〈木柵禮拜堂群像〉，1871
Courtesy of Wellcome Collection

木柵禮拜堂的牆壁呈現迷人的墨竹韻味，吸引湯姆生在牆壁的左、右兩側或東、西兩面取景。而他之所以如此取景，是由於當時還未發明閃光燈，故須就光線充足處拍照。上午是在東面牆壁，下午則從西面取景。

就筆者目前清查的結果，湯姆生拍攝的照片中有〈木柵禮拜堂群像〉、〈木柵少女與老婦〉（Young and old, Baksa women, Formosa, 1871）立體影像、〈木柵母親與孩子的早晨穿著〉（A mother and child in morning dress Baksa, 1871）立體影像、〈木柵女與嬰孩〉（A Baksa woman and child, Formosa, 1871）立體影像、〈30歲的木柵平埔女人〉（Pepohoan female, Baksa, age 30 years, 1871）、〈30歲的木柵平埔女人側影〉（Pepohoan female, Baksa, age 30 years, 1871）、〈30歲的木柵平埔女人全家福〉、〈20歲的木柵平埔女孩〉（Pepohoan girl, Baksa, Formosa, 20 years old, 1871）與〈36歲的木柵平埔男子〉（Pepohoan male, age 36 years, Baksa, Formosa, 1871）」等九張影像，其背景可見墨竹韻味影像，應該就是在木柵禮拜堂取景。

〈36歲的木柵平埔男子側影〉（Pepohoan Baksa, Formosa, male, age 36 years, 1871）與〈36歲的木柵平埔男子〉是同一系列作品，也都是在木柵禮拜堂前留下的作品。〈綁頭巾的木柵平埔女人〉（Pepohoan female head dress, Baksa, Formosa, 1871）雖沒有明顯的墨竹影像，但仍有類似的背景。〈綁頭巾著盤扣式上衣的木柵平埔女孩〉則是裁切過的影像，無法辨識背景樣貌。由於湯姆生這批人像作品都是在木柵禮拜堂停留時所拍攝的，故這張影像應該也不會例外。由此可知，湯姆生共有12張影像是在木柵禮拜堂取景。

至於〈木柵女孩服裝〉（Garb, A Baksa girl, 1871, Formosa）立體影像、〈兩位木柵女人〉（Baksa women, 1871）立體影像、〈木柵當地人〉（Natives of Baksa, Formosa, 1871）、〈木柵獵人團體〉（A native hunting party, Baksa, Formosa, 1871）、〈當地獵人〉（Native hunters, Formosa, 1871）、〈木柵竹子〉（Bamboos of Baksa, 1871）、〈木柵平埔三合院〉（Pepohoan house, Baksa, Formosa, 1871），及〈木柵巖與兩尾當地常見的赤尾青竹絲〉（The Seh-luk-pau or yellow bamboo snack, most deadly. A great hanging rock at Baksa, Formosa; With two deadly snakes commonto the place, 1871）、〈木柵巖與赤尾青竹絲〉（Seh-luk-pau or yellow bamboo snake, most deadly. A great hanging rock at Baksa, Formosa, 1871）兩張立體影像，這九張影像應該也是在木柵禮拜堂附近取景。

木柵禮拜堂與附近影像作品計有21張；經過仔細比對，發現〈木柵獵人團體〉與〈當地獵人〉是出於同一張玻璃底片崩裂為二（相關細節容後探討）。為此，筆者特別請Joshua Heald將兩張照片合併為一，完整的〈木柵獵人團體〉立體影像便立即回復原貌。所以，木柵相關影像其實有20張。那麼，為何湯姆生拍攝了如此多張木柵系列影像，甚至是在南臺灣之旅中單一地點拍攝數量最多的？筆者認為，是因為湯姆生在木柵有來回程兩次停留，時間較為充裕。

在此依序說明上述照片的細節。

雖然湯姆生有「婦女的裝扮展現了較多的獨立性，她們堅持穿著傳統

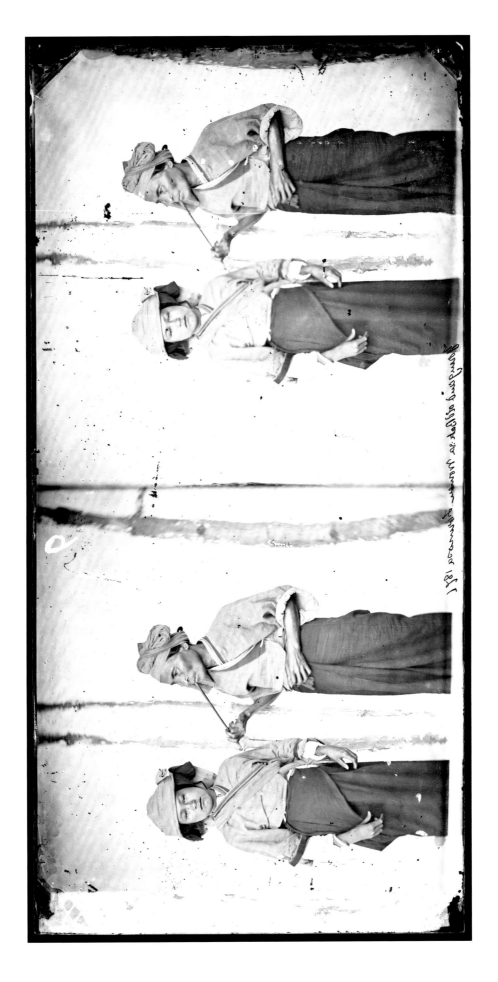

圖片 1
游永福，《木柵少女與老婦
手繪圖》

照片 2
湯姆生，〈木柵少女與老婦〉
立體影像，1871
Courtesy of Wellcome Collection

服裝」的報導，但在紮綁了頭巾的〈木柵少女與老婦〉立體影像（照片 2）
裡，老少婦女都是左衽而衣，但在少女左衽上衣的衣領裡，卻出現了一件
盤扣式漢式上衣。看來，維持傳統與漢化的衝擊，正在木柵婦女的心中拉
鋸著。細看少女的右手，配戴著一只白色手鐲。

2007 年，筆者為了撰寫湯姆生相關報導，特別繪製了三張木柵人物
影像作為應用，這張《木柵少女與老婦手繪圖》（圖片 1）便是其中一張。
回顧筆者當時出於熱情所留下的手稿，真是別有一番味道。

為了進一步了解〈木柵少女與老婦〉立體影像的內涵，我們先看看湯
姆生對於瓠仔寮老婦的文字描述：

> 族裡最年老的乾癟老太婆，對塗脂抹粉、戴假髮，或是染髮等用來遮
> 掩歲月痕跡的做法不屑一顧，佈滿皺紋的黝黑臉頰與銀髮，不論在何處都
> 會受到尊重，有時在敵對部落的地盤上，甚至可以被視為是安全的通行
> 證。[8]

雖然這段文字是關於瓠仔寮的報導，但也為這位手持煙斗的木柵老婦
堅定睿智的身影留下印證。

在〈木柵母親與孩子的早晨穿著〉立體影像（照片 3），孩子或許是
在睡夢中被搖醒，而眉頭皺著，眼眶也淚水潸然，看起來相當委屈。孩子
真是最不受攝影師擺佈的角色。

坐在「坽箐腳石」（gim-chi-kha-chioh，閩南語）[9] 上，即坐在屋簷下
方石頭上的母親與母親抱著的孩子，沒紮綁傳統頭巾，而都是戴上了有繩
子裝飾的帽子。放大影像檢視，母親的長袖短上衣是以白色布塊為主的拼
布服裝，右邊袖子三片色澤深淺不同布塊的縫合痕跡清晰可見，而且針

照片 3
湯姆生，〈木柵母親與孩子
的早晨穿著〉立體影像，
1871
Courtesy of Wellcome Collection

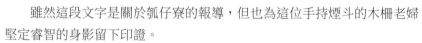

線工整，充滿惜福與粗獷美感。論者一致認為，原住民新港社群以身體正面側背孩子的方式，是為了方便工作與照顧孩子。值得注意的是，左側影像的右方部位出現了白色霉斑，可見玻璃底片除濕的工作之重要，不容輕忽。

這張〈木柵女與嬰孩〉立體影像（照片 4），湯姆生特別在玻璃底片題上了「woman」這個字，而不是〈木柵母親與孩子的早晨穿著〉裡的「mother」。兩者題字有所區別，顯然是在強調木柵女不是嬰孩的母親。

木柵女背負的嬰孩，或許是因為木柵女充滿母愛情懷的心跳催眠，正安穩地進入夢鄉。除了背負著孩子，木柵女梳理頭髮的方式也很引人矚目。在對於瓠仔寮的報導文字中，湯姆生曾對婦女梳理頭髮有以下這段描寫：

The women wear a profusion of dark brown or black hair, combed straight back from the forehead, and caught up and folded in behind the head. Then the long tresses are twisted into a sort of cable, into which a strip of red cloth is entwined, and the whole is then brought over the left ear, passed like a diadem across the brows, and firmly fixed up at the back of the head. The effect of this simple head-dress is very striking, and contrasts well with the rich olive skin of its wearer. [10]

婦女們蓄著濃密的深褐色或黑色頭髮，她們把頭髮從前額向後梳成一束，然後將長長的髮束和一條紅布交纏，整束頭髮壓向左鬢、繞過眉毛，就像條頭飾，最後牢牢地固定在腦後。這種簡單的髮型非常引人注目，和她們橄欖光澤的肌膚相得益彰。[11]

木柵女與瓠仔寮婦女梳理頭髮的方式竟然一樣。然而，僅將「like a diadem」譯為「就像條頭飾」，實在可惜。筆者認為「就像個王冠」才符合湯姆生的讚美意涵。參考 Wikipedia 裡「diadem」這個字的說明，文中附了一張「Greco-Roman bust of a woman wearing a diadem (100 BC-100 AD)」圖片，確實有此一樣式的王冠。

另外，在 indulgy 網站裡，女孩配戴的「Nattalie diadem」[12] 收集品的方式，看來確實與木柵女一樣。為了強調木柵女「就像個王冠」的髮型，筆者也特別繪製一張《木柵女與嬰孩手繪圖》（圖片 2）。放大〈木柵女與嬰孩〉的電子檔影像來檢視時，還發現木柵女修飾了眉毛。

在湯姆生這張〈30 歲的木柵平埔女人〉（照片 5）中，被拍攝對象卸下傳統頭巾，想必是湯姆生想要呈現其略微捲曲且偏左中分的髮式、略微內斂的雙眼皮、小而豐足的鼻子、小但厚實的嘴唇，還有定靜偏右的眼神等——這些都是畫面記錄的重點。

或許是疏於補充水分，女人的下唇出現了並排白色直條紋路；額頭也有一、兩條細細皺紋。當然，左衽上衣三色邊衣襟也是個特寫，衣襟的手縫針線痕跡清晰可見，而且間距整齊，可見是出於優秀的好手工。

再看坐在藤椅上的〈30 歲的木柵平埔女人側影〉（照片 6），平埔女人的長髮及腰。若以眼睛做比例尺，眼睫毛不算長。當鏡頭聚焦於女人的

圖片 2
游永福，《木柵女與嬰孩手繪圖》

（左）照片 5
湯姆生，〈30 歲的木柵平埔
女人〉，1871
Courtesy of Wellcome Collection

（右）照片 6
湯姆生，〈30 歲的木柵平埔
女人側影〉，1871
Courtesy of Wellcome Collection

脖子，則出現了深、淺溝紋。看來，湯姆生欲以人類學的視角來記錄木柵
原住民新港社群女人不同角度的各項特徵。

　　在美國李仙得《臺灣紀行》第 140-141 頁，收錄了一張標示為〈平埔
番，臺灣縣〉的影像，經費德廉考據，證實是湯姆生拍攝的。但筆者檢視
威爾康圖書館玻璃底片影像時，該照片已佚失無存；而且，這張 1873 年
左右沖印的照片已褪色。幸好費德廉的朋友在歐洲拍賣市場看到一批湯姆
生同時期照片收藏品，其中正好有這張圖像，狀況較佳，故以手機拍攝後
分享給費德廉。[13]

　　〈平埔番，臺灣縣〉中的平埔女人，經比對服裝與臉部，確認與〈30
歲的木柵平埔女人〉是同一人。雖然她的年紀才 30 歲，卻已生養四個孩
子。孩子看來只有一至兩歲的差距。坐在矮椅條上的是老大，站在父親身
旁的是老二，父親手上抱著的是老三，母親抱的是老么。四個孩子看來都
還未薙髮結辮。故筆者將此一照片命名為〈30 歲的木柵平埔女人全家福〉
（照片 7），以利研究。該影像的取景背景，與〈木柵少女與老婦〉立體
影像是在同一個位置，故特別裁剪並標示出〈木柵少女與老婦〉截取影像
（照片 8）作為比對。兩張影像的人物都是站在墨竹管柱前方，而這三枝
竹管柱子至少有九項特徵是一致的。

　　接著檢視〈綁頭巾的木柵平埔女人〉（照片 9）。這張影像呈現了頭
巾紮綁的特寫：頭巾在環繞頭顱之後，兩端交叉於前顱，接著再將前顱上
的第二圈，即外側頭巾布向上翻捲，交叉的頭巾布便被固定住。值得注意
的是，女子的臉部與向下俯視的眼神呈現出溫順的氛圍。還有，女子左衽
上衣的三色邊衣襟與右側袖口向上翻捲的摺痕，都與〈30 歲的木柵平埔

照片 9
湯姆生，〈綁頭巾的木柵平
埔女人〉，1871
Courtesy of Wellcome Collection

（左）照片 7
湯姆生，〈30 歲的木柵平埔
女人全家福〉，1871
圖檔提供：費德廉

（右）照片 8
湯姆生，〈木柵少女與老婦〉
截取影像
Courtesy of Wellcome Collection

女人〉很接近。

　　在湯姆生〈二十歲的木柵平埔女孩〉（照片 10）裡平埔女孩看來相當成熟，也是木柵女子系列照片中有修眉的第二例。而女孩的頭巾在環繞頭顱之後，同樣是將兩端交叉於前顱，接著再將前顱上第二圈，即外側頭巾布向上翻捲，交叉的頭巾布便被固定。左衽上衣編織的紋路相當清晰，應是屬於素色平紋麻織品；而上衣裡面也出現盤扣式衣服。這又是維持傳統與接受漢化影響的另一例。

　　在湯姆生的《中國與中國人影像》第二冊裡，上場的第二張照片標示為〈The Natives of Formosa〉（照片 11），可翻譯為〈福爾摩沙的原住民〉或〈臺灣的原住民〉，該照片是由六張切割成直式橢圓形的人頭照組成，湯姆生在每一張人頭照底部都標示了號碼，編號 2 即〈20 歲的木柵平埔女孩〉，編號 3 即〈綁頭巾的木柵平埔女人〉，編號 4 即〈30 歲的木柵平埔女人側影〉──這三張照片前文已介紹，不再贅述。

　　編號 6 即〈36 歲的木柵平埔男子〉，編號 7 即〈36 歲的木柵平埔男子側影〉──兩張照片後續再做說明。至於編號 5 的〈綁頭巾著盤扣式上衣的木柵平埔女孩〉照片，原始玻璃底片已佚失，影像中的女孩是木柵

（左）照片 10
湯姆生，〈20 歲的木柵平埔
女孩〉影像，1871
Courtesy of Wellcome Collection

（右）照片 11
湯姆生，〈臺灣的原住民〉
組合影像，影像編號 5 即〈綁
頭巾著盤扣式上衣的木柵平
埔女孩〉
Beinecke Rare Book & Manuscript
Library

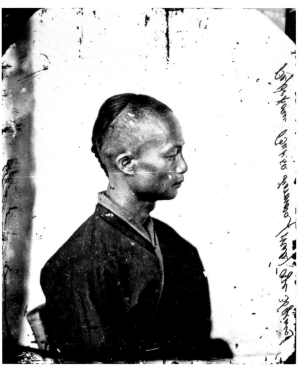

平埔女子照片中修眉毛的第三例，但女孩紮綁頭巾的方式與照片9大為不同，也與湯姆生鏡頭下每張紮綁頭巾照片迥異。由此可知，紮綁頭巾並無固定樣式，可隨意自由發揮，各顯其趣。然而，就文化象徵來看，綁頭巾是原住民平埔族群的傳統服飾，而穿著盤扣式上衣是受到漢文化的影響。

湯姆生在拍攝幾張女性影像後，也為一位36歲平埔男子拍下兩張特寫照片，即〈36歲的木柵平埔男子〉（照片12）與〈36歲的木柵平埔男子側影〉（照片13）。同樣地，他又是以人類學的角度來記錄，一張是正面照，另一張是側面照。

這位木柵男子的上衣紮綁的方向與木柵女性有別，屬右衽而衣：在紮綁好之後，衣領再以約五分之二幅度向外翻轉，看起來有了層次分明的美感。不過，在四月穿上這麼厚的上衣未免太熱，所以這顯然是配合湯姆生的攝影需求而穿著的。

至於髮式，就男子而言，薙髮結辮是滿清政府在完全統治上的嚴厲要求，所以當時還出現了「留髮不留頭，留頭不留髮」的口號。

拍攝木柵禮拜堂的人物影像之後，湯姆生開始出外取景。這張〈木柵女孩服裝〉立體影像（照片14），是在茅草屋旁拍攝的。依常理推論，茅草屋與女孩應該大有關係，即是女孩的住家。

〈木柵女孩服裝〉立體影像裡的湯姆生原題字，根據威爾康圖書館網站的記錄為「Gochi, a Baksa girl 1871, Formosa」。第一個字比較潦草，經Joshua Heald協助判讀，幾經推敲之後，筆者認為應該是「Garb」，於是重新給予該影像「Garb, A Bak-sa girl, 1871, Formosa」的標題。

為了進一步釐清湯姆生的題字是「Gochi」或「Garb」，或許可以從湯姆生福爾摩沙影像其他相關題字找出答案。全面檢視之後，找出了湯姆

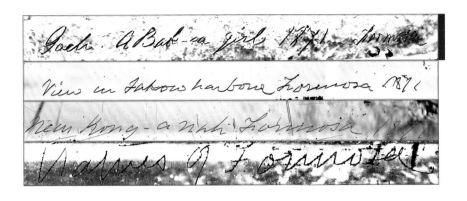

（1）照片 15
湯姆生，〈木柵女孩服裝〉題字
Courtesy of Wellcome Collection

（2）照片 16
湯姆生，〈打狗港景觀〉題字
Courtesy of Wellcome Collection

（3）照片 17
湯姆生，〈崗仔林附近〉題字
Courtesy of Wellcome Collection

（4）照片 18
湯姆生，〈福爾摩沙當地人〉題字
Courtesy of Wellcome Collection

生的〈打狗港景觀〉、〈崗仔林附近〉與〈福爾摩沙當地人〉（Natives of Formosa）等三件題字。在此，特別將這四件題字影像依上下順序合併，便於討論（照片 15、16、17、18）。

從湯姆生的這四件題字的影像來看，上述這個具爭議的題字我們暫且判定為「Gochi」，而且是一個女孩的名字。不過，當放大檢視之後，多數工作夥伴與費德廉都確認其中沒有「i」這個字母；而且此一少了「i」的「Goch」，不是英文字，也不是閩南語的音譯。所以，我們另外從湯姆生另三件題字中，找出相關字的寫法來進行比對。

在照片 16 裡，「Formosa」之「or」，寫法容易辨識；「harbor」的第二個字母「r」仍可辨識。照片 18 的「Formosa」之字母「r」，若單獨裁剪出來，就得細細推敲了。再回到「harbor」的「arb」之字母「r」，顯得十分潦草了。依據這幾個字母「r」的書寫變化，判定「Garb」的「r」，會發展出收筆時越過轉折前那一筆左方的寫法，也是極有可能的。

照片 18 的「Formosa」的第一個字母「o」，寫法與照片 15 威爾康判定的「Gochi」中的「o」相當近似。但是照片 18 的「Formosa」的字母「a」，在收筆時確實是越過轉折前那一筆的左方，這與 Heald 判定的「Garb」中的「a」又有類似的筆法。

至於照片 17 的「Kong-a-nah」中的字母「h」，辨識後明顯與「Gochi」的字母「h」之筆法略有落差。而照片 16 裡「harbor」的字母「b」，筆法倒是與「Garb」的字母「b」頗接近。故我們若以看圖說故事的方式來推敲，湯姆生顯然要凸顯女孩頗為經典的服裝，所以判定為「Garb」應該比較貼切，也才能產生意義。因此，筆者仍以「Garb, A Bak-sa girl, 1871, Formosa」作為照片 15 的標題。

那麼，威爾康圖書館記錄的這個「Gochi」，是一位女孩的名字嗎？影像中這位美麗的女孩與潘稀祺翻攝自《使信月刊》[14]的插圖會是同一個人嗎？細看之下，因為插圖是版畫，所以與照片的影像左右相反。此一插圖中人物的名字標示為「NIUA」，正是馬雅各醫生來自木柵地區的兩位得力女幫手中的一位。關於 Niua，賴永祥根據《使信月刊》（The Presbyterian Messenger, June 1870）所撰寫的報導中記錄為「Niu-I」，因此這個女孩的名字是有兩個版本。

既然潘稀祺與賴永祥引用的都是出自《使信月刊》的第一手資料，所

以筆者推論，《使信月刊》的文字與插圖標示可能出現差異。但根據當時木柵通行閩南語的狀況來判斷，可以道地音譯為「娘仔」的「Niua」，可能較為合宜；而且兩個字應該分開，即「Niu-a」，才好呼喚。

放大檢視〈木柵女孩服裝〉影像電子檔之後，發現 Niu-a 也有修飾眉毛的情形，這是木柵女性的第四例。那麼，修眉是原住民西拉雅平埔族群新港社年輕女性的傳統？或受到漢化影響？抑或為當時的流行潮流？

如前所述，湯姆生在〈木柵女孩服裝〉裡的題字，Heald 與筆者皆判定是「Garb」這個字。「Garb」除了有「裝束」、「打扮」與「衣服」的意思外，在英國字典裡還有「穿著風格」（style of dress）的意涵。顯然娘仔的衣著被湯姆生當成木柵女性穿著的代表樣式。面對落落大方的 Niu-a，筆者也特別繪製了一張《木柵女孩服裝手繪圖》（圖片 3）。

檢視打赤腳的娘仔身上穿著的服裝，頭部是紮綁傳統頭巾，紮綁的方式是左右對稱，工整又經典。上身則穿上左衽麻布上衣，下身著大襠褲，即俗稱的「本島褲」。穿著本島褲要用布帶來繫綁，繫綁之前須先拉起左、右褲頭，依序向中間壓緊。這一動作，老人家給了個獨特的閩南語專有名詞，叫做「kàm 咧（leh）」與「chhau 咧（leh）」。只是目前「kàm」與「chhau」還找不到對應的國字可以書寫。

娘仔的本島褲外面紮綁了四圍沒有挑繡，被當成一片裙使用的「被仔圍」。而被仔圍在紮綁之後，又拉起左下角固定於腰際，折紋的斜線條活絡了本島褲的單調。娘仔身上的裝飾，只有右手小指上的雙環寬戒指及左手中指的細戒指（照片 14 與 19），真是素樸。

接著，我們來檢視娘仔站立處的背景。背後與左下側都出現了姑婆芋，左側姑婆芋上方可見到開花的山煙草。有著掌狀裂葉的初生蟲屎是生長在房屋砌石基座上，靠近房屋牆角處。種子具剛毛，會附著於人畜身上來散播繁殖的土牛膝，就在娘仔右手邊；土牛膝後側，還出現了南臺灣特有種植物內苳子。照片畫面中，家屋旁的這些植物真是豐富。

湯姆生影像裡記錄到的這個土牛膝，為莧科（Amaranthaceae）牛膝屬（Achyranthes）植物，是一種可食用的野生植物。食用的方法有兩種：「一、

圖片 3
游永福，《木柵女孩服裝手繪圖》

（左）照片 19
湯姆生，〈木柵女孩服裝〉截取影像，娘仔右手小指的雙環戒指以及特別以圓圈標示的土牛膝。
Courtesy of Wellcome Collection

（右）照片 20
甲仙的土牛膝開出淡綠色的穗狀花序，2015 年 6 月
攝影：游永福

照片 21
湯姆生，〈兩位木柵女人〉
立體影像，1871
Courtesy of Wellcome Collection

嫩莖葉洗淨後，可直接炒食或煮蛋花湯。二、以沸水燙熟後撈起，再拌或蘸調味料食用。」[15] 野菜的食用不宜過量，若想避免過於寒涼，可先將薑或蒜頭爆香再來煮食即可中和。春、夏雨後是土牛膝（照片 20）嫩莖葉的主要採收期。

　　至於房屋的竹管構築牆壁，其黏土外層的石灰已經斑駁脫落，滿是歲月的痕跡。

　　接下來檢視湯姆生的〈兩位木柵女人〉立體影像（照片 21）。畫面中兩位女人都紮綁了頭巾，不過紮綁方式各異。站立在左側的，經比對服裝與臉型，正是年輕女孩娘仔。右側年紀較長的女士，右手拿著弔掛煙袋的煙斗。這個煙斗是湯姆生所有南臺灣煙斗照片中長度最長的，剛好與這位女士下垂的左手臂等長。此外，女士腰部也紮綁了很長的白色腰帶。

　　至於照片背景的植物，正中央的竹子是沒有刺的長枝竹。娘仔右後側可見姑婆芋，其他植物則不易辨識。

　　湯姆生的〈木柵獵人團體〉（照片 22）看似普通，卻充滿玄機。經過反覆檢視，陽光與湯姆生的企圖一一現形，為我們呈現出 1871 年間原住民新港社群的生活樣貌與智慧。

　　這張〈木柵獵人團體〉影像是以獵人為主，但湯姆生選擇竹管屋牆壁為背景，自有其想讓人瞭解平埔家屋的用心。這棟竹管屋牆壁的構築選擇彎曲的刺竹為支柱，安裝在一整排有防止受潮腐爛的石頭柱礎上。這些石頭看來相當天然，是未經打石師傅敲打雕琢過的。兩邊刺竹是以相反彎向來排列，房屋柱子這樣彎曲與反向排列，有強化結構與避震的功能。而貫穿支柱的水平瘦竹橫梁，可以確認出是節間較長的長枝竹。牆壁的編插，不是湯姆生指述的「是蘆葦或是剖開的竹子」（of reeds or split bamboo）。[16]

　　根據《遠東實用英漢辭典》的解釋，翻譯為「蘆葦」的「reed」，實有兩義：「1. 蘆葦；蘆葦稈。2. 似蘆葦稈之物。」[17] 就左鎮與木柵地區來

照片 22
湯姆生，〈木柵獵人團體〉，
1871
Courtesy of Wellcome Collection

說，水澤地少，蘆葦少見，山區普遍生長近似蘆葦，即俗稱「菅蓁」的五節芒。五節芒要量多才夠使用。將影像電子檔案放大後，菅蓁的證據就出現在節間：仍然黏附莖節上方的菅蓁葉鞘，明顯存在著。

如是，木柵地區豐富的刺竹、長枝竹與菅蓁滿布的植物相，就在山區就地取材而成的簡約建築影像中被展現出來。能看到如此原始風貌，得感謝湯姆生展現了一流的取景及絕佳的焦距調整功夫。

分上下兩層的菅蓁編插牆壁，建構方式是以更瘦的四支橫梁來固定，由上而下，若第一支菅蓁是從第一支橫梁的前方插下，經過第二支橫梁時就要穿過後方，到第三支橫梁又穿過前方，當然第四支橫梁就要穿過後方。而並排編插的第二支菅蓁，是從第一支橫梁的後方插下，經過第二支橫梁是穿過前方，到第三支橫梁又穿過後方，第四支橫梁則是前方。

如此說來，奇數菅蓁都是同一種編插方式，偶數菅蓁的編插則與奇數相反。這樣的編插方法可以讓牆壁橫梁保持穩定，不會日久因受力過大而彎向一方。透過湯姆生的鏡頭，讓我們再次見識到臺灣原住民西拉雅平埔族群新港社房屋的建築智慧。

接著談談火神槍。畫面正中間的兩位獵人、一位小見習生、一條黑色獵狗，還有兩把不同長度長獵槍、火藥筒以及引信等配備，是照片的主角。為何需要兩把獵槍？

這兩把稱為「火繩槍」的獵槍是單發式設計，即火藥以引信引燃擊發後，得馬上填充，填充火藥的時間成了相當危險的空窗期。若有另一把槍支來掩護支援，就可以防護大型生猛獵物，如山豬，在受傷之後發飆反擊。而遭遇敵對團體，也必須如此互相掩護。小見習生的出現展現出社群重視傳承的精神。有了傳承，人才不會有斷層。

提到火繩槍，在 1871 年攝影術的發明才進入第 32 年，尚屬起步階段，是否可能在一張照片裡面，讓我們一睹火神槍的完整結構，展現火神槍的 360 度樣貌？這樣的要求，對當時的攝影家來說實在是一大挑戰。

在這張〈木柵獵人團體〉截取影像（照片 23）裡，左側鬍子獵人呈現槍枝的左與上側，右側獵人則呈現了右與下側。湯姆生以一張照片，將火繩槍結構完整展現我們眼前，讓我們可以清楚看到火繩槍的火繩夾、連動臂、蛇桿與藥鍋等零件，以及「能顯示出他們機械發明的才能，那就是火繩槍的槍托」。[18] 檢視英國威爾康圖書館 660 片玻璃原底片（original negatives）的掃描檔案後，筆者發現火神槍幾乎全像式的攝影技法，竟然是唯一一張，而湯姆生只在臺灣使用這一次。

繼續檢視湯姆生這一張〈木柵獵人團體〉。其右側接近邊緣出現了一條黑色直線，黑色直線右側的畫面與左側畫面類似，但有所不同。看到這樣的畫面，真是令人驚喜。因為這正是一張雙影像玻璃底片崩裂成兩片的立體照片。

照片右上側邊緣有淺弧形左凹玻璃崩裂的痕跡。在玻璃崩裂痕跡下方，可見一位身穿白色上衣的小孩，面容只拍到一半，充滿愉悅神情，彷彿不是湯姆生原本的安排，突然出現在畫面中。連同這位微笑的小孩兒，

照片中共出現四位人物。

　　人物中的兩位獵人，肌肉非常發達，還得見筋絡。或許是身為獵人，所以眼神充滿了銳氣。但左側鬍子獵人，側面頭顱並未薙髮，也未紮綁辮子。查考清朝時期薙髮的規範，發現有一條宗教人士有免於薙髮的特例，所以鬍子獵人應當屬祭司級人物。而為了讓獵狗也能入鏡，蹲在鬍子獵人右側的見習生少年，左手抓住獵狗左前肢，右手扶著狗背，在湯姆生進行曝光時狗兒竟然沒躁動，這就是臺灣第一張獵狗清晰影像。

　　那麼，這張玻璃底片崩裂的〈木柵獵人團體〉影像中可以找到另一半嗎？

　　經過比對，英國威爾康圖書館編號 L0056185 的〈當地獵人〉（Native hunters, Formosa），畫面與〈木柵獵人團體〉幾乎相同，左上側正好有淺弧形的右凸崩裂痕跡；由上而下，兩片玻璃底片的裂痕完全吻合。然而這〈當地獵人〉中的英文題字「Native hunters, Formosa」，不似〈木柵獵人團體〉那麼流暢。若同樣是出自於湯姆生之手，推測應該是在湯姆生晚年，在玻璃底片崩裂之後補題的——年老體力較弱，所以題字可能會有所不同。

　　在 Joshua Heald 將兩張照片合併後，一張完整的〈木柵獵人團體〉立體影像（照片 24）即呈現眼前。而在合併工作進行之時，筆者也希望保留一些銜接的痕跡，不要去除，以利於對比研究。

　　影像回復原貌，微笑小孩的性別也確定了，是一個女孩，因為上衣下緣開了岔——就在甲仙大田社區進行分享課程時，陳瑞菊阿嬤看到此張照片時，突然一聲尖叫，指出這正是早期女孩衣服的特色。

　　筆者才說到〈木柵獵人團體〉立體影像裡「連同這位微笑的小孩，總計出現了四位人物」。但是此話一出馬上回應連連：「不對。」「不對。」環顧四方，不見人影，但一抬頭，卻見陽光竊笑。

照片 24
湯姆生，〈木柵獵人團體〉
立體影像完整樣貌，1871
Courtesy of Wellcome Collection

　　原來在獵人站立的地板上，出現了陽光陰影。檢視陰影，除了屬於獵人、見習生、槍枝與土狗的，照片右下側還出現了其他人物的陰影。比較明確的有五個人，但若依照陰影重疊的情況來看，參觀湯姆生拍照的圍觀者只會多不會少。

　　當然，湯姆生的隨行新加坡助手 Ahong 一定也在現場。由於湯姆生是初到者，不諳當時通行的閩南語，所以善於以閩南語話家常與溝通而受當地人愛戴，並能配合湯姆生要求，引導被拍攝者擺出各種姿勢的馬雅各必然也在相機附近。

　　在眾人圍觀之下，做為要角的兩位獵人與見習生少年，表情卻能放鬆自然，的確不簡單，而且頗有架勢。突然出現於畫面的白色上衣小女孩，臉上掛著天真自然的微笑，更是讓人驚艷。

　　由於這道陽光陰影的出現，而使得這棟木柵竹管屋牆壁的面向有了可以追尋的線索。這位鬍子獵人的身高與陽光陰影經過量測計算之後，比例為 100：76；若換算筆者 156 公分的身高，在相同條件下陽光的陰影是119 公分。那麼，在筆者推算湯姆生回到木柵的隔日，4 月 16 日或 18 日，與之後幾天，哪個時間點能出現 119 公分的數據？

　　在 4 月 18 日與之後幾天，接近 4 月 21 或 22 日，太陽已來到赤道與北回歸線的中間點。2015 年，筆者以最笨拙的方法分幾個時段站在太陽底下量測陰影，持續記錄了四天，而得出上午 9 點 55 分（4 月 15）、9點 48 分（4 月 18 日）、9 點 39 分（4 月 19 日）與 9 點 30 分（4 月 20 日）等相關時間；下午 14 點 27 分（4 月 15）與 14 點 21 分（4 月 20 日）等相關時間，都可以得到 119 公分的數據（有時厚雲蔽日，所以下午的記錄只有兩個）。

　　若以站在牆壁前面的鬍子獵人為準，陽光從身體左側照射過來，在上

午四個相關時間，鬍子獵人與房屋牆壁的面向為磁方位角 185 度，即南偏西 5 度，即南 5 度西。下午時段，面向則有兩個：做為參考值的 4 月 15 日為磁方位角 355 度，即北偏西 5 度，即北 5 度西：以及 4 月 20 日，磁方位角 5 度，即北偏東 5 度，即北 5 度東。

〈木柵獵人團體〉立體影像裡的房屋牆壁面向已經明朗：若牆壁是房屋的正面，房屋的座向便有南 5 度西或北 5 度東兩種可能。但山區一般家屋為了避開冬季寒風，少有建蓋面北的房屋，房屋的座向應為南 5 度西。若牆壁是房屋側面──不管是南側面與北側面，房屋的正面只有東與西兩個方位。

就木柵來說，木柵禮拜堂，即今日的木柵教會（照片 25），東側為烏山山脈南段，禮拜堂建築正面是選擇向西，是因為後面有山可靠。所以，房屋選擇向東，面山而建，是相當不符常情的。因此，房屋的正面只可能西向，即西 5 度北。

有了這樣的實際記錄與研究分析，得出房屋的座向應該為南 5 度西或西 5 度北之後，若要繼續找出照片中房子的原址或照片人物的後人，機會頗大。盼望未來有機會可以再度進行現地踏查，並以〈木柵獵人團體〉立體影像為基礎進行訪問，以求木柵再出現一處「湯姆生 1871 台灣線性文化遺產」的取景地點。

湯姆生來到木柵，對於竹子情有獨鍾，曾廣泛描述其用途，例如：樹籬、房屋建材、水桶、水壺、水杓、米升、酒杯、筷子、煙斗、籃筐、搖籃、竹簡、籤、籤筒、扇子、笛子、織布機、紙和筆等。其中關於「米升」（bíchin，閩南語）[19] 的量米用竹筒，現代人已經久不再使用，在此有必要介紹其換算比率。

廣西地情網中《樂業縣志》關於「度量衡器」有以下記錄：「一竹筒米約等於一斤，即 16 兩：兩竹筒米約等於一升，十升等於一斗。」[20] 根據此一數據，這一斗米到底有多重呢？換算後答案是 20 斤，20 個竹筒的量度。

（左）照片 26
湯姆生，〈木柵竹子〉，1871
資料來源：中央研究院人文社會
科學研究中心

（右）照片 27
〈木柵竹子〉現地對比影像
攝影：游永福

　　然而，台灣各地的計算有所不同，筆者在網站上看到「一斗米到底是多少」的提問，有網友扼要回答：「各地的斗米重量皆不同，南部一斗米＝11台斤八兩＝六公斤900公克（含麻袋七公斤）；東部的1斗為13.9公斤，是南部的二倍重；金門的一斗是16.6公斤。」[21] 如此說來，若都用一斤竹筒米升來量米，各地一斗的量測次數不僅不一樣，還有餘數。

　　至於〈木柵竹子〉（照片26），原始玻璃底片也已無存。由於影像中的竹子，葉子生長的樣式為羽毛狀，屬木柵地區常見的刺竹。兩叢刺竹之間還出現了一株檳榔樹與淡淡波浪狀山嶺，此一山嶺經現地比對，屬木柵教會東方的烏山山脈北段。照片取景點確定是在木柵教會前方向北偏東拍攝的（照片27），但要向北與偏東到什麼程度，則有待再踏查。

　　湯姆生的〈木柵平埔三合院〉（照片28），在他所著的《中國與中國人影像》中〈平埔番的居所〉（Vol. II, Plate III, A Pepohoan Dwelling）[22] 單元裡，有「整個居所，圍著方形廣場的三面而建」（The entire dwelling makes up three sides of a square）的扼要介紹。「圍著方形廣場的三面而建」的「居所」，我們通稱為「三合院」。

　　在攝影術發明後32年，還未發展出廣角鏡頭的年代，加上湯姆生對畫面景物布局的審美高標準要求，三合院要三面入鏡確實很困難。但湯姆生別具巧思，讓左護龍保留一丁點屋簷影像，好讓人知道這是一座三合院，不愧是傑出的攝影家。

　　這座三合院看得見的部分，牆壁是以竹管、剖竹片與黏土為建材；覆蓋屋頂的材料，湯姆生是記錄為「leaves of bamboo」，[23] 譯者忠實翻譯為「竹葉」，但經放大檢視照片影像，卻發現是如假包換的茅草。

　　右護龍後方樹叢茂密，土埕高臺外緣兩側則種有木瓜樹。左側三株木瓜樹，最高的是伸出長長圓錐花序的雄性株，次高的是樹幹上結了果實的雌性株（照片29），最矮的則尚未見花果。

　　土埕上則曝曬著農作物，還四散擺置了竹編雞籠、竹編糞箕、寬口竹

照片 28
湯姆生，〈木柵平埔三合院〉，1871
Courtesy of Wellcome Collection

湯姆生，〈木柵平埔三合院〉
景物截取影像
Courtesy of Wellcome Collection

（左）照片 29
木瓜樹特寫：1 是雄性株，2
與 3 是雌性株。

（右）照片 30
植物與用具特寫：1 與 2 是
煙草，A 與 B 是糞箕。

籃、兩組木製水桶與兩根竹扁擔。原住民西拉雅平埔族群新港社的生活，確如湯姆生所言，與竹子關係密切。

關於平埔族群的煙草，湯姆生也有相關文字敘述：

The low, broad-leaved shrub growing against the house, above the two small baskets, is tobacco, and this they dry for smoking themselves. [24]

他說煙草的生長的位置，是在房屋前方的「the two small basket」上方。經放大檢視〈木柵平埔三合院〉，就觀者面對影像來看，房屋正身前方正門右側地面，就在木瓜樹幹旁縫隙，只見到一個寬口竹籃，並沒有兩個小型籃子、筐子或簍子。而在房屋正身前方最左側地面上，則有兩個竹編糞箕；兩個糞箕上方，剛好有兩株葉片寬闊的低矮煙草（照片 30）。寬口竹籃上方也有一株煙草。

這畫面讓我們瞭解到當時原住民新港社人抽的煙，是真正少量自家栽種自家使用的煙草，並不是一般人懷疑的以其他植物來代替。而原來不清楚糞箕用途的湯姆生，把糞箕當成了「basket」，以「籃子」來述說，足見東、西方生活文化確實是有差別的。

一來一回，湯姆生兩度進入南臺灣內門木柵，在新港社群朋友排除毒蛇障礙後，又以地理學家的專業眼光拍下了精彩的 40 度懸垂巨大岩層照片，讓福爾摩沙的自然景觀之美遠播歐美。對於此一岩層，湯姆生指述為「limestone」，即「石灰岩」，位置是在木柵聚落東方山區，當時稱之為「Hanging Rock of Baksa」。劉克襄在《福爾摩沙大旅行》中簡單譯為「木柵巖」；林志明在《時代之眼：臺灣百年身影》的〈十九世紀的臺灣影像：一些新線索及其解讀〉專文裡則正規譯為「木柵懸岩」。

檢視英國威爾康圖書館網站，有關木柵巖的照片，總計留下三塊 4×8 吋立體影像玻璃底片。其中編號 L0055886 的照片曝光失敗，只有兩塊玻璃底片堪用。館方掃描了兩份電子檔，一份編號為 V0036875 與 V0036881，光線較暗；另一份編號 L0055887 與 L0055997 的影像則清晰

明朗。

　　這張編號 L0055887 的影像，湯姆生在玻璃底片下緣題了「The She-tuk-pieu or yellow bamboo snake, most deadly. A great hanging rock at Baksa, Formosa. With two deadly sankes common to the place」兩個句子。另一張編號 L0055997 的影像，湯姆生也題了「Seh-tuk-pieu or yellow bamboo snake, most deadly. A great hanging rock at Baksa, Formosa」兩個句子。其中湯姆生所記錄「Seh-tuk-pieu」此一獨特的蛇名，或許是因為當時發音的腔調不同，相對應的閩南語之語意不明，所以研究者都很關注，這到底是什麼蛇？

　　關於木柵巖的蛇，湯姆生在〈南福爾摩沙紀行〉（Notes of a journey in Southern Formosa, 1873）專文裡有以下的描述：

The natives who accompanied me, whilst engaged in cutting a trailing vine, narrowly escaped beingbitten by three deadly-poisonous snakes of a pea-green colour, with flat lozenge-shaped heads. We dislodged them from the vine, and killed them before proceeding to photograph the rock. [25]

　　這條被殺死的毒蛇頭部是菱形，身體顏色是豆綠色，即淺綠色。這兩樣具體特徵，都與臺灣常見的「赤尾青竹絲」毒蛇一樣。若再將照片放大觀察，蛇的身體與腹部交接處，得見一排淡色鱗片縱線，所以，確定是赤尾青竹絲無誤。

　　好友蔡佳蓉在進行夜晚生態調查時，曾經拍到一尾赤尾青竹絲。在閃光燈照射下，整尾蛇身顏色偏黃（照片 31），蛇身彎曲緊繃，後段是環鉤在小樹上，頭部向上，正處於警戒狀態。

　　在相關文獻中，赤尾青竹絲的鱗片縱線與身體顏色，雌蛇鱗片縱線總計出現白色、黃色或黃白色三種，但是白色較為常見。而雄蛇只有白色一種，但是在白色下緣，另有一條磚紅色的細鱗片接鄰著。腹部的顏色，有黃綠色、黃白色與草黃色三種記錄。背部和側面的顏色，有草綠色、深綠色、淡黃綠色與翠綠色四種記錄。[26] 另外，在《自然生活記趣》網頁裡，

照片 31
偏黃赤尾青竹絲
攝影：蔡佳蓉

則標示著赤尾青竹絲有「03. 偏黃的個體（臺中）」的實例。[27]

　　如此說來，玻璃底片上「yellow bamboo snake」這一令人疑惑的「yellow」題字便有答案：湯姆生若不是遇見稀少的全身偏黃赤尾青竹絲，便是遇見罕見的有著黃色縱線的赤尾青竹絲雌蛇了。所以編號 L0055887 的影像，湯姆生題字的中譯若扼要翻譯為〈木柵巖與兩尾當地常見的赤尾青竹絲〉，應是合理的。至於編號 L0055997 影像，也可簡單譯為〈木柵巖與赤尾青竹絲〉。

　　進一步談談湯姆生的〈木柵巖與兩尾當地常見的赤尾青竹絲〉（照片32）與〈木柵巖與赤尾青竹絲〉（照片 33）兩張立體影像的細節。關於「木柵巖」岩體的石灰岩，主要成分是方解石，屬碳酸鹽岩石，是淺海環境形

照片 32
湯姆生，〈木柵巖與兩尾當地常見的赤尾青竹絲〉立體影像，1871
Courtesy of Wellcome Collection

照片 33
湯姆生，〈木柵巖與赤尾青竹絲〉立體影像，1871
Courtesy of Wellcome Collection

（1）照片 34
木柵巖，龍眼樹與山棕後代
仍然存在，2013 年 10 月 12 日
攝影：游永福

（2）照片 35
台灣魔芋，
2013 年 7 月 30 日
攝影：游永福

（3）照片 36
密花白飯樹與果實，枝椏上
黃色圓圈圈起來者為中醫界
稱為「螵蛸」的寬腹螳螂卵
囊，2015 年 8 月 14 日
攝影：游永福

（4）照片 37
薄瓣懸鉤子，
2015 年 8 月 14 日
攝影：游永福

（5）照片 38
開花的龍船花，
2015 年 8 月 14 日
攝影：游永福

（6）照片 39
開花的沿階草，
2015 年 8 月 14 日
攝影：游永福

成的沈積岩，沖蝕之後很容易形成洞穴。

　　而繞掛赤尾青竹絲死蛇的嫩枝，又是什麼植物？根據枝條與羽狀複葉，以及葉片脈絡的樣貌來看，應是龍眼樹。照片左方還有其他植物，但只有奇數羽狀複葉的山棕可以判別。就山棕來說，與蛇類關係密切，因為在山棕花朵盛開期間，濃郁香味四溢，會吸引夜蛾等小昆蟲，夜行性小動物如青蛙也隨之而來。所以覓食方式為坐等型的赤尾青竹絲若在此居住，便可輕鬆守株待蛙。

　　這兩張影像畫面中都有當地漢子做比例尺。但〈木柵巖與赤尾青竹絲〉立體影像龍眼枝葉上的赤尾青竹絲只剩一尾，照片中下方的岩石上則出現兩尾。左方這尾被擺置成倒 V 字型，右方那尾曝光時頭與尾部捲縮動了一下，造成影像不清晰。所以蛇的實際數量確實是湯姆生所說的三尾。

　　當地人以「石厝」稱呼湯姆生口中的木柵巖，是因為這一座以 40 度角懸吊空中的岩體下方像極了傾斜的屋頂，而且底下又有避雨的功能。石厝下方，也確實存在湯姆生說的洞穴（cavern）[28]，攜帶手電筒或配帶頭燈深入其中，約十分鐘可通達上方產業道路。但有的段落高度不足，必須爬行才能穿過；洞穴裡還有蝙蝠。然而，由於久無人攀登，目前洞穴狀況不明，仍不宜貿然進入。

　　2013 年，筆者兩度來到木柵巖踏查，步道範圍因有社區朋友適當整理，並無茂草擋路。現地附近由於經歷過旱稻與樹薯的開墾種作，植物樣貌為次生林相。除了有 1871 年湯姆生照片呈現的龍眼樹與山棕外，還有經過筆者 2015 年第三次不同月份的踏查所見到的山柚、血桐、構樹、瑪

瑙珠、月桃、五節芒、臺灣魔芋、槭葉牽牛花、菇婆芋、三角葉西番蓮、薄瓣懸鉤子、密花白飯樹、咸豐草、龍船花、海金沙、箭葉鳳尾蕨、山煙草、馬櫻丹、沿階草、小葉桑、佛來明豆、金露花與香澤蘭，以及〈木柵女孩服裝〉立體影像中的內荌子等植物（照片 34 至 39）。

另外還有斯文豪氏攀木蜥蜴、臺灣大蝗、寬腹螳螂、蝸牛與不知名蜘蛛現蹤，每個物種都默默訴說著自己精彩的故事。這一環境陰涼、林木茂密的山坡地，在筆者前來的當下，雖不見當地常見的赤尾青竹絲、青蛇與錦蛇之蹤跡，但為策安全，仍須謹慎以對。

可惜的是，目前「石厝」的指示牌只有方向標示功能，希望未來能有完整的「湯姆生 1871 臺灣線性文化遺產」路徑規劃，不僅把石厝解說牌設計內容納入〈木柵巖與赤尾青竹絲〉兩張影像，還能配合木柵巖特色與附近豐富動、植物資源解說。

此外，希望能進一步闡明木柵教會的人文發展史，加上教會內附設「西拉雅文物館」的典藏，想必能讓石厝成為一個具歷史深度的地景與生態旅遊新景點。

東行路徑與「柑仔林」聚落

我們在木柵傳道所過夜，次日一早便步行前往 26 哩外的甲仙埔（今甲仙）。離開木柵後遭遇的第一座山，讓我們對前方的旅程有了些許概念。我們必須要攀登陡峭又光禿禿的山脊，沿著山脊鋒利如刃的邊緣上到山頂，我擔憂地不時回頭看看我們的挑夫（六個從木柵來的健壯平埔族人），因為不論是哪一邊，他們一旦失足就會從數百呎高的地方墜落。最後我們終於到了山頂，辛苦也得到了回報——得以飽覽群山圍繞山谷的壯麗景致，並眺望遠方高聳入雲的中央山脈；在狹長幽谷的極東，我們可以辨認出小小的柑仔林村。[1]

1871 年 4 月 13 日早上，在一行人離開木柵預計前往甲仙埔時，湯姆生寫下了以上這一段報導文字。只是不知湯姆生「我們必須要攀登陡峭又光禿禿的山脊，沿著山脊鋒利如刃的邊緣上到山頂，我擔憂地不時回頭看看我們的挑夫（六個從木柵來的健壯平埔族人），因為不論是哪一邊，他們一旦失足就會從數百呎高的地方墜落」之敘述，究竟是事實？或僅是誇張之語？

讓我們來檢視 1904 年的《臺灣堡圖》。自木柵禮拜堂通往柑仔林的路徑，一共有三條：一、從木柵南下，走大路，到內埔庄東側有左岔小徑通往東勢埔，即可北上石門坑，再到溝坪，這條路較平坦，但路程最遠。二、從木柵南下，走大路，到溪底東側有左岔東偏南小徑通往東勢埔北方，即可北上石門坑，這條路的小徑部分已經進入山區，所以路程也遠了些。三、木柵禮拜堂南側有小徑往東上行，之後轉北，接著再往東。從此開始，小徑是標示在稜線之上直至山頂為止，接著往下，即可北上石門坑，這條小徑路程最近。

從必須趕 26 哩路的湯姆生這一「攀登陡峭又光禿禿的山脊，沿著山脊鋒利如刃的邊緣上到山頂」的說法，我們可以確定，湯姆生一行人確實是走這一條等高線密度比較密，彎折角度比較小的陡峭捷徑往東深入內山地界（地圖 1）。

由於攀登小徑既危險又辛苦，所以在到達山頂得覽美景之後，湯姆生有了「辛苦也得到了回報」的欣喜。湯姆生一行人從木柵攀登至山頂的這一小徑，經過筆者實地踏查走訪，發現早已經隨順山形的起伏與褶皺，全面整修成彎彎曲曲的步道，名為「烏石崎步道」（地圖 2）。只不過經過百餘年的沖刷，烏石崎步道範圍的山形圖面等高線，已顯得緩和多了。

那麼，來到這一隸屬阿里山山脈支脈的烏山山系南伸餘脈山頂，湯姆

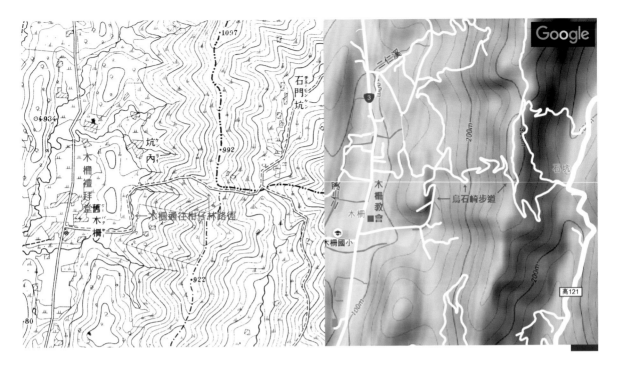

生筆下「得以飽覽群山圍繞山谷的壯麗景致，並眺望遠方高聳入雲的中央
山脈」的風光，依舊存在嗎？經過筆者三度踏查走訪、比對與確認，從木
柵教會走 2.3 公里便可來到烏山稜線鞍部（地圖 2）。在鞍部，即從山頂
順著山谷向東北方眺望，可見群山圍繞山谷，層疊連綿的山峰巨浪默默湧
動，的確是「壯麗景致」（照片 1）。

　　在飽覽群山圍繞山谷的壯麗景致時，湯姆生的僕僕風塵行影益顯分
明。必須特別說明的，這一稜線東面山谷已經屬於南仔仙溪支流的溝坪溪
流域範圍。南仔仙溪後來稱為「楠梓仙溪」[2]，1962 年改稱「旗山溪」後，
成為其法定名稱，[3] 乃高屏溪重要支流。

照片 1
在木柵東方的烏山稜線鞍
部，向東北方瞭望。
攝影：游永福

飽覽美景後，順著可通行小型車輛的產業道路，下行至山尾埤登山步
道入口處，即可接上高 121 線，約為一公里的里程數。鄉公所在山尾埤
登山步道入口處豎立石碑（照片 2），成了辨識路徑的重要地標。

要瞭解湯姆生口中「小小的柑仔林村」，就必須談談柑仔林禮拜堂。
馬雅各醫生於 1871 年 1 月 8 日在柑仔林設立柑仔林禮拜堂，而會在這裡
設立禮拜堂，乃因移居的新港社人有需求。不過，由於禮拜堂所在地雨季
時會淹水，所以 1889 年時即往南遷移到韭菜崙，並在當年十月完成聖殿
重建，從此改名為「溝坪教會」。

但離奇的事情發生了。在柑仔林禮拜堂遷移之後僅五年，即 1904 年，
柑仔林的聚落名稱竟沒有在《臺灣堡圖》中出現。所以十餘年來，探索柑
仔林或柑仔林禮拜堂位址時，耆老與長老眾說紛紜。僅有《臺灣總督府檔
案公文類纂》599/21 項目，編號第 200 至 201 頁，有著比《臺灣堡圖》
早三年，寫於明治 34 年（1901）11 月 11 日的「蕃薯寮廳山杉林支廳管
轄區域」資料。在「羅漢外門里內」，的確存在「柑仔林庄」名稱（圖片 1），
[4] 這一點頗值得探索。

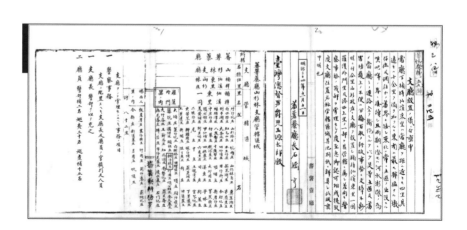

「柑仔林」聚落位址，湯姆生原文記錄為「The little settlement of Kamana could just be made out at the eastern extremity of a long glen」[5]，即「柑仔林」聚落是「在狹長幽谷的極東」。檢視《臺灣堡圖》與兩份現代地形圖，就地勢較低的溝坪溪谷來說，狹長幽谷是呈南北走向，北高南低。

若從湯姆生站立的烏山山頂瞭望石門坑溪谷，在銜接溝坪溪谷之後，呈西南與東北走向。而湯姆生所說的「極東的柑仔林」聚落，確實位址應該修正為在狹長幽谷的東北頂端——希望這樣的結論有利於接下來柑仔林位址後續的探索。

而新港社人何以偏居溪谷僻處？筆者臆測，是因為溝坪溪谷精華區早有原住民大傑顛社人移居生活，較晚遷移過來的只好另謀發展。整個溝坪溪谷包含柑仔林與早期稱為「猴坪」的溝坪，當時都由「臺灣府臺灣縣羅漢外門莊」管轄。

賴永祥撰寫的《教會史話》第一輯，編號 147 的〈柑仔林教會自立待望〉專文，收錄有馬雅各於 1871 年 1 月 13 日致母會之信函：

> 禮拜日（就是 1 月 8 日）上午，我主持開設柑仔林禮拜堂。這堂可容納二百名，當日參加禮拜者約一百名，他們大多數參加禮拜已有一段時間。禮拜堂位於往內地的通路上，將會引起過路各村社民的注意，或會來問起天國的福音。禮拜堂附近，其實沒有幾戶。其中一戶（按陳炎）奉獻禮拜堂用地，也提供了建築材料。禮拜堂一側，附有二小室，是供傳道者使用的；另一側有廚房，遠路來參加禮拜者就在此煮炊中餐。[6]

從馬雅各的描述可以瞭解到，柑仔林禮拜堂設立於「往內地的通路上」，目的是「會引起過路各村社民的注意，或會來問起天國的福音」。但事實上「禮拜堂附近，其實沒有幾戶」人家。

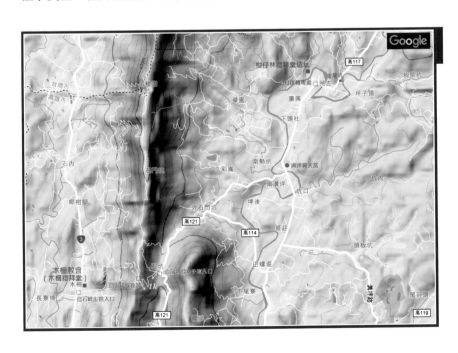

地圖 3
木柵教會至柑仔林禮拜堂遺址地形與里程標示

為了印證湯姆生與馬雅各上述兩項說法，筆者仔細檢視 Google 臺灣地形圖。在放大地圖之後，於溝坪溪谷高 117 線公路的「竹圍橋」西偏北方 100 度轉彎處之西北方，發現「溝坪溪」對岸的右側支流，標註為「柑仔林溝」。若以這 100 度轉彎處為中心點，南、東南、東、北與西北等方位地形之等高線的確都依序逐漸升高。柑仔林溝的所在位置正是在狹長幽谷的東北頂端（地圖 3）。

再放大檢視《臺灣堡圖》。往東偏南的小徑在通過今日的「竹圍橋」之後，來到金龍寺即分道揚鑣，一條持續往東偏南行，另一條向東北而去。往東偏南行小徑前行不久，大抵維持往東方向，經過山杉林與冀箕湖之後，再過南仔仙溪，在今「火山」位置又出現岔路。東南行小徑通往新厝仔，若再東行，可通枋寮與六龜里。西北行小徑通過十張犁與八張犁之後，即可抵達瓠仔寮與甲仙埔。若再東行可到荖濃。而在金龍寺的位置分道揚鑣而去的東北小徑，經金瓜寮與茄苳湖之後，可通往大坵園、頂公館與甲仙埔。所以，設立在柑仔林溝與溝坪溪交會口附近的柑仔林禮拜堂所在位置，確實符合「位於往內地的通路上」的說法。

在「蕃薯寮廳山杉林支廳管轄區域」的資料中，庄名是由南而北順序標示。「柑仔林庄」南方為「頭社庄」，更南為「溝坪庄」；東北為「竹圍庄」，更東北為「頂公館庄」與「金瓜寮庄」。這樣的地理位置，正可呼應筆者一連串的考證是無誤的。

至於在《臺灣堡圖》中，這一段兩溪交會口的柑仔林溝東北側，也有住宅的標註，但只是一小處，讓「附近其實沒有幾戶」人家的說法也有了印證。特別是在柑仔林禮拜堂遷移之後，留在該地的住戶更顯孤單，所以，堡圖（地圖 4）沒有出現柑仔林聚落標示也應算是合理的。為了比對，筆者也擷取 Google 地圖（地圖 5）來並排標示，便於確認。

柑仔林禮拜堂在南遷韭菜崙之後，又於 1937 年更往南遷移至頂庄。直至 1946 年 12 月，教會得以經濟自主後，又改名為「永興教會」。馬雅各在柑仔林醫療宣教的心血落地生根之後，又持續壯大了。

從豎立石碑的山尾埤登山步道入口，往北走高 121 線，再轉東北即至外石門坑，里程數為 1.6 公里。續往東北行即接高 117 線，里程數為 1.6

（左）地圖 4
《臺灣堡圖》裡的柑仔林遺址位置

（右）地圖 5
Google 地圖對比標示

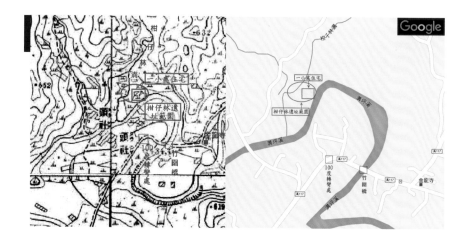

公里。若是循著高 117 線南下，不久即可見右側有溝坪派出所，再南下，
右側即見南遷之後位於內門區永興里頂庄 5 號的永興教會，里程數為 1.3
公里。

　　在高 121 線與高 117 線交接口，湯姆生的足跡是循高 117 線轉北前
進，過橋即到「溝坪」。自溝坪再往北前行，到達 100 度轉彎處，里程
數為 1.5 公里。柑仔林禮拜堂遺址範圍，就在西北方的溝坪溪右岸。所以，
從木柵教會至展望柑仔林禮拜堂遺址的 100 度轉彎處，總里程數約 8 公
里。在 100 度轉彎處南側的「溝坪幹 30」電線桿旁，將鏡頭對準西北方
柑仔林溝附近取景，畫面上標示白色圓圈的範圍即為柑仔林禮拜堂遺址的
大略位置（照片 3）。

　　在這段步行前往甲仙埔的報導裡，湯姆生提及了協助器材與物資運送
的挑夫。回溯從臺灣府城前往拔馬時，湯姆生並沒有說明挑夫的人數。直
到從木柵要往東深入內山時，因原住民出草之虞，漢人挑夫不願前行，而
改由木柵新港社的挑夫替代，才知挑夫有六人。有了這六名挑夫，離開木
柵後，這一內山行程隊伍到底有多少人？

　　湯姆生、馬雅各與 Ahong 是基本成員，若加上六個挑夫，共計九人。
這六名挑夫責任重大，一路從木柵挑運到柑仔林、山杉林、火山、瓠仔寮、
甲仙埔、荖濃、六龜里，接著再往西途經枋寮來到火山，然後循原路西返
木柵。如此辛苦協助挑運，湯姆生應該不吝為他們留下影像。

　　奇怪的是，在目前尚存 59 張照片中（不包含〈打狗港景觀全景〉一
幀），並未出現標示有挑夫名稱的影像。這結果不符合知性與感性兼具的
湯姆生行事風格，難道是因為有挑夫畫面的玻璃底片已毀壞無存？著實令
人懷疑。

第五章

浪舞南仔仙溪

NAMASIA

湯姆生與馬雅各一行九人，來到溝坪溪流域範圍的柑仔林禮拜堂時，是由一位「名叫童」（named Tong）[1]的人接待，湯姆生說「Tong」是「基督教執事，曾受過良好的中文教育，還在衙門當過差，因為信仰基督教而受到不少迫害，不過氣色仍很好」。

　　關於 Tong 的身分，張志中在〈永興教會：窮鄉僻壤的柑仔林宣教〉專文曾述及：「馬雅各醫生與其僕人東哦氏同來行醫傳教於柑仔林，得陳炎受洗入教，未幾又得陳邦、宜賣蝸、楊每、吳老智、買官之信服，發起協議設教之事。」[2]那麼，這位 Tong，即是以閩南語羅馬拼音來記錄，協助馬雅各醫生宣教的姓「東」名「哦」兄弟了。在禮拜堂稍微休息之後，湯姆生一行人繼續前行，只不過這時多了一名成員——東哦先生。請見以下湯姆生的記錄：

　　大約一點鐘左右，童帶著我們離開傳道所，在炎熱的陽光下，我們又開始了另一次艱辛的攀登，此時完全沒有風可以驅散這難以忍受的酷熱。[3]

　　離開柑仔林禮拜堂後，湯姆生一行人向東偏南行至今日金龍寺雙岔路口，里程數為 0.3 公里。再持續東偏南行，直至今日天山文衡殿前方，若轉東北下行數十步即到達天山文衡殿，里程數為 1.17 公里，此段可通行小型車輛。當時尚未興建天山文衡殿，他們是從進入天山文衡殿的岔路口

地圖 1
柑仔林禮拜堂遺址至天主教
真福山入口

持續東南行,約行一公里路徑,即轉東北,再步行 1.1 公里可達三岔路口。現在這 2.1 公里左右的路徑,因近十多年來少有人車經過,年久失修,形同荒廢。

從三岔路口至山杉林,里程數為 2.93 公里,可通行小型車輛。自山杉林至真福山入口,里程數為 1.8 公里,大小車都可通行。總計柑仔林禮拜堂遺址至真福山入口,里程數約 8.3 公里(地圖 1),一路植被以造林刺竹與相思樹為主。

為了瞭解路徑現況,筆者特別來到三岔路口與主祀文衡關聖帝君的天山文衡殿。

從這荒廢路徑的東、西兩側瞭望,路痕猶在。惟因颱風年年侵襲,造林刺竹橫豎倒臥其間,而且竹林裡草木叢生,勘查者必須帶刀,要有足夠裝備夠才能嘗試穿行。這樣的路徑,走起來別有一番探險野趣。(照片 1)

「想必會有一番探險野趣」的路徑,在當時沒有刺竹造林遮蔭,湯姆生一行人除了承受「完全沒有風可以驅散這難以忍受的酷熱」,還會有何遭遇?又會看到哪些景致?

馬
雅
各
醫
生
的
願
望

在湯姆生的旅行地圖中,一行人離開柑仔林禮拜堂往東偏南,深入更東的內山地界。在內山繞了一圈之後,來與回的交會點都是標示為「He-soa」,即「火山」。這與《臺灣堡圖》北往弧仔寮與甲仙埔,西返山杉林、柑仔林與木柵,都必須經過火山的路徑相當吻合。

關於「山杉林」,湯姆生在地圖上也明確標示了「Soa-sam-na」地名,位置是在路徑下方,與在路徑上方的《臺灣堡圖》實況有所誤差。從木柵過來,往返內山地界必經的山杉林,湯姆生來了又回,卻未留下任何文字記錄,令人納悶——生態作家劉克襄也曾關注這個議題。

納悶之餘,我們暫且回到湯姆生接下來所敘述的這段內容:

終於翻過第一座山頭後,我們看到一群水牛,在這片荒蕪的旱地中央,有個老人住在簡陋的小屋裡,他好意地接待我們,還欣然與我們分享他裝在竹筒裡的水;他顯然很高興我們到來,希望我們能留下來抽根菸和聊聊天。後來我們再次出發去爬另一座山——或者應該說是越過深崖,爬過泥土與板岩的斷層。絕壁深處散發出一股惡臭,岩壁反射陽光,產生一種令人無法忍受的熾熱,這使得我頭暈目眩,在爬上山頂之前差點兒跌了下來。馬雅各醫生也認為,這是他最累的一次旅行。[1]

這段旅行報導提到,在下午一點左右離開柑仔林禮拜堂之後,湯姆生一行人面對的竟是「炎熱的陽光」、「荒蕪的旱地」、「深崖」、「泥土與板岩的斷層」、「絕壁深處散發出一股惡臭」與「岩壁反射陽光,產生一種令人無法忍受的熾熱,這使得我頭暈目眩,在爬上山頂之前差點兒跌了下來」等惡劣狀況,連「馬雅各醫生也認為,這是他最累的一次旅行」。而湯姆生這段「在這片荒蕪的旱地中央,有個老人住在簡陋的小屋裡⋯⋯欣然與我們分享他裝在竹筒裡的水」之描述,可知這一地帶連飲用水都不方便取得,遑論其他用水。

接著,湯姆生寫道:

一到山頂,我們就撲倒在岩縫灌木的稀疏樹蔭下,這使得一群蜈蚣從樹根和石頭下面的巢穴跑了出來,這些蜈蚣大約有一根指頭那麼長,身體是深巧克力色,足部則是鮮黃色。被這些蜈蚣螫到是很可怕的,但是我們實在累得無法移動以躲開牠們,還好這些蜈蚣自己先避開了我們。不只一次,我像是感覺到這些生物爬到了我的背上,後來才發現那只是一道道冷

汗滴下來罷了。

　　在山脊的另一頭，一道陡直的斜坡將我們引往下一個歇腳處，據說那兒有條小溪，河床的確是在那裡，但是河水早就乾涸了。我們在這裡吃早餐時，一樁意外把我們的困境推向了頂點：有個挑夫不小心折斷了一株綠色植物的莖，這株植物就以散發出腐敗的惡臭作為報復。我們在過了一段時間以後才發現這惱人氣味的來源，但是對平埔族群的鼻子而言，這種氣味似乎是種奢侈品，他們將此植物稱為「雞屎藤」。中國人一定很喜歡這種植物，因為光是它的氣味就足以肥沃整個地區。[2]

　　一行人接著又面對「灌木的稀疏樹蔭」，植被不豐，難怪「酷熱」不已。而且遭遇「一群蜈蚣從樹根和石頭下面的巢穴跑了出來」，「被這些蜈蚣螫到是很可怕的，但是我們實在累得無法移動以躲開牠們」。湯姆生接著寫道：「還好這些蜈蚣自己先避開了我們。」但在與蜈蚣對峙的過程，卻「不只一次，我像是感覺到這些生物爬到了我的背上，後來才發現那只是一道道冷汗滴下來罷了」，令人心有餘悸。

　　接下來，湯姆生一行人來到「山脊的另一頭」斜坡下的「下一個歇腳處」，這歇腳處是「有條小溪，河床的確是在那裡，但是河水早就乾涸了」。根據湯姆生這幾段行程的敘述，對應《臺灣堡圖》的地形狀況，這條小溪應是位於「山杉林」西側，南仔仙溪右岸南北走向第二條支流「竹仔坑」的右支流。

　　當湯姆生一行人在河床歇腳休息之際，報導文字出現了「我們在這裡吃早餐」如此突兀的句子，著實令人嚇了一跳。離開柑仔林禮拜堂，在下午一點左右的豔陽天下，竟然會「吃早餐」。林金源在《風中之葉》[3] 同樣也有「當大夥兒在用早餐時」的類似譯文。

　　為了解開謎團，筆者重新檢視湯姆生的原文，的確是「Here, while at breakfast」。[4] 為何湯姆生會在午後時分使用「breakfast」這個字眼？經翻查字典，才知「fast」是齋戒或禁食之意，「break」則是停止或中斷之意，兩者連結起來即「開齋」或「停止禁食」。由於「開齋」或「停止禁食」都是在一天的早上為之，所以詞義又轉化為「進食早餐」或簡化為「早餐」。

　　那麼，湯姆生又為何在下午時光使用「breakfast」這個字？這是有原因的，喜歡爬山的朋友都有這樣的習慣，行走時不吃東西，以免嗆到或影響氣息的運轉，直到休息時，才會喝點水或吃點食物。「停止禁食」，更明確地說，就是「開始進食」。

　　譯文另外出現「有個挑夫不小心折斷了一株綠色植物的莖，這株植物就以散發出腐敗的惡臭作為報復」的描述，接下來是「他們將此植物稱為『雞屎藤』」。關於此一植物，劉克襄判斷「應該是常見的雞屎藤」。[5]

　　然而，這種疑似「雞屎藤」的植物，在湯姆生的原文裡記載為「foul dirt'shrub」[6]。「shrub」指的是灌木類植物，並非雞屎藤之類的藤本植物。所以，依莊溪《認識植物》裡「臺灣全島平地至低海拔山地均可發現」與

「帶有強烈之異味，輕碰枝葉，即撲鼻而來，令人退避三舍」[7]之說明，
還有在野地裡該類植物出現頻率很高的現象來看，該植物應該是枝葉會發
出獨特異味的「臭煙仔」，即「山煙草」（照片1）。

提到山煙草之後，湯姆生有以下敘述：

There isanother remarkable trailing vine found in this part of the island, called "Ok-
gue" by theChinese. The fruit or seed contained in a pod is used, when dry, for making
jelly. Asmall quantity of the seed placed in a course cotton bag, and allowed to soak
in a cup ofwater, will transform the water into a nutritious jelly, having the colour and
appearanceof calf's-foot jelly. [8]

在島上的這個地區還找到另一種奇異的蔓生植物，中國人叫它做
「Ok-gue」。生在莢內的果實或種子曬乾之後用來做成果凍。把少量種子
放進一層棉布袋中，浸泡在一杯水裡，它就會把水轉化成營養的果凍，顏
色和樣子就像小牛腳凍。[9]

關於此一能做成果凍的「Ok-gue」，湯姆生在《中國與中國人影像》記錄為「Oigou」。[10] 同樣是出自同一作者筆下的著作，卻有這樣的差異，或許是因為當時平埔原住民的這一個語音，腔調比較特別，甚至連協助湯姆生進行閩南語音記錄的馬雅各都被考倒。

　　「Oigou」兩個音節中少了「-」，「Ok-gue」或「Oi-gou」的語音至今仍持續變化，其所指稱的植物為《臺灣話大詞典》裡的「薁蕘」（ò-giô），[11] 正是今日通稱的「愛玉」（照片 2）。

　　「愛玉」乃桑科榕屬臺灣特有亞種藤本植物。清朝道光初年，15 歲的姑娘「愛玉」，因販售「薁蕘凍」而讓薁蕘有「愛玉」的新稱呼。「愛玉」不念「ài-giok」或「ài-gik」，而直接念「ò-giô」，顯示因為「愛玉」販售「薁蕘」而留給人深刻的印象。只要提到「愛玉」就想到「薁蕘」，見到「薁蕘」就想到「愛玉」，兩者是深深連結成「偶」，即「giô」。至於「Ok-gue」、「Oi-gou」或「ò-giô」，究竟是屬於哪個族群的語言，目前還未找到相關佐證。

　　而湯姆生提及的「小牛腳凍」（calf's-foot jelly），其實是熬煮小牛的腳，提取其中的天然明膠，放涼後，置放冰箱中冷藏而成。製作過程也可添加酒、檸檬汁、香料，或者是果糖，來製成甜點。

　　我們再回到山煙草的主題。由於山煙草有獨特異味，所以湯姆生說「讀者可以想見，我們並沒有在此地多做逗留，而是繼續我們的旅程」。

　　走著走著，湯姆生又報導：

> 我們現在抵達躺臥在中央山脈山腳下的支脈上，並盡情欣賞伸展在我們面前的宏偉山谷：山谷有一半是耕地，另一半則維持了原始的壯麗。遠處鋸齒狀的山脊層層高升，摩里遜山（即玉山）深藍色的峰頂聳立於所有山峰之上。一條河遠遠地從我們腳下的山谷流過，當它流經黑暗的峽谷與多石的山口時，我們能聽見河水在遠處奔流的轟鳴。目前這條河是水量最小的時候，但它仍是條寬闊的溪流：河面上有一座幾根竹竿架起來的橋——假如這麼簡陋的結構，可被稱做是「橋」的話。[12]

　　從湯姆生「我們現在抵達躺臥在中央山脈山腳下的支脈上，盡情欣賞伸展在我們面前的宏偉山谷：山谷有一半是耕地，另一半則維持了原始的壯麗」的敘述，可以知道湯姆生一行人已經來到山杉林西側小山嶺。

　　小山嶺呈北北東與南南西走向，海拔約在 180 至 200 公尺上下。在此放眼眺望，「山谷有一半是耕地，另一半則維持了原始的壯麗」，只開闢了二分之一。這彰顯南仔仙溪流域的原住民大武壠平埔社群，是抱持著夠用就好的生活態度；而二分之一不開闢的土地，應該是為了讓野生動物有悠哉存活的空間，利於農曆 9 月 15 日起開向期的射獵活動，也利於山野採集工作的進行。

　　筆者根據湯姆生所描述的這段文字：「遠處鋸齒狀的山脊層層高升，摩里遜山（即玉山）深藍色的峰頂聳立於所有山峰之上」，再配合費德廉

（上）照片 3
湯姆生，〈摩里遜山〉，
截取影像
出自《臺灣紀行》
經費德廉與蘇約翰同意引用

（下）照片 4
在山杉林西側小山嶺山腰，
向東偏北取景的對比影像。
攝影：游永福

與蘇約翰提供的〈摩里遜山〉影像（照片 3），幾度前往踏查。

在山杉林西側刺竹茂密的小山嶺縫隙北望，視野只及山杉林北側木梓仔聚落 200 至 300 公尺上下的山嶺，北方的烏山山系主脈無法看到。當然，方向更北，也更加遙遠的玉山是完全不可能現眼。所以，劉克襄推論：「從這個位置是否能夠看到玉山也值得懷疑。」[13] 由於小山刺竹相當茂密，不易瞭望。

最後，筆者在山腰一座大墓園向東偏北取得影像（照片 4）。在影像中央的樹林之後即為山杉林聚落。之後的第一層山是玉山山脈南段，左起分別為：1. 火山溪源頭崩塌地。2. 南廊亭山（海拔 991 公尺）。3. 未名山（海拔 957 公尺）。4. 大寮山（海拔 591 公尺）。5. 后山（海拔 532 公尺）。6. 大貢占山（海拔 823 公尺）。第二層山是中央山脈諸山。

一看就明白，此一現地影像的山脈稜線，與湯姆生筆下描述的摩里遜山樣貌完全不同。如果湯姆生的摩里遜山影像只有這張，要找到取景點，就只能等待進一步的資料出現後，才能進行後續踏查與追蹤。

湯姆生敘述壯麗的山谷後，又寫道：「一條河遠遠地從我們腳下的山谷流過，當它流經黑暗的峽谷與多石的山口時，我們能聽見河水在遠處奔流的轟鳴。」湯姆生在小山嶺眺望的這「一條河」，名為「南仔仙溪」。由於當時是旱季，所以「河面上有一座幾根竹竿架起來的橋」。那麼，這座竹便橋究竟簡陋到什麼程度？

現在我們到了溪邊，想到村莊去就必須過橋。從工程學的觀點來看，

這座橋有極簡的美感，不過也是我前所未見最瘋狂、最不要命的設計：整座橋由一、兩根竹竿組成，架在河的兩岸，橋身距離水面有 12 呎，河水的深度足以溺死巨漢。這些竹竿靠在突出河岸的石頭上，在我看來，這種橋就是為了那些愛冒險的莽漢所量身打造的。然而，住民們卻像走鋼索特技表演似地輕鬆越過，只用挑負的東西來保持身體的平衡。[14]

　　來到南仔仙溪，湯姆生一行人若「想到」對面「村莊去就必須過橋」。然而，「整座橋由一、兩根竹竿組成，架在河的兩岸，橋身距離水面有 12 呎，河水的深度足以溺死巨漢。」

　　「在我看來，這些竹竿靠在突出河岸的石頭上，這種橋就是為了那些愛冒險的莽漢而量身打造的」，其構築方式可說相當簡單而危險，確實是「我前所未見最瘋狂、最不要命的設計」。但湯姆生一行人仍硬著頭皮上橋，「我把草鞋弄濕使其更柔軟，然後張開雙臂腳步呈八字形，像雜技演員般地走過去。待我安全地到了彼岸，我還很得意地回頭一瞥剛才克服的困難。」[15] 他這番話充滿了成就感。

　　至於湯姆生想到達的村莊，在本章開頭已經提及，即「火山」。火山在今天屬於高雄市杉林區集來里。該地名之由來，源自山區臺地有天然瓦斯露頭，火焰熾燃。火山臺地因地質特殊，曾經是臺灣高檔鳳梨的重要產地，至今仍有少量栽培。

　　在離開山杉林西側這一北北東與南南西走向的小山嶺之後，往東前行，一路依序經過山杉林、山杉角與冀箕湖，就能來到南仔仙溪溪邊。溪邊今有「內灣仔」地名出現，接著通過南仔仙溪即來到火山。經過火山之後，便可向北往十張犁與八張犁。

　　從山杉林到八張犁，加上山杉林北方的木梓仔與茄苳湖兩個聚落，族群屬原住民四社平埔社群的加苳與蕭壠兩社。由於整個社群以大武壠社馬首是瞻，所以學界又稱之為「大武壠平埔社群」。

　　近幾年來，各地社群族人積極挖掘與深化文化內涵，期望能正名為「大武壠族」。當時這些聚落由「臺灣府臺灣縣善化里西保內中股大武壠」管轄，是目前臺灣可見最長的里名。

　　山杉林的「山杉」即「竹柏」，屬羅漢松科，因材質似杉木，所以有「山杉」之稱。而「山杉林」是山杉茂密之林，因住民集居而形成聚落。然而，1920 年行政區劃調整時，山杉林地名簡化為「杉林」，以致當地者老只知「杉林」，不知有「山杉林」的地名。至於「山杉角」，即山杉林聚落角邊的聚落，故稱之為「山杉角」。

　　冀箕湖則是一個頗具鄉土味的名稱。在早期，畚箕是鄉間非常重要的生活用具，其外型是後高前低；左右兩側則由後側向前傾斜而下。依材質與用途，分為兩種：一、刺箕，以細竹篾依序編插編排，可以刺插稻穀之中來搬取穀子。二、糞箕，是以埔薑仔枝條為「行」（kiànn，閩南語，即 U 形邊緣），再以稍寬竹篾編插編製而成。在湯姆生〈木柵三合院〉影像中，就出現一對糞箕。其功能除了搬運土石，常用來挑運豬糞、牛糞、雞

糞等天然肥料來為農作物施肥，故有糞箕之名（照片 5）。由於糞箕比刺箕用途普遍，所以，當人們遇到三面高一面低，兩側向低處斜下的凹陷地形時，便會自然聯想起生活工具的糞箕。杉林的糞箕湖正是屬於這樣的地形，故當地人稱之為「糞箕湖」。

提到山杉林、山杉角與糞箕湖，筆者想起 1865 年 11 月必麒麟與馬雅各束裝離開臺灣府，途經岡仔林、南庄，翻山越嶺來到芎蕉腳（相關位置為今高雄市甲仙區田寮仔）。次日，又東至茇濃。第三日，一行人受到排剪社酋長之邀北上為其治病，順道探訪了美壠社，才依依不捨循原路西返臺灣府。

這一路行程，必麒麟的目的是探險，馬雅各的則是想看看向原住民宣教的可能性。[16] 到了 1869 年 10 月，馬雅各又僕僕風塵，親自走訪一趟芎蕉腳對岸西南側的弧仔寮大武壠族原住民聚落。所以，「許多村人對馬雅各醫生一年半前的來訪，以及他仁慈的照顧仍記憶猶新。」[17]

馬雅各的第一趟內山行程，確定未經過山杉林、山杉角與糞箕湖。至於第二趟行程途經哪些聚落，則相當不明確。但以「馬雅各醫生也認為，這是他最累的一次旅行」來說，應該沒有經過山杉林、山杉角與糞箕湖。因為之前如果已有經過，他就不會說這是「最累的一次旅行」。

由於是第一次途經山杉林、山杉角與糞箕湖，既累又必須趕路的情況下，沒有時間駐足，為當地大武壠族原住民留下令人難忘的醫療與閒話家常的「仁慈的照顧」。也難怪湯姆生的旅行報導沒有任何相關記錄。

1865 年 11 月，馬雅各醫生想來看看向原住民宣教的可能性並沒有具體成績，1869 年 10 月，也沒有在南仔仙溪成立任何一個據點。1871 年 4 月，一直做著淑世大夢的馬雅各，又不畏辛苦帶領湯姆生深入內山地界，除了「想訪問偏遠的佈道所，希望能開拓山區生番新關係」[18] 的願望也一直在內心激盪著。但最終未能在南仔仙溪與茇濃溪兩流域成立服務據點。

想不到過了一百多年後的 1993 年，在南臺灣高雄縣杉林鄉杉林村（今高雄市杉林區杉林里）的一座小山，一位宗教家四望著剛剛購置的 28 甲臺地土地，不禁留下了歡欣的眼淚，因為淑世的遠大夢想終於向前邁開一大步。這一座小山的山腳區塊，正是「糞箕湖」。

　　馬雅各在臺灣進行醫療宣教六年半，其精力幾乎都用在平埔族群原住民身上，他絕對想不到，在他夢想建立教會或禮拜堂來照顧住民卻無法如願的大武壠族生活區，122 年後就在他曾經路過的糞箕湖旁的小山臺地上，另一位宗教家圓了他的夢──這位宗教家就是單國璽神父，時職掌天主教高雄教區。

　　1998 年 1 月 18 日，單主教由教宗冊封為樞機主教。單樞機主教是以「真福山」來命名糞箕湖上方的圓夢小山（照片 6）。2010 年 12 月 11 日，真福山舉行開幕祝聖大典，成為天主教全世界第 49 個分院。

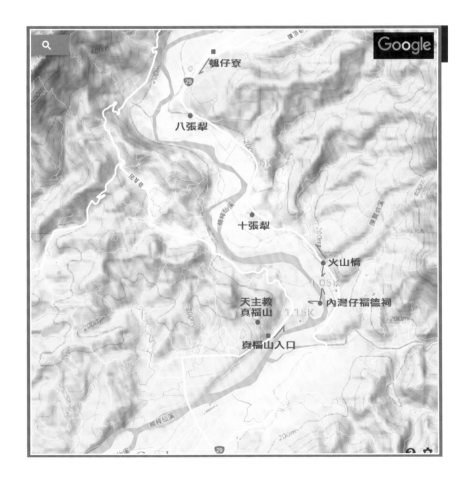

　　真福山集宗教、歷史、文化與生態之美，確實是「湯姆生 1871 臺灣線性文化遺產」路徑上一大宜訪、宜居、宜流連的重要景點。若湯姆生的臺灣老照片、報導與研究解說檔案，想找一處永久典藏與展示的空間，寬敞潔淨的真福山無疑是最適合的地點。

　　從真福山入口繼續往東前走 1.15 公里，即可抵達內灣仔的福德祠（照片 7）。由於目前公路網絡相當方便，所以福德祠與火山橋之間的南仔仙溪目前已無竹便橋可通。估計兩地溪床彎曲路徑距離為 1.05 公里。從火山橋續往西北前進，過十張犁之後即到八張犁，再過八張犁之後路徑往右大轉彎，方向改為北北東，到瓠仔寮剛好為六公里，合計總里程數為 8.2公里（地圖 1）。

　　沿路的植物樣貌，早期是以刺竹與長枝竹造林為主，近幾年來，桃花心木有增加的趨勢。那麼，在小心翼翼走過竹便橋後，眼力敏銳的湯姆生又看到了什麼景觀？

　　附近的山谷與河岸為住民的建築提供了大量的原料，我們可以找到用來替換橋墩的石頭，還有生長在灌木叢用來捆住竹竿的葛藤；至於竹子，這裡到處都是。[19]

　　譯文中「捆住竹竿的葛藤」之「葛藤」，湯姆生的原文是「rattan」，《遠東實用英漢辭典》裡有「1. 藤。2. 藤條。3. 藤杖。」三重意思[20]。若依本地耆老的說法，這葛藤韌度不足，且不耐久，不是紮綁竹便橋的首選材料，所以大家都使用韌度十足的黃藤。因此，湯姆生口中的「rattan」，應該是臺灣早期常見的「黃藤」。

　　以黃藤編製生活用具或做紮綁用途，是取其皮。位於甲仙油礦溪左岸的龍鳳寺，早期來往信眾要過油礦溪，得走竹便橋。從現今留存竹便橋的照片（照片 8），可見堆滿石頭的橋墩與竹筒橋面。橋面寬幅雖只容一人通行，但橋上加裝了竹竿扶手，比湯姆生所敘述的竹便橋改良、進步多了。寺裡的老人家說，橋墩、橋面與扶手的紮綁都使用藤皮，因為韌度夠，容

照片 8
甲仙龍鳳寺早期信眾往來的
竹便橋，已經有扶手。
龍鳳寺提供

易取得；而且藤皮細薄，紮綁於橋面時不會踢到而絆倒人，而且有止滑的功能。

　　湯姆生一行人走過竹便橋，來到了火山。或許是因為趕路的關係，有群聚天然瓦斯露頭的火山景觀並未留下影像。之後湯姆生才又報導：

　　在距離弧仔寮大約半哩處，我們從被住民稱為「楓樹」的伸展樹枝底下通過，它的樹根以一種奇特的方式在地上匐伏盤旋著，有時長成一張舒服的椅子，有時又長成一張可以舒適地度過炎熱夜晚的臥榻，或是長成供奉村莊神明的小祠。許多優美樹木底下都有神祠，神祠底部通常有塊基石，另外三邊和屋頂由四塊石板拼成，中間位置是個小小的石祭壇，上頭放有供品。這棵楓樹樹幹直徑有六呎，枝繁葉茂足以為附近村莊的村民遮蔭。[21]

　　關於譯文中的「楓樹」，湯姆生的原文為「Png-chieu」，[22] 閩南語音的對應字的確為「楓樹」。回顧田名璋在 2013 年 8 月 14 日寄來的〈福爾摩沙森林〉影像，應該是最能與上述文字相對應。

　　首先探索湯姆生所述「在距離弧仔寮大約半哩處」這棵「Png-chieu」大樹。他說「樹幹直徑（diameter）有六呎」[23]。這「六呎」若確實無誤，換算後是 182.88 公分，乘於圓周率 3.1416，得出樹圍的圓周長度為574.54 公分。以一般樹木樹圍每年約成長 2.5 公分來計算，這棵樹冠寬廣的大樹，年齡約為 230 歲。

　　〈福爾摩沙森林〉照片中可見兩棵大樹，除此之外，都是中小型樹木。在右側樹冠寬廣的大樹旁，有一位光著上身的赤腳漢子，傾斜著身體，躺靠在發達的根係上，狀極放鬆舒服。這個畫面相當接近「有時長成一張舒服的椅子，有時又長成一張可以舒適地度過炎熱夜晚的臥榻」的描述。

　　我們就當這棵樹的樹圍接近圓形，而且以漢子沒有太大也不會太小的微微左傾臉部，從鼻子到耳後的直線距離，來比對離地面約 1.3 公尺的樹圍直徑。漢子的臉部若為 1，樹圍的直徑約為 4.67。經過測量 20 多人的平均結果，一般中型臉成年人，微微左傾臉部時，鼻子到耳後的直線距離約為 17 公分，乘於 4.67 倍之後，得出樹圍的直徑約為 79.39 公分。若再

（左）照片 9
甲仙南橫三星旅客服務中心
庭院的楓樹
攝影：游永福

（右）照片 10
楓樹的三裂葉片特寫
攝影：游永福

（左）照片 11
確認八張犁有〈福爾摩沙森
林〉影像中老榕樹的李金蘭
阿嬤
攝影：游永福

（右）照片 12
劉添贊老先生帶領筆者來到
現場，說明影像中老榕樹遺
址就在身後樹叢左側水溝旁
邊。
攝影：游永福

以 79.39 公分直徑乘於圓周率 3.1416，得出樹圍的圓周長度為 249 公分。以此數據可得出這棵樹冠寬廣的大樹年齡約為 100 歲。這樣的結果，與湯姆生的樹幹直徑「六呎」數據落差頗大，到底湯姆生有沒有攜帶長尺實際測量？

湯姆生所形容的楓樹樹根屬於板根形式。在土壤不多的地方，楓樹的確會出現板根，但明顯的三裂葉片，即使稍有距離也能見其形狀（照片 9、10）。仔細檢視〈福爾摩沙森林〉影像中的葉片，反倒接近倒卵形或橢圓形，有榕樹的特徵，所以確定不是楓樹。

接著，我們探討湯姆生所述「在距離瓠仔寮大約半哩處」（about half a mile）的「Png-chieu」[24]。由於該樹所在，有住民又有小神祠，故推測有聚落存在。瓠仔寮之前的聚落叫「八張犁」，兩地相距 1.2 公里，與湯姆生的「大約半哩」，大約 0.81 公里，算相當接近。

幾年來，幾經筆者實地走訪，從瓠仔寮到八張犁聚落兩地之間，樹圍夠大的老樹，在瓠仔寮聚落只有樹瘤遍佈的龍眼老樹，八張犁則有枝繁葉茂的老榕樹，都未找到大楓樹存在的記錄。

至於八張犁地名的由來，是因為早期本地整地的犁共有八張。通常在春耕時節，一張犁可犁整五甲左右的農地，而本地約 40 甲的農地，就必須同時有八張犁才能及時犁整，而不至於錯過耕作時節，影響作物的播種、發芽與生長。

筆者曾三度拿著〈福爾摩沙森林〉照片前往八張犁拜訪。在 2014 年 3 月 8 日遇見了 1923 年生，世居於此的老先生劉添贊。他看了看照片說，與這棵樣貌相似的老榕樹在他幼年時就存在，但在 30 多年前被颱風吹倒。同樣世居八張犁、1936 年出生的阿嬤李金蘭，也確認早期在在排水溝旁的確有與照片類似但更大的老榕樹存在（照片 11）。

為了讓筆者知道老樹的位置，劉老先生還引領筆者來到排水溝旁現地，說明樹冠究竟有多大（照片 12）。正在排水溝另一邊屋舍旁工作的阿嬤則附和地說著，當時榕樹的樹蔭跨過排水溝有多遠。根據三位當地耆老的見證，這張〈福爾摩沙森林〉照片的確屬於臺灣的影像。

〈福爾摩沙森林〉照片裡的大老榕樹已經不在了，真令人惋惜。但劉添贊說，就在老榕樹遺址幾十公尺外，還有一棵枝繁葉茂老榕樹。筆者親自來到現場一看，這一株老榕樹開枝散葉的樹形，果然有〈福爾摩沙森林〉老榕樹的風韻（照片 13）。

湯姆生在離開「樹幹直徑有六呎」的「Png-chieu」大樹後兩天，1871 年 4 月 15 日，一行人一早從甲仙埔前往荖濃途中。在山區，他記錄：「我們注意到了一些漂亮的樟樹，其中最大的直徑大約有四呎，高度直達天際」。此時，湯姆生是以「about」[25]（大約）來推測，沒有實際使用長尺來進行量測。而「高度直達天際」的說明，顯然也是誇張的用語。

湯姆生的鏡頭下曾出現以人物作為比例尺的樹木照片，但這棵直徑「六呎」的「Png-chieu」大樹並未出現。筆者不禁心想：湯姆生宣稱這株樹直徑「六呎」，是否也如樟樹的說明一樣，不過是他筆下一個誇張的用語罷了？

照片 13
八張犁土地公旁另一株老榕樹
攝影：游永福

瓠仔寮，和善的好聚落

到達瓠仔寮時間：4 月 13 日下午約五點

湯姆生在談完他的眼中的「Png-chieu」之後，筆鋒一轉，便進入瓠仔寮的環境、植物、人種、服飾與生活習性的描述：

我們走在美麗的林蔭小徑上，路邊是原本灌溉用的小溪，左手邊則是點綴著吊鐘海棠、玫瑰、番石榴、野薄荷和各種旋花植物的樹籬。除此之外，還有許多先前結實纍纍的覆盆子灌木叢。從僅剩的一點果實看來，這裡的覆盆子和我們英國的一樣甜美。[1]

湯姆生一行人在經歷了炎熱陽光，無處遮蔭，上下深崖與長途跋涉的路段之後，一下子進入林蔭小徑，心生「美麗的林蔭小徑」的感受。關於這一「美麗的林蔭小徑」，湯姆生的原文記錄為「a pleasant shady road」[2]，「pleasant」的確有「美麗的」之意，但筆者認為其另一個意涵——「舒適的」，在上述情境下，無疑地更為貼切。

湯姆生文中甜美的英國「覆盆子」（raspberries）[3]，學名為「Rubusidaeus」，薔薇科懸鉤子屬木本植物，所以又有「樹莓」的稱呼。植株高約二 - 三公尺，幼枝綠色，有白粉，其果實味道酸甜，植株的枝幹上長有倒鉤刺。南臺灣平地與淺山地區類似覆盆子的植物，是一種常見的「薄瓣懸鉤子」（照片 1），民間通稱為「刺波」，西拉雅平埔族群稱為「Ho-m」，南仔仙溪與荖濃溪的大武壠族則稱為「Hom-hom」。英文名稱為：「Thin-petal Raspberry」與「Beautiful Vein Raspberr」，學名為

照片 1
甲仙地區的紅紅薄瓣懸鉤子
熟果與有刺莖葉
攝影：游永福

「RubussphaerocephalusHayata」，是薔薇科懸鉤子屬植物，但屬小灌木種，枝條較軟，所以有攀援生長的習性。經過筆者長期觀察，在甲仙地區，其花期是在二至三月，果期為三至四月。所以，4 月 13 日來到瓠仔寮的湯姆生，品嚐到的薄瓣懸鉤子確實已經是碩果僅存，接近果季的尾聲。

記錄薄瓣懸鉤子之後，湯姆生又對周遭風光略做描述：

再來又過了一座竹橋之後，便踏上一條田邊小路。翠綠的稻禾嫩苗從水田中冒出頭來，模糊了如鏡水面上映照的山影。[4]

讀完這段文字，可知瓠仔寮已完成稻子的春耕農事，而且栽種的還是「水稻」，這在以旱作為主的山區是難得的場景。湯姆生的敘述具體呈現出「竹橋、稻田、小路、翠綠的稻禾嫩苗、模糊了如鏡水面上映照的山影」美麗的山村風光。

之後我們進入瓠仔寮村，便直接前往一位又老又瞎，名叫「辛春」的平埔老人家裡。有一幫女人和小孩跟著我們進了辛春家的圍籬，他們全都一臉野人模樣；其中有些小孩都十來歲了，身上還一絲不掛。許多村人對馬雅各醫生一年半前的來訪，以及他仁慈的照顧仍記憶猶新。[5]

接待家庭的主人的名字，湯姆生以閩南語音對應字母，記錄為「Sin-chun」，譯者譯為「辛春」。湯姆生還有「許多村人對馬雅各醫生一年半前的來訪，以及他仁慈的照顧仍記憶猶新」的敘述，依照時間推算，馬雅各應該是在 1869 年 10 月第一次到訪瓠仔寮。

關於湯姆生記錄的瓠仔寮行程，費德廉在 2016 年 5 月 26 日有以下的回應：

我查閱了 "Messenger & Missionary Record, 1 Feb 1870, page 32"，Ritchie 牧師在 1869 年 11 月 11 日寫的信，只有「Mr. Cowie（全名：Rev. Hugh Cowie，是駐廈門的長老教會牧師）was engaged in investigating the hill districts of the island, with Dr. Maxwell.」的簡短報導，而且沒有提到村莊的名字。

感謝費德廉提供寶貴的訊息。雖然 Ritchie 牧師只是「簡短報導，而且沒有提到村莊的名字」，但是 1869 年 11 月 11 日這個寫信的時間點，與筆者由湯姆生文字推算的 1869 年 10 月是吻合的，因為報導都是事後為之。這一報導也凸顯出馬雅各風塵僕僕為醫療宣教忙碌的辛勞。

「在這裡，不論是男女老少都不斷地吸著竹煙斗。」[6] 根據湯姆生這樣的描述，在當時的瓠仔寮，吸煙是不分男女，也是老少無別，好像成了全民運動似的。

大多數村民都長得高大健壯，大大的褐色眼睛不時閃爍著野性的光芒，

表現出豪放不羈的性格。他們這種精神源自山林野性的崇高與孤寂，但儘管具有一種不失尊嚴與優雅的倨傲，他們卻是公認的溫和並與人為善。

男人現在成群結隊地從田裡回來了，他們長得高大挺拔，而且流露出一種友善、坦率與誠實的氣質。儘管他們雙手粗硬、衣著破舊，舉止間卻表現出高貴的男子漢氣概，尤其他們的友善、誠懇與殷勤好客的性格更是感人。

以上這一切，各村莊之間有著明顯的差異。與中國人緊密接觸的平埔族群衣著好一些，不過和純原住民的村莊相比，他們就顯得比較不友善。[7]

湯姆生對於瓠仔寮聚落的大武壠族住民有很好的評價，諸如：「高大健壯」、「豪放不羈的性格」與「公認的溫和並與人為善」等，他對男人則有「高大挺拔」、「流露出一種友善、坦率與誠實的氣質」、「舉止間卻表現出高貴的男子漢氣概」與「友善、誠懇與殷勤好客」等描述，完全不吝讚美，好詞用盡。至於婦女頭髮梳理的方式與喜愛自然美的個性，湯姆生更有細膩的報導：

婦女們蓄著濃密的深褐或黑色頭髮，她們把頭髮從前額向後梳成一束，然後將長長的髮束和一條紅布交纏，整束頭髮壓向左鬢、繞過額頭，就像條頭飾，最後牢牢地固定在腦後。這種簡單的髮型非常引人注目，和她們橄欖色的肌膚正好形成美麗的對比。中國人說這裡的女子非常不開化，因為即使是最美麗的女人也不施脂粉。隨著年歲的增長，時間的考驗逐漸變得嚴酷，勞動和曝曬迅速奪去了她們青春的魅力。不過就算是到了最後一刻，她們的頭髮仍是細心梳理得整整齊齊，頑強地對抗命運之手的侵蝕。族裡最年老的乾癟老太婆，對塗脂抹粉、戴假髮，或是染髮等用來遮掩歲月痕跡的做法不屑一顧，佈滿皺紋的黝黑臉頰與銀髮不論在何處都會受到尊重，有時在敵對部落的地盤上，甚至可以被視為是安全的通行證。[8]

瓠仔寮婦女梳理頭髮的方式，出現在報導文字前三分之一的地方，讀來相當經典：可惜的是，目前湯姆生尚存的照片中並沒有出現瓠仔寮的影像，箇中原因值得探討。

報導後三分之二談的是瓠仔寮女性從少到老都不施脂粉，但對於頭髮，卻「細心梳理得整整齊齊」，十分重視。而「佈滿皺紋的黝黑臉頰與銀髮不論在何處都會受到尊重，有時在敵對部落的地盤上，甚至可以被視為是安全的通行證」的習俗，則呈現了相關或敵對族群對於耆老的尊敬。所以，這裡的老人不但不是賊，還是很有行情的哩。

那麼，居住瓠仔寮的原住民是屬於大武壠族哪一社？為何地名叫「瓠仔寮」？

瓠仔寮的原住民屬大武壠族的加苳社，從玉井盆地一路遷徙過來後，定居於森林下方不虞水患的頂埔臺地。由於下三社魯凱族芒仔與萬斗壠兩社原住民也曾出沒此一臺地範圍射獵，認為其資源受損而趁夜潛入聚落出

草。疏於溝通安撫的加芝社人，在飽受其害，不堪其擾下，只好移居離森林稍遠的下埔臺地；入夜後，還得全村避入長滿瓠瓜的草寮一帶。芒仔與萬斗壠兩社人連續幾晚出草，都只砍得類似人頭的圓圓瓠瓜而回，覺得事有蹊蹺，故停止出草之舉。歡欣鼓舞的加芝社人為了感念避入瓠仔寮而得倖免於難，故將聚落定名為「瓠仔寮」。[9]

為了呈現瓠仔寮地形全貌，讓讀者可以瞭解上、下埔臺地的分布位置，筆者特別攀登瓠仔寮的對面山嶺，即西北方的烏山山系風空子山，在海拔 576 公尺徐金城山居前拍下「自風空子山眺望瓠仔寮」影像（照片 2）。在影像中，層疊重山森林下方的頂埔臺地與寶隆大橋右端的瓠仔寮聚落，層次分明，屋舍儼然。瓠仔寮當時也隸屬「臺灣府臺灣縣善化里西保內中股大武壠」管轄。

那麼，一大早出發並趕路來到瓠仔寮，湯姆生的行路狀況如何？是否有機會享受到山野的風味美食？

辛春邀我們進他的小屋，我躺在一張蓆子上休息，而且馬上就睡著了，但後來卻被一陣瀰漫在屋裡的臭氣驚醒。有件事我一定要告訴各位：這些土著有種奇特的醃蘿蔔方法，那就是把蘿蔔放在水甕裡，直到腐爛為止，然後再拿來配飯吃。晚飯一準備好，辛春的兒子就打開這個鎮家之寶，我也馬上聞到這股被封在甕裡的氣味——一股讓我想奪門而出到室外吃晚餐的氣味。至於馬雅各醫生，當我正在享用著一碗飯、兩個水煮蛋與一塊雞肉的豐盛晚餐時，他已經在屋內吃完了晚飯。在旅途中我給自己定下了規矩，要盡量靠當地最容易買到的食物來過活。[10]

「辛春邀我們進他的小屋，我躺在一張蓆子上休息，而且馬上就睡著了」的報導文字，或許可以驗證一行人於 4 月 11 日從臺灣府城來到拔馬，隔日從拔馬走 23 公里小徑來到木柵，過了一天又從木柵走 24.5 公里來到

瓠仔寮。連續三天，除了第一天是乘坐轎子抵達阿里山山脈南段，之後，都是在烈陽下徒步急行軍。由於路況差，所以來到瓠仔寮，人一躺下便「馬上就睡著了」。這說明湯姆生體力過度透支，也因此「前往甲仙埔」的原訂計畫未能實現。

睡著之後，「後來被一陣彌漫在屋裡的臭氣驚醒」，這「臭氣」是來自接待家庭的「鎮家之寶」──「這些土著有種奇特的醃蘿蔔方法，那就是把蘿蔔放在水甕裡，直到腐爛為止，然後再拿來配飯吃」的蘿蔔。這段文字說明瓠仔寮的大武壟族原住民栽種有蘿蔔，產出之後還會加工儲存，以備食用。

譯文中的「醃蘿蔔」，在湯姆生的原文為「salting turnips」[11]，的確是用鹽醃的蘿蔔。臺灣民間都以「醬」來稱呼鹽漬食品，如醬料、醬菜，而以發過酵的豆豉醃到爛的竹筍，一般是以「醬筍」來稱呼。「醬」字是民間特有保存食材的方法，醃到爛的蘿蔔若以「醬蘿蔔」來稱呼，會更貼切。或許西方人極少或根本不食用這種醬料，所以初聞味道感受很強烈，強烈到「讓我想奪門而出到室外吃晚餐」。

接著，湯姆生又有以下報導：

晚餐結束後，馬雅各醫生開始像往常一樣為病人看診，許多看起來相當健康的人大排長龍，有些人發燒，有些人情況則多少有點嚴重。另外，還有不少人身體各個不同部位有外傷，必須塗抹碘酒，為此需要拔根雞毛來做上藥的刷子，不過雞要比想像的難抓得多。大半個村子的人為了拔根雞毛在到處抓雞，幾分鐘後，十來人的腿、胳膊和背都擦上了碘酒，等著風乾。除了碘酒以外，對奎寧的需求也很急切，因此分發量很大。[12]

湯姆生寫道，晚餐結束後，「馬雅各醫生就開始像往常一樣地為病人看診」。使用「像往常一樣」的語詞，顯示出馬雅各每到一地都在進行醫療服務。至於「對奎寧的需求也很急切」的說明，讓我們知道當時罹患瘧疾的人的確不少。如此說來，內山地界的瓠仔寮聚落應該是瘧疾疫區。由此可以想像，湯姆生與馬雅各這趟行程有感染瘧疾的危險，真是辛苦。

由湯姆生「現在是下午三點鐘，我們距離甲仙埔還有六哩」[13]的報導，可知一行人在隔天下午三點才離開瓠仔寮前往甲仙埔。或許湯姆生可延後一天啟程，以便進行當地人像的拍照事宜，不過當湯姆生一行人從六龜里西返木柵時，「馬雅各醫生覺得不太舒服，然而他已經承諾第二天要到木柵的禮拜堂去主持儀式，所以我們又繼續趕路」[14]，可知整個行程已經規劃，無法耽誤。所以，筆者推測，湯姆生應該是體力透支，而休息到隔天下午才起床，下午三點才離開，並非通常一大早動身。

因為如此，湯姆生無緣拍攝瓠仔寮，尤其是婦女影像的記錄，他為了彌補此一遺憾，才會在回到木柵之後，請木柵女梳理瓠仔寮婦女同樣的髮式來拍照，讓讀者見證他文字報導內容的確實樣貌。這就是為什麼文字報導是在瓠仔寮，而照片卻在木柵完成的原因。

甲仙埔，狂野活力的迎賓晚會

到達甲仙埔時間：4 月 14 日下午 5 點

下午三點離開瓠仔寮前往甲仙埔的湯姆生，一直沒有提到當時的三個重要聚落，即大坵園、芎蕉腳與公館，到底是出於何因？還是另有蹊徑？

沿著河邊走，五點抵達村莊，然後繼續前往馬雅各醫生認識的一個老人阿僮家。我們到的時候阿僮不在，不過他很快就出現了，一邊還趕著牛進畜欄。就像其他人一樣，阿僮也很高興見到我們，而且立刻騰出了一個房間讓我們安置東西。房子後面的走廊上，有一小塊遮著布幔的空間隔出來做浴室用，我們馬上就享受了這項便利設施。[1]

原來湯姆生一行人是「沿著河邊走」的。且檢視《臺灣堡圖》，在瓠仔寮與甲仙埔之間的南仔仙溪左岸溪床，的確出現一條虛線。就這一虛線路徑來說，是比途經大邱園與頂公館的一邊虛線一邊實線道路更小的路徑。此段小路徑屬於旱季時才可通行的溪邊小徑（地圖 1）。

地圖 1
瓠仔寮至甲仙埔，有兩條路徑。

地圖 2
瓠仔寮至甲仙埔，今日可走
高 128 山徑。

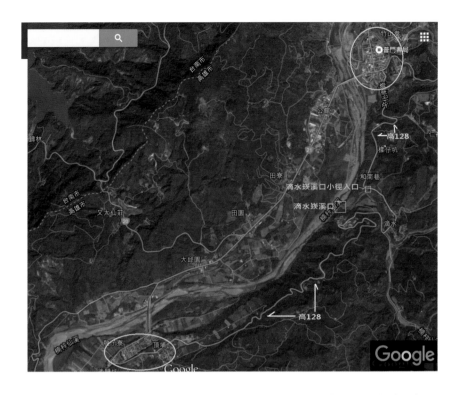

湯姆生一行人一路溯溪至滴水崁溪口，接著上到溪口右岸臺地，朝北往甲仙埔行去，因此未經過大坵園、芎蕉腳與公館等聚落。

如今，從瓠仔寮至甲仙埔的左岸溪邊小徑，由於瓠仔寮灌溉渠道是在左岸往溪流右岸攔溪抽水使用，除了水深莫測，左岸有一大段已經無裸露溪床可供通行。所以，前往甲仙埔的最佳選擇，是行走左岸山腹上人車較為稀少的高 128 線（地圖 2），可一路眺望甲仙風景。

走往高 128 線，過了滴水崁，會遇見一處 90 度大轉彎路段，在 90 度大轉彎路段之前有左岔小徑，順著小徑而下，可前往 1871 年湯姆生走過的滴水崁溪口。筆者將此岔路口定名為「滴水崁溪口小徑入口」，方便有心者探尋。[2] 下達溪口，展開在眼前的頁岩與砂岩軟硬岩層，層次分明，

照片 1
滴水崁溪口的溪流沖刷切割岩層
攝影：游永福

呈 22 度角傾斜，經穿流而過的溪流耐心沖刷切割百餘年之後，溪谷婉轉雕琢出彎曲有致的峽谷樣貌。右岸是岩層容易整片剝落的順向坡，左岸則是細細碎碎掉落的逆向坡；溪口還看得見漣痕化石與生痕化石同時出現的帶狀化石群。這樣的岩層深具環境教育價值，也成了「湯姆生 1871 臺灣線性文化遺產」路徑上一處美麗地景新奇觀（照片 1）。

　　湯姆生來到甲仙埔後，一行人「繼續前往馬雅各醫生認識的老人阿僮家，我們到的時候阿僮不在，不過他很快就出現了，一邊還趕著牛進畜欄」，這段話說明了甲仙埔的大武壠族住民飼養牛隻。牛的用途不外耕作與搬運，只是不知當地養的是水牛還是黃牛？「阿僮」，湯姆生的原文記錄為「Ah-toan」，若是閩南語音，可譯為「阿端」，避免與柑仔林的 Tong（即東先生）搞混。湯姆生說「繼續前往馬雅各醫生認識的一個老人阿僮家」，表示之前有過互動，筆者推斷可能的時間點為 1865 年 11 月，當時是必麒麟帶領馬雅各來到芎蕉腳過夜，隔日再前往荖濃——關於這段行程，必麒麟有「橫越廣闊的山谷，渡過半乾涸的河床，到達彼岸山腳下的時候，老嚮導暗示已遠離良善的朋友，進入野蠻人的區域了，還提醒大家將武器準備好」[3] 的報導文字。此一「廣闊的山谷」與「半乾涸的河床」的描述，符合旱季南仔仙溪的樣貌。過了南仔仙溪，應該要經過甲仙埔，但是必麒麟在前述報導裡，卻沒有提到甲仙埔。如果必麒麟與馬雅各醫生確實沒有經過甲仙埔，那麼馬雅各就不可能熟門熟路地「繼續前往」這位「認識的一個老人阿僮家」。看來是必麒麟的報導有所遺漏。

　　這位認識的老人面對湯姆生與馬雅各醫生一行人到來，會如何表示歡迎？「就像其他人一樣，阿僮也很高興見到我們，而且立刻騰出了一個房間讓我們安置東西。房子後面的走廊上，有一小塊遮著布幔的空間隔出來做浴室用，我們馬上就享受了這項便利設施。」除了騰出房間，「在房子後面的走廊上」，還「有一小塊遮著布幔的空間隔出來做浴室用」，讓奔波勞頓的旅者真正得以享受洗塵的歡悅，這位接待者阿端還真周到——想必都是因為之前有馬雅各用心醫療宣教經營之故。這也再次證明馬雅各醫生在 1865 年 11 月，確實有經過甲仙埔。而在湯姆生的內山行程中，提到洗澡「便利」情事的這還是唯一的一次。看來在內山地區，旅人要好好洗個澡並不是那麼容易。

　　我們一到，村民們立刻聚集過來圍觀；但是我完全不明白，為何村裡的男人會把我們的到來，視為一樁滑稽的事，還把他們特有的強硬與尊嚴都給拋在一邊？有個六呎多高的老年人抓住我的木髓帽（照片 2），將帽子轉到後面又轉回前面，檢查裡面又看看外面，最後咧嘴大笑。我也注意到他的面部表情，他似乎失去了控制臉部肌肉的能力，因此，儘管他很明顯地想保持禮貌的態度，還是沒辦法回復平常正經的表情，所有他為此所做的努力，只讓他的怪臉變得更為誇張；後來，我聞到了「sam-shu」的味道，這才明白他為何如此放肆無禮。[4]

照片 2
湯姆生，〈湯姆生與中國福建省廈門的兩個滿州士兵〉影像中湯姆生肖像截取
Courtesy of Wellcome Collection

遇見平常罕見而且陌生的人、事、物，總是令人好奇。這一位「六呎多高的老年人」對湯姆生尤感好奇，抓住湯姆生的「木髓帽，將帽子轉到後面又轉回前面，檢查裡面又看看外面，最後咧嘴大笑。」咦！這位老年人怎麼會那麼沒有禮貌？原來是「sam-shu」[5] 在作怪。

這「sam-shu」究竟為何物？湯姆生有以下說明：

村民們之前幫忙一個鄰居搭蓋茅草屋，依照慣例，屋主必須邀請所有的賓客歡飲一場。平埔族群從甘薯中提煉一種烈酒，甘薯就和稻米一樣，是平埔族群的主食作物。[6]

原來「sam-shu」是以甘薯（sweet potato）[7]，即大家通稱的「蕃薯」，來提煉的烈酒（a very strong spirit）[8]。關於「sam-shu」，對應的閩南語應為「瘦酒」。提到「瘦酒」，筆者就想到已經去世的嚴父，一生工事勞累，下工後總喜歡喝喝酒聊聊天，還會勸工作伙伴「瘦酒罔飲」，即謙稱「沒佳餚做酒配且將就之」，藉此來放鬆筋骨。湯姆生記錄的甲仙埔住民口中的「瘦酒」，是指原住民謙稱自己以蕃薯炊蒸後釀製的酒較為粗俗，品質不若外來酒之精製。至於將「酒」字唸成「shu」，則是大武壠族阿里關、小林與芒濃等地耆老口中已經快要消失的獨特閩南語語音。老人家的用字一向沒有「ㄐ」音，只有「ㄒ」音。除了「酒」字，另有唸為「sek à」（叔仔）的「叔」字與念為「sím à」（嬸仔）的「嬸」字，都是如此發音。如果「瘦」字，今日的閩南語音為「sán」，那麼當時的「sám」音，也會是族群的閩南語古音嗎？

對於「瘦酒」的說明，費德廉在 2016 年 5 月 26 日回應如下：

「samshu」就我所知，此字的來源應該不是臺灣才對。牛津英語大字典對「samshoo」（也有「samshu」的拼法）一字的解釋為："The general name for Chinese spirits distilled from rice or sorghum "，而且，該字典提供的最早例子是 1697 年出版的書：我看 19 世紀的歐美人書寫有關中國、日本、臺灣與韓國當地釀的酒（不一定是米或高粱酒），都會使用「samshu」這個字。

此回應相當寶貴，讓我們知道 sam-shu 是歐美人士對東方蒸餾酒品的統稱。然而，關於酒（shu）、叔（sek）與嬸（sím）等閩南語，本地大武壠族住民使用已久，這是部分或完全受到歐美影響？或只是正好雷同？該問題仍有待行家深入追蹤研究。

值得一提的是，湯姆生口中這「村民們之前幫忙一個鄰居搭蓋茅草屋，依照慣例，屋主必須邀請所有的賓客歡飲一場」的互助與感恩美德，至今仍然不變。

過了不久阿僮開始向群眾講演偶像崇拜的愚蠢，以及信奉單一真神的

好處，寥寥幾個聽眾專注地聽著，但是對絕大部分喝醉的人而言，他的說教根本就是廢話。[9]

本段譯文裡的「阿僮」，湯姆生記錄為「Tong」[10]，即帶領湯姆生一行人深入內山地界的柑仔林禮拜堂東老執事。東老執事來到甲仙埔之後，雖然「寥寥幾個聽眾專注地聽著」，而且「對絕大部分喝醉的人而言，他的說教根本就是廢話」，但他仍然「向群眾講演偶像崇拜的愚蠢，以及信奉單一真神的好處」，顯示出基督教徒對宣教事工的執著。

我們有一小杯浮著燃燒木髓的油用來代替油燈，藉著這搖曳不定的光，我看到了被煙燻黑的土牆，以及泛著油光的樑柱。在我頭上的一個角落裡，有一捆綠色的煙草、一兩根矛、一張弓、一堆箭、一把非常老式的火繩槍，還有一樣我之前一直沒注意到的東西——即床邊一個裝滿稻穀的大箱子。希望老鼠夜裡能在大箱子中找到合適的棲身之地，不要來打擾我們的睡眠。[11]

甲仙埔接待家庭的男主人阿端，提供湯姆生一行人睡覺的房間裡得見「一捆綠色的煙草、一兩根矛、一張弓、一堆箭、一把非常老式的火繩槍」。「煙草」的出現，顯示當地大武壠族住民的確有吸煙的習慣。「一兩根矛、一張弓、一堆箭、一把非常老式的火繩槍」等獵具，可知大武壠族的獵捕是「射獵」，而非其他趕盡殺絕的方式。至於「床邊一個裝滿稻穀的大箱子」之「大箱子」，湯姆生的原文為「a huge bin」[12]，是置放在房間的床邊，大小還不到「粟倉」，即「穀倉」的規模；若以在地用語「粟櫃」（chhek-kuī，閩南語），即「裝稻穀的大櫃子」來翻譯，應該會比較為道地與貼切。

幾乎所有平埔族的住家建築都呈馬蹄形，前面圍成一個院子，既可用來曬農產品，也是夜晚聚會的場所。晚上大約九點鐘，大批土著群集在這塊屋前空地，圍著熊熊營火。上了年紀的人和小孩蹲著圍成一圈，一面吸煙斗一面說話；旁邊，有一群耳朵長長尖尖的野狗，專注地看著木柴啪啪作響。[13]

從湯姆生這段敘述，可知甲仙埔接待家庭的住家建築樣式為三合院形式。在三合院裡，「晚上大約九點鐘，大批的土著群集在這塊屋前空地，圍著熊熊營火」，目的是為湯姆生與馬雅各一行人舉辦迎賓晚會。而湯姆生還見到的甲仙埔「一群野狗」，有著「耳朵長長尖尖」的特色。

添加了木柴與蘆葦的營火，變得越來越光亮，跟著熱度的上升，人們也變得更為活潑。最後，年輕的男女清出了一塊場地，交叉雙臂，手牽著手，排成新月形，開始唱起哀怨的歌謠，並跟隨著歌曲的節奏跳著優雅輕

快的舞步。首先由一名男子獨唱，接著是男子們詰問式的合唱，合唱的每一句都以「嗨」結尾；女子以另一種合唱來回應，而且節拍與歌詞都變成了以「沙奇也噢」結尾的詩歌。舞蹈動作漸漸快了起來，舞者敏捷的腳步也隨著拍子一起加快，但是他們仍準確地抓住每個節拍。在營火魔法般的光亮下，這優雅而複雜的舞步將舞者的身段襯托得更美；之後節拍越來越急促，直到最後變得狂亂。「沙奇也噢」的呼聲換成了野蠻的叫喊，在一片發亮的塵土中間，只能模糊地看出掠過的舞者身影，有如空中盤旋的狂野幽靈。

舞蹈一直持續到很晚，女主人很有先見之明，沒有提供賓客比茶更具刺激性的飲料，這八成是因為有歐洲人在場的緣故；若飲料是薯酒的話，真不知道整個場面會如何結束。無論如何，我從未見過如此野蠻的活力展現，就算是蘇格蘭的高地人也不像這樣。[14]

湯姆生這兩段敘述，是目前關於清領時期臺灣原住民平埔族群歌舞活動最深入的第一手報導。筆者特別請譯者游蕙嘉分三段重譯於下，作為比對，期使讀者更深入其境：

添上木柴與菅榛後，火堆更加旺盛明亮了；隨著火堆熱度的上升，與會者的活力似乎也被激起。只見，年輕男女清理出場地，交臂牽手，直到排成了新月隊形；接著，哀怨的本地歌謠便唱開啦，優美輕快的舞步，也隨著強烈的拍子與明確節奏律動。

首先上場的是一名男子的獨唱，接著，是大夥兒詰問式的合唱，結束時總是呼喊「Hai」；女生們則以另一種合唱來回應，節拍與歌詞也轉換為「頌神歌」的曲式，在每一節結束時都會加上一聲「Sakieo」。節奏逐漸快了起來，舞者敏捷的腳步也隨著加快；而節拍，仍然維持一貫的精準。在神奇的火光中，這優美且繁複的舞步，將舞者美好的身影襯托得更加迷人。節奏越來越快了，到了最後變得非常狂急；迴盪在空中的「Sakieo」呼聲，也撕裂為勁野的號叫。在揚起的亮晃塵煙中，只能約略看出舞者輕妙的身影，就像狂野的幽靈在空中盤繞。

歡宴舞蹈一直持續到很晚，或因有我們兩位歐洲人在場，賢明的女主人在打探後，審慎未提供比茶更刺激的飲料，要是飲料是強烈的「瘦酒」，那就不知道這場歡宴該如何收場了。事實上，在這之前，即便是在蘇格蘭高地人之間，我也未曾見過這麼狂野活力的展現。

湯姆生在甲仙埔的親身見聞，相較於《諸羅縣志》所記載「九、十月收穫畢，賽戲過年……酒酣，當場度曲。男女無定數，耦而跳躍。喃喃不可曉，無詼諧關目；每一度，齊咻一聲」[15]，以及《臺海使槎錄》〈卷五・番俗六考〉篇之「（新港等社）若遇種粟之期，群聚會飲，挽手歌唱，跳躑旋轉以為樂」、「（大武郡等社）每年以黍熟時為節，先期定日，令麻達於高處傳呼，約期會飲；男女著新衣，連手蹋地，歌呼嗚嗚」[16] 等歌舞

會飲之相關記載，更為細膩深入：甲仙埔大武壠族年輕男女鮮為人知，一來一往、熱情呼應與對唱，「叫喊，引起山谷的回聲」[17]，以及腳步敏捷且節拍精準的率性輕妙舞蹈，活生生躍然紙上。由以上報導我們可以知道，難分難解而且熱情如火的歌、舞與酒，可以說是大武壠族原住民樂趣生活的三項必要元素哩。

湯姆生所述「哀怨的本地歌謠」（a plaintive native song）[18]，到底是什麼類型的歌謠？在湯姆生的 "Notes of a Journey in Southern Formoso, 1873" 的報導裡，曾提到「minor song」——即短音階歌曲，即小調歌曲。由於愛迪生發明留聲機是在 1877 年，湯姆生當時未及時記下曲譜，因此我們無從得知這些大武壠族先民們吟唱的曲調旋律。幸而在 1962 年，學者陳漢光等人曾進入甲仙鄉的甲仙埔、瓠仔寮、阿里關與小林等四個聚落進行調查。大武壠族曲調終於由吳家憲錄音存證，並由陳漢光夫人賴垂與基督長老教會永和教會的郭煌輝牧師合作，以羅馬字採寫成曲譜，發表於《台灣文獻》十三卷之第一與第四期。由於接受訪談的王水涼、王珠、劉友明、潘清金、方天文、潘銀花和王庭憲等七位記得曲調的耆老，皆陸續作古，這些倖存的曲譜便成為大武壠族遺世歌謠的絕響。

在上述陳漢光的調查報告文字中，總計收錄〈九月曲〉、〈魚母郎〉、〈阿下者下〉、〈出公癖歌〉、〈卡拉哇兮〉、〈男女對唱〉、〈塔母勒〉、〈馬干〉與〈七年飢荒〉等九首歌謠。「魚母郎」三個字是曲子首句前三音「he bo lo」之閩南語音譯；「阿下者下」是曲子首句前四音「a ha jia ho」之閩南語音譯；「卡拉哇兮」是曲子首句後四音「ka la oa he」之閩南語音譯；「塔母勒」是曲子首句「thabo lo」之閩南語音譯；而「馬干」則只是「ma kan」兩音之閩南語音譯。

因為都只是音譯，所以其意尚難明瞭。這九首歌謠，以〈男女對唱〉最引人矚目，男聲的起唱皆以「i he i he」為始，後句的歌詞則一直變化，唯每個樂段的旋律都是一樣的；女聲的起唱則是以另一旋律重唱男聲的後句，中、後句皆為「lo ho be lo be, ta sai lo ho be kasai」，每樂段的旋律是一樣的。這樣的對唱安排在單調中特別顯出情趣，與湯姆生的報導頗為類似，差別只在於沒有「首先上場的是一名男子的獨唱」（First one man led off with a solo.）。[19] 陳漢光說，此對唱曲為「男女對唱歌曲之一種」，想必有其他對唱歌曲存在，只是過了 57 年，這些錄音帶是否仍在？即使在，也不知是否能播放？

湯姆生所描述的大武壠族年輕男女腳步敏捷、節拍精準的輕妙舞蹈，因為當時攝影技術發明僅 32 年，尚未發展出閃光燈配備，所以未留下這精彩的歌舞情境，殊為可惜。至於相隔 91 年，陳漢光的紀錄因在進行調查時錯過開向盛會之期，曾經「請參加過跳舞的人做個表演」，或許是一時疏忽，陳漢光在調查報告文字中，並未述及這幾次可能是大武壠族原始之舞的表演細節，因此筆者無法據之與湯姆生的報導做一比對。

2009 年 5 月，《甲仙鄉志》（增修初版）收錄 1994 年 8 月，時任台灣師範大學教授的溫振華來到甲仙阿里關錄音訪問尪姨金枝葉，並請溫

秋菊整理出的牽曲曲調，總計有〈開向光之歌〉、〈牽戲之歌〉、〈GA RA AU EI〉（跳〈加拉活兮〉）三首。〈牽戲之歌〉應即是陳漢光記錄的〈出公廨歌〉；〈GA RA AU EI〉（跳〈加拉活兮〉）即陳漢光記錄的〈卡拉哇兮〉，曲子首句後四音都一樣。[20]1962 年，當時甲仙埔、瓠仔寮、阿里關與小林等四個聚落歌謠計有九首，但到了 1994 年，阿里關只剩三首。

2010 年，國立台東大學副教授林清財為了延續小林的大武壠族歌謠，為族人教唱〈搭母樂〉、〈嘎拉蚵啊嘿〉與〈下無農〉三首曲子。這〈搭母樂〉，即陳漢光的〈塔母勒〉；〈嘎拉蚵啊嘿〉，即〈卡拉哇兮〉；〈下無農〉，即〈魚母郎〉。因為是不同時期與不同人的音譯，所以出現了文字的落差。無論如何，透過歌唱，希望有更多大武壠族歌謠能傳承下來，尤其是精彩的對唱曲。

2005 年 8 月 17 日，日本大學經濟學部教授清水純與臺灣在日留學的研究生張文絹，為了釐清日本時代淺井惠倫與小川尚義兩位日本學者在臺灣拍得的平埔與高山原住民族群影像之確切拍攝地點，以及影中人物之姓名，經人介紹特別來訪。在交流後，特地以隨身攜帶的超薄電腦播映淺井的《曾文郡大內庄頭社熟番，昭和十三（1938）年十二月六日、七日（舊曆十月十四日、十五日）祭典》的黑白錄影記錄，分享後學。

影像中平埔族群男女手牽手一前一後踩步，而且邊踩邊繞圈子的簡單舞步顯得莊嚴，難怪清水純說這樣的錄影記錄，頭社耆老看了都老淚縱橫。或許是時間點與生活區域有異，也或許是族群確實不同，這份錄影內容並未出現湯姆生所描述的那種輕妙迷人的快節奏舞蹈鏡頭，少了大武壠族舞蹈那種放得開的率性、狂野與活力之情境。

由於平埔族群的歌舞會飲活動為了盡興，總是要到通宵達旦方止，甚至常有《裨海紀遊》所述「番人無論男女皆嗜酒，酒熟，各攜所釀，聚男女酣飲，歌呼如沸，累三日夜不輟」的記錄。[21] 所以，湯姆生雖事先做過功課，仍難免會有「真不知道整個場面會如何結束」的憂慮。

難得的是，女主人在得知帶領湯姆生進入內山地界的馬雅各與木柵聚落住民有醫療宣教之約，需每日趕路，故點到為止，特地以茶代酒來招待，以免一行人因醉酒，而耽擱之後高山深谷在前、不知暗箭來自何方的危險行程。由此可知，歌、舞與酒雖是放得開的大武壠族原住民生活樂趣不可少的必要元素，然而原住民們並未因此而放縱自己，或勉強加諸於人。可以說充分展現超強的自制力，及以客為尊的生活智慧。

值得注意的是，甲仙埔這場迎賓歡宴，顯然是由女主人當家做主。可見此時母系文化的能量仍有其不可忽視的影響力。

可惜精彩的影像和男女曼妙對唱旋律與音聲未能留存。然而，美國人李仙得撰於 1875 年的《臺灣紀行》一書中，有訪問陶社（今屏東縣泰武鄉陶社）的相關報導文字，還附上了日本畫家小林永濯（1843-1890）的一幅彩色插圖。李仙得為這幅插圖下了〈圍著戰俘跳舞〉這樣的標題。[22] 彙編的費德廉對於畫作內容，有「戰俘、篝火、跳舞的原住民、旁觀者」的註解。[23] 由於報導內容、插圖與甲仙埔的迎賓晚會有異同之處，筆者特別

請譯者游蕙嘉重新翻譯，作為參考：

　　有陌生貴賓到訪時，他們會召集一群年輕女孩，穿上最好的衣服，戴上中間夾帶一些花朵的綠色花冠，將她們安排在訪客暫住處周圍最顯眼的地方，不斷地歌唱，從日落時分直到隔天太陽再度升起。

　　每隔一段時間，男孩會與女孩群聚，手牽手圍成一個圓圈一起跳舞。他們在舞蹈中扣手的方式十分獨特，每個人的雙手在腹部前方交叉，以右手扣住左邊舞伴的左手，以左手扣住右邊舞伴的右手。圓圈圍好之後，歌聲就開始了，跟隨著鼓聲，他們動作一致地跳舞。有時，他們將身體側向一邊，又突然側向另一邊，腳和腿還同時做著許多不同的動作。有時，他們突然往一個方向跑好幾圈，然後又往另一個方向跑幾圈。

　　整夜，他們享用著獨特烹調方式烹煮的豬肉、小米、蛋、馬鈴薯和米飯，並大量飲用小米釀造蒸餾的烈酒。

　　他們殺死所有的戰俘，並留下他們的頭顱作為戰利品，以他們的頭髮混著紅布來裝飾他們的長矛上方。他們在把囚犯處死之前，讓囚犯或跪或站在圓圈中央，圍繞著囚犯唱歌跳舞。有時，舞者當中的一個會特別強調歌曲中有威脅性的字，身體前傾，將他的頭靠近囚犯的頭，發出可怕的吼聲，並露出醜陋猙獰的面孔。然後，他們會讓另一個舞者重複同樣的動作。以這種方式充分凌虐囚犯之後，就將囚犯處決。

　　因為想目睹一次這樣奇幻的舞蹈，在郭德剛神父陪同下，我請他們在夜裡，在熊熊的火光中，圍繞著我表演。我後悔沒能記錄下他們的音樂，那充滿憂鬱特質的音樂是我從未在其他地方聽過的。

　　李仙得在進入陶社後，曾留下「我在公眾的廣場上受到偉大頭目級別的歡迎，這是原住民特意要讓我瞭解的。基於此村莊是建在一個陡峻山丘的斜坡上，所以此廣場十分小」的描述。除了從文字說明，還可從當時隨行的攝影師所拍下的三張場景擁擠的陶社照片來瞭解概況。其中的「陶社石板屋」（照片 3），便是小林永濯「圍著戰俘跳舞」（圖片 1）繪畫的樣本：為了拍照，人物得坐在石板堆上才能凸顯。因此，筆者認為在陶社要建造房屋居住實屬不易，因此「廣場」不得不「十分小」；當然，在十分狹小

（左）照片 3
陶社石板屋，
正中央最清晰人物為李仙得
所指述的女祭司。
圖片提供：中央研究院人文社會
科學研究中心

（右）圖片 1
小林永濯，《圍著戰俘跳舞》
圖片提供：中央研究院人文社會
科學研究中心

的廣場迎賓可能還好，若要歌舞迎賓就很難伸展了。

回到李仙得的上列五段報導，第一段報導「有陌生貴賓到訪時……」，其中的內容意味著：一、源自李仙得在進入陶社之後，「我在公眾的廣場上受到偉大頭目級別的歡迎」之體驗。二、與湯姆生甲仙埔迎賓晚會第一段「添上木柴與菅榛後……」況味相同。

李仙得的第二段報導：「每隔一段時間，男孩會與女孩群聚……」，與湯姆生的第二段類似，但不如湯姆生的報導深入生動。李仙得的第三段報導：「整夜，他們享用著獨特烹調方式烹煮的豬肉、小米、蛋、馬鈴薯和米飯，並大量飲用小米釀造蒸餾的烈酒」，也與湯姆生「強烈的『瘦酒』」類似，食物則更為多元。惟缺少「賢明的女主人在打探後」的「審慎」，即湯姆生的報導中那種充滿主客互動的體貼，以及所彰顯出的甲仙埔大武壠族女主人待客智慧。

李仙得的第四段報導：「他們殺死所有的戰俘，並留下他們的頭顱作為戰利品，以他們的頭髮混著紅布來裝飾他們的長矛上方……」看起來很突兀，明明是「陌生貴賓到訪」的歡欣迎賓場合，卻沒有來由的插入凌虐囚犯、殺死戰俘的驚悚歌舞情節，兩件事情看來相當矛盾。湯姆生並沒有可以對應的段落，但從內容來看，李仙得的報導少了湯姆生凸顯族群好性格的氛圍。這是否因為李仙得與湯姆生來到臺灣的心態有所不同？

李仙得的第五段報導：「因為想目睹一次這樣奇幻的舞蹈，在郭德剛神父的陪同下，我請他們在夜裡，在熊熊的火光中，圍繞著我表演。我後悔沒能記錄下他們的音樂，那充滿憂鬱特質的音樂是我從未在其他地方聽過的」，其中「那充滿憂鬱特質的音樂」，是情境描繪的重點，與湯姆生的甲仙埔「哀怨的本地歌謠」近似，但湯姆生對於歌舞細節的描述無疑更為細膩深入。關於郭德剛神父的英文姓名，李仙得的原文記錄為「Fernando Saintz」，經由網路檢索天主教聖道明傳道中心資料，神父的姓氏有誤，多寫了一個「t」字母，正確為「Fernando Sainz」[24]。

關於「Saintz」的拼法，費德廉在 2016 年 5 月 26 日回應如下：

或許您不了解我和蘇約翰編著李仙得的 *Notes of travel in Formosa* 之基本原則：我們必須忠於手稿本身的寫法才行。同時，我們在註解或附錄中也會提到其他的資料所用的拼法等等。就「Saintz」這個例子來說，*Notes of travel in Formosa* 中譯本頁 409，附錄 1，就寫得很清楚，「Sainz」是這位神父的姓。而英文版頁 200，註解 8，也有解釋兩種拼法：Fernando Sainz [Le Gendre spells it "Saintz"] was a Spanish Dominican missionary who served in southern Taiwan at the plains aborigine village of Bankimsing from 1859-1869. Le Gendre met him in Bankimsing in May 1868. See Otness, 1999, p. 142; and One hundred years of Dominican Apostolate in Formosa, 1859-1958, Fernandez, comp. (Philippines, 1959; reprinted Taipei: SMC, 1994), pp. 8-13.

綜上所述，李仙得與湯姆生來到臺灣的心態的確有所不同。不過，李

仙得書中收錄的這張小林永濯《圍著戰俘跳舞》之畫作實在精彩，足以彌補甲仙埔迎賓晚會未留下照片的缺憾。關於畫作，先忽略中間的戰俘和石板屋，單單專注於圍成一圈的男女舞者，因為動作迅速，衣服飄揚，大有「在揚起的亮晃塵煙中，只能約略看出舞者輕妙的身影，就像狂野的幽靈在空中盤繞」的甲仙埔迎賓晚會熱鬧情景之況味。而「每個人的雙手在腹部前方交叉」，之後又「以右手扣住左邊舞伴的左手，以左手扣住右邊舞伴的右手」，真是「十分獨特」，在所有臺灣高山與平埔原住民的舞蹈活動上還未曾出現過。讀者不妨試試雙手這樣交叉之後，再與左、右舞伴扣手，動作是否還能靈活？如此看來，湯姆生關於「交臂牽手」的敘述彌足珍貴。

關於李仙得的「扣手」，譯者游蕙嘉初譯為「拍手」，與費德廉版本的譯詞一樣，但筆者繕打的原文為「clasping hands」，經提醒之後，譯者游蕙嘉尷尬地說：「真不好意思。昨晚已經很『愛睏』，竟把「clasping hands」（扣手）看成「claping hands」（拍手）。」與原文之間只有一個小小的「s」字母之差，意義卻大為不同。

接著，我們回到湯姆生「那天晚上我們睡得不多，因為老鼠從我們身上抄捷徑爬到米箱那兒去，而且除了老鼠以外，其他的害蟲也對我們恩寵有加。」[25] 的文本。

在這個段落裡，之前譯為「裝滿稻穀」的「大箱子」，又有「米箱」的新譯法出現。稻子未脫殼的叫「稻穀」，閩南語稱之為「粟仔」；已脫殼的才叫「米」。所以，「米箱」的翻譯失了精準。而且，高山或平埔原住民族群通常多存穀少存米，因為新春的米新鮮又好吃。

而這一讓湯姆生一行人留下美好迎賓記憶的甲仙埔，早期，原為「內攸社」之「Paitsien」群故地，「Paitsien」群即「排剪社」。1930 年代，內攸四社群仍被稱為「南鄒」，「簡仔霧社」則稱「中鄒」，後來，中鄒人口萎縮乃與南鄒併稱「南鄒族」，到了 2014 年 6 月 26 日，政府合法承認兩社群各自獨立為新的臺灣原住民族群，內攸四社群稱為「拉阿魯哇族」，簡仔霧社則定名為「卡那卡那富族」。

照片 4
在 350 高地完整眺望甲仙埔街區，右中山脈即今名「六義山」的甲仙山之南段。
攝影：游永福

在清康熙六十一年（1722），原住民大武壠社從噍吧哖（今玉井地區）移居南仔仙溪西岸。其後，因噍吧哖地界的加芝、蕭壠與芒仔芒等三友社人也陸續往南仔仙溪西岸遷移，在必須拓展生活空間下，大武壠社人「甲仙」，便於乾隆元年（1736）年越過南仔仙溪，來到東岸排剪社故地墾拓。

善於溝通協調的領導者「甲仙」，是與內攸社朋友訂下每年農曆十二月，給予布疋、豬、酒、鹽、煙、火藥、壺、鍋、鐮刀與斧頭等外來生活物資作為代價的約定，讓族群得以在南仔仙溪與荖濃溪兩流域安居樂業。有了這項功勞，這塊排剪社故地被稱為「甲仙埔」，西面這座山也被稱為「甲仙山」。當時甲仙埔由「臺灣府臺灣縣善化里西保內中股大武壠」管轄，即今日「甲仙街區」；甲仙山新名為「六義山」（照片4）。

若從拉阿魯哇族與卡那卡那富族耆老也一直以「甲仙埔」來稱呼這塊曾經是自己族社或友社的故地來看，甲仙的溝通協調努力可是廣獲認同。所以甲仙地名的由來，就是為了紀念動口不動手的智慧勇士──大武壠族人「甲仙」，帶頭溝通協調而使族人得和平墾拓的功勞。

湯姆生報導過的甲仙埔大武壠族住民，現今人口數又有多少？聚落又如何發展？筆者於2011年7月12日八八災後對於客家人的調查數據如後：總人口數1937。其中客家人663，佔34.2％；閩南人778，佔40.2％；大武壠族人343，佔17.7％；其他153，佔7.9％。雖然甲仙街區總人口數只在兩千人以內，但農產之芋、筍、梅產業卻是全臺灣之冠。除了芋頭、筍子與梅子能直接入菜嘗鮮之外，芋泥冰、芋餅與脆梅還提供預約DIY的服務，讓來賓瞭解產製流程。許媽媽的中藥養生蛋開創滷蛋新風味，廣受歡迎；陳家友善香草園已經是有機園區，為守護環境助力；大武壠族抱持的「禁向生活」永續精神正一步一步被喚醒，期望能落地生根在有緣地。

來自竹南的甲仙庄長翁朝在眾緣和合下，留下「甲仙鄉翁朝先生獎學基金」，嘉惠甲仙子弟。以身作則且無償奉獻化石的曾德明老秘書，則是「用一生回報一年之恩」的人間典範；「山大王」王文明的木頭立體穿透雕刻工藝，開創了木雕的新境界；薰衣草森林的「好好甲仙店」也以企業回饋理念進駐甲仙，點亮了甲仙山城。

「有一條小巷，貓咪總是流流連連，吸引了美術老師陳正利的目光；甲仙區長登高一呼，社區、學校與遊客百應了，於是大貓、小貓、可愛貓、頑皮貓，充滿好奇，都呼朋引伴來到小巷一探究竟。」── 持續成長的「貓巷」，已是熱門的觀光新路徑。所以能彼此和諧共處的甲仙埔，絕對可以慢活現代人急促的腳步。那麼稱甲仙埔是「湯姆生1871臺灣線性文化遺產」路徑上一顆值得鑑賞的明珠，也不為過（地圖3）。筆者也期望湯姆生路徑上的每一個聚落都能繪製出自己的文化地圖，為所蘊有的美好發聲。

儘管甲仙埔的記憶美好，裝滿行囊，但湯姆生一行人行程已定，終究必須離開。

第二天早上，我們動身前往11哩外的荖濃，所經之路是我平生所見

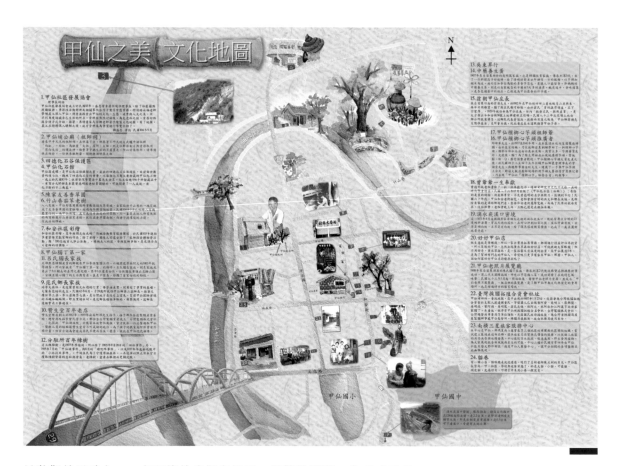

地圖 3
甲仙之美文化地圖
資料統整：游永福
繪製：馬若珊
地圖提供：甲仙社區

最壯觀的景致之一。老阿僮給我們安排了一個帶槍嚮導，名叫「天采」，是個好看的年輕人。我們要走的這條路線不太安全，因為途中會經過山地生番部落的獵場。天采找來了一個朋友，這位朋友帶了一把火繩槍加入我們的行列，他們兩人都帶了鹿角做的小火藥筒，並用玻璃珠串著掛在脖子上。他們還把引信纏在左臂上的竹滾軸或手鐲，這些引信可以燃燒 24 小時，點燃引信後，將燃燒著的末端連接到鑷子上，這時只要一扣板機，引信就會點著火藥。附近這一帶所有的土著都用從中國人那兒弄來的英國火藥。

我們的嚮導一看不到村莊，就點燃引信，並命令大家靠在一起，靜悄悄地前進。在前一半的路程中，我們沿著河流走，之後來到了一個狹窄的峽谷。頭頂的巨石如高塔般地聳立，其上長滿了拱形的高大樹木，還有巨型的蕨類植物。一條清澈的小溪在突出的岩石上跳躍著，偶爾在某個大石潭稍作停留；石潭如鏡的水面映照佈滿苔蘚的石頭，以及葉片蜷曲的蕨類所構成之背景。我們在這裡停留，欣賞並攝影山谷非凡的美麗景致。令人感到非常遺憾的是，玻璃感光片僅能複製光和影，卻不能反映點綴著岩石、苔蘚與攀緣植物的深淺濃淡色調，也不能展現明亮陽光穿過大片濃密枝葉，照射到下方岩石時所產生的變幻。除了自然美景外，這地方的岩石和植物，還能提供給地質學家或植物學家一個豐富的探索環境。[26]

前往荖濃前，接待者「老阿僮給我們安排了一個帶槍的嚮導，名叫『天

采』」，譯文中的「天采」，湯姆生原文為「Teng-Tsai」[27]，筆者認為譯者是以國語音來翻譯，似乎不符合當時使用閩南語的情況；若一定要翻譯，或許「丁才」（Teng-tsâi）能夠達意。而接待者會安排武裝嚮導隨行，主要是因為「我們要走的這條路線不太安全，因為途中會經過山地生番部落的獵場」。這「山地生番部落」，指的是今茂林下三社魯凱族的芒仔社與萬斗籠社。或許覺得一個人不足應付突發狀況，所以丁才「叫來了一個朋友，這位朋友拿了一把火繩槍加入我們的行列」以互相掩護。從「我們的嚮導一看不到村莊，就點燃引信，並命令大家靠在一起，靜悄悄地前進」的報導，可知甲仙埔前往荖濃確實危機重重，一行人要冒著生命危險，才得以深入這一內山地界。

關於此溪谷的危險，在 1905 年的 12 月 17 日，《漢文台灣日日新報》也有相關報導：

> 蕃薯寮廳下，楠梓仙溪阿里關庄，土名『甲仙埔』，有農夫潘水連及其子保元，並同庄劉添福等三人，於本月 3 日午前十時，同行將往荖濃庄市物，路經茅草蓊鬱之處，突現出蕃人數名，遮其去路，揮槍迎面射來，潘保元足雖負微傷，然終得脫；劉添福亦幸脫出虎口。惟潘水連左腳中槍兩處，深者至達一寸二、三分，步履維艱，卒被馘首慘禍。[28]

由這篇報導可知，此時甲仙埔與荖濃兩地仍有買賣交易的往來。而三人「路經茅草蓊鬱之處，突現出蕃人數名，遮其去路，揮槍迎面射來」之後，是潘家兒子「足雖負微傷，然終得脫」；父親則「左腳中槍兩處，深者至達一寸二、三分，步履維艱，卒被馘首慘禍」——這樣的慘事，可與湯姆生的下述報導相對照。

> Ahong 私下偷偷向我說，附近野人運用弓箭的靈巧，和他們在煮食心腸軟但身體結實的中國敵人，所表現出的冷靜一樣神奇。他懇求我不要再深入山區冒險，因為這些山裡的生番攻擊時從不現身，只是從高空放箭，而箭落下時，便會精準的刺穿受害者的頭顱，使其當場死亡。我強烈建議 Ahong 好好保護自己的腦袋。[29]

這位來自新加坡的助理 Ahong 認為「箭落下時，便會精準的刺穿受害者的頭顱」，其實純為想像。因為潘家父子傷在腳部，而且父親因傷處過深而行走困難，「卒被馘首慘禍」。之所以出現不直接射擊頭部的做法，是因為首級為呈現戰功的戰利品，必須保存完整以便處理後展示。

想不到過了 34 年，這一條路徑仍如此危險。所以，當時湯姆生一行人能全身而出，而且帶著豐富的影像與報導傳世，著實令人讚嘆。

而湯姆生對於甲仙埔到荖濃之間「所經之路是我平生所見最壯觀的景致之一」的描述，其原文為「through some of the grandest scenery I have ever beheld」[30]，「最……之一」的譯法相當常見，余光中教授就曾經針砭過，

大略如下：「既然是『最』，即已經達到頂端了，怎還會是『之一』呢？」所以，筆者再度請譯者游蕙嘉針對這一句原文進行翻譯，作為參考。

　　她的譯文為「沿途是我至今所見最壯麗的幾處風景了」，這「最」與「幾處」仍顯得語意不全。不過，捕捉甲仙埔到荖濃之間景觀的影像不只一張，所以勉強符合「some」，即「幾處」的意涵。就在接下來的第二段報導文字中，湯姆生即盡情描述景致是如何地壯麗。

　　在《一具相機走中國》（Through China with a Camera, 1898）「福爾摩沙」（Formosa）單元裡，湯姆生寫道：「一路從那處岩塊跳躍到這處岩塊的小溪，非常潔淨，如鏡的水面映照出羊齒植物光潔的影像，從岸岩拋下的繁複葉影則環繞著水潭，給水潭鑲上了一道綠色的邊」（A clear rill leapt from ledge to ledge, where with its glassy surface it mirrored the bright reflection of the ferns as they flung their fronds from the rock to form a frame around the pool.）而對應於文字的影像，筆者認為是王雅倫《法國珍藏早期台灣影像》[31] 第 59 頁的〈流進臺灣山區的小溪〉的影像。

　　對此，費德廉在 2016 年 5 月 26 日回應如下：

　　該照片中的河水雖然有「glassy surface」，但是照片所描繪的風景跟文字所敘述的風景不同。且照片是否是湯姆生照的，我還要保留；就我所知同一張照片出現在 Maxwell 家老照片簿中，但題目卻提到埔里社。

照片 5
湯姆生，〈甲仙埔與荖濃間的山溪〉，1871
Courtesy of Wellcome Collection

　　費德廉還認為，「這段文字描繪的美景是〈甲仙埔與荖濃間的山溪〉（A mountain stream between Ka-san-po and Lau-long, Formosa, 1871）（照片 5）才對。」經筆者再度仔細比對，的確應證費德廉精準的回應。

　　〈甲仙埔與荖濃間的山溪〉影像下側的湯姆生題字，字跡細小又有些模糊，不易辨識。題字內容是直到 2006 年 10 月 19 日才得以釐清。當時歐洲五位訪問臺灣的專家學者團裡的威廉‧舒巴赫（William Schupbach）有備而來。他拿下眼鏡，手持小鏡子反轉《從地面到天空臺灣在飛躍之中》一書第 131 頁影像上的字跡，協助筆者完成辨識的工作（圖片 2）。但匆忙之際，舒巴赫漏掉了題字的第一個字「A」。

　　那麼，〈甲仙埔與荖濃間的山溪〉影像中的溪流叫什麼名字？

（左）圖片 2
威廉‧舒巴赫協助辨識湯姆生的字跡後，寫下湯姆生的題字內容。

（右）照片 6
鹽霜仔蟲癭（即中藥「五倍子」的主要來源）特寫
攝影：游永福

　　由於有天然瓦斯露頭，民間早期是以「火孔坑」來稱呼這條溪流。在日本時代，由於製腦產業蓬勃發展，在樟樹及用為柴火的其他樹木砍伐後，自生許多陽性樹種「羅氏鹽膚木」（照片 6）。客家人稱呼此樹為「鹽霜仔」，故客家鄉親也給溪流取了一個「鹽霜仔坑」的新名稱。

　　鹽霜仔坑有一處景致優美且環境清涼的瀑布區「白雲仙谷」（照片 7），名稱的來由是因為谷地位於有「白雲山」新名的「廊亭山」之下。谷地名稱是由 1990 年前後的經營者林鳳山所命名，而林鳳山是 1903 年從桃園龍潭來到「蕃薯寮廳甲仙埔南奧腦寮轉寄留」從事製腦工作的「甲仙腦丁第一家」林氏家族的後人。當時谷地除了瀑布，還有出火孔，遊客不少，只是林先生過世後，兒孫輩自有事業，故放棄林地租約，不再經營。

　　鹽霜仔坑的出火孔與瀑布，到了 2008 年，為卡玫基颱風坍塌下來的土石淹沒；隔年又有莫拉克颱風侵襲。到了 2011 年，原來兩層半樓房高的瀑布最低處只剩半個多人高（照片 8）。

（左）照片 11
白雲仙谷上、下雙層瀑布美景，2016 年 4 月 20 日
攝影：游永福

（右）照片
12 白雲仙谷上層瀑布近拍，2016 年 4 月 20 日
攝影：游永福

其後，土石年年下刷，出火孔已難覓位置。溪谷幾經下刷後，人工設施全部消失，只見左、右岩層歷經百餘年不斷沖刷後變寬；下方岩層則變得更深了。尤其是湯姆生取景的左岸岩層，在約 30 公尺長、2 公尺寬的斷崖極限處，只能取得七處岩層樣貌最接近景致。筆者以昔左今右影像並陳的方式介紹，為百餘年的地形變化做一見證（照片 9、10）。

2016 年 4 月，下過幾陣豪雨之後，瀑布恢復了自然美貌，展現出上、下雙瀑之美與秀麗氣勢（照片 11、12）。湯姆生除了在此積極拍攝美景，曾提到「這地方的岩石和植物，還能提供給地質學家或植物學家一個豐富的探索環境」，可見他相當關注周遭環境的狀況。遺憾的是，湯姆生後續並沒有其他具體的說明文字。

就現地來看，溪床上有不少在日本極受珍視，而且被指定為天然紀念物的「漣痕化石」；更難得的是，此一漣痕化石竟然也與生痕化石同在一塊岩面上存在（照片 13）。當時，此一屬於淺海沈積岩地質的海底環境究竟是什麼樣的面貌？有待專家學者進一步研究釐清。

溪床的岩層上處處得見貝類化石，還有較為稀有的他種化石（照片 14）。除了化石，白雲仙谷溪谷中還出現鐘乳石岩塊（照片 15）。經水沖刷，鐘乳石已斷裂，橫斷面清晰呈現眼前，樹木年輪般的圈圈由內向外發育。最特別的是，照片右下鐘乳石得見一大圓形中空結構，中空直徑為三公分，成因並非一般含碳酸鈣礦物的水珠滴落時，因水分蒸發沉積而形成薄層方解石圈的「蘇打管」。一般蘇打管最大直徑只有 0.5 公釐。

（左）照片 13
漣痕化石與生痕化石一起存在的大石頭崩落溪床上，高度約 230 公分。
攝於 2016 年 4 月 20 日
攝影：游永福

（右）照片 14
溪床上的岩層出現密聚小貝類環包的他種化石。
攝於 2016 年 12 月 10 日
攝影：游永福

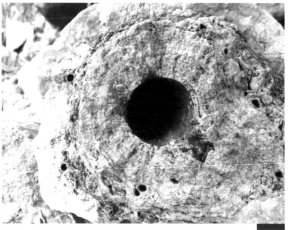

那麼，為何會出現三公分的圓形大中空結構？

2016 年 5 月 7 日，在細心檢視此地鐘乳石岩塊的狀況之後，專門研究「碳酸鹽岩冷泉」（Cold-Seeo Carbonates）的法國工程師研究員布魯耶特（Jean-Philippe Blouet）發現岩石中雜有葉片等植物痕跡，而大膽推論鐘乳石是在含有石灰岩的瀑布區緩慢形成的。形成環境可能有竹子或藤類植物存在，竹子或藤類在緩慢地層層被包覆，接著腐爛，然後產生大中空結構（照片 16）。

筆者與布魯耶特分享，瀑布區附近本來有天然瓦斯露頭，歷經兩次大颱風災變後，已遭淹埋。布魯耶特聽後頭一低，手指幾處從溪底不斷冒著泡的透明溪水（照片 17）。原來瓦斯自己已經找到生命的出口。為了確認的確是瓦斯，夥伴們嘗試以打火機點火，確實有小小的爆燃反應。

在踏查與研究的過程中，各項寶貴資料的浮現有時並非如此順暢，好像一直是在等著人，也等著時機。莫非天下間的一切，都有其自己的節奏與步調？

災變已成為常態，所以就湯姆生關注的植物資源來說，筆者特別重視野生食用植物的調查，以因應未來糧食不足與求生所需。因此植物的物候調查特別重要，可藉此明瞭何時有何種植物與哪個部位可以食用。

目前「湯姆生 1871 臺灣線性文化遺產」沿線出現了山芙蓉（食用花

（左）照片 15
白雲仙谷溪床上的鐘乳石
攝影：游永福

（右）照片 16
鐘乳石的橫斷面近拍，圈圈清晰明確。
攝影：游永福

照片 17
溪底不斷冒出瓦斯氣泡
攝影：游永福

朵，口味清甜，照片 18）、構樹（食用雌株紅熟漿果、雄株長穗狀花穗，以及嫩葉）、五節芒（食用地上新筍、頂端嫩筍及還未吐出的嫩花穗）、假酸漿（嫩葉可生食或煮食；魯凱族與排灣族，還常使用嫩葉來包裹小米豬肉粽子）、龍葵（綠色果實、幼苗與嫩葉的生物鹼，即 alkaloid 含量較高，食用以紫黑熟果為主，將幼苗或嫩葉煮熟才能食用）、咸豐草（食用尾端的一心二葉嫩心葉）、葛藤（食用花朵與嫩葉）、月桃（食用嫩花瓣與嫩莖心及嫩塊莖）、薄瓣懸鉤子（食用紅熟漿果與去皮嫩莖）、雙花龍葵（食用成熟鮮紅光滑剔透的紅果實，惟口味較為平淡）、昭和草（食用嫩莖與嫩葉）、野莧菜（食用嫩莖、嫩葉及花穗）、黃藤（食用嫩莖心與成熟果實）、山黃麻（食用嫩葉、花穗及果實）、小葉桑（食用成熟果實與嫩心葉）、閉鞘薑（食用嫩莖與花朵：莖部水分特多，求生時用來補充水分）、青葙（食用嫩莖與嫩葉）、酸藤（葉具強烈酸味，能生津解渴）、羅氏鹽膚木（食用嫩葉，成熟果實代鹽使用）與山棕（食用嫩芽與嫩莖心）等不同口感食用植物。清靜的水流中則有綠藻類水綿可以食用，民間慣以「青苔」來稱呼「水綿」。

除了水綿，清靜的水流中還有其他可食用的東西嗎？

我們在清澈的深潭裡泡水、游泳時，碰到了六個帶槍前來捕魚的平埔族人，他們十分友善。其中一個老人敏捷地用箭射魚，其他人則在岩縫間抓螃蟹，而且一抓到了就扭斷牠們的腳，然後連殼生吃。比較年輕的人用竹竿擊水，將魚震昏了再捕捉。[32]

湯姆生的回答是：還有魚與螃蟹。而「其中一個老人敏捷地用箭射魚」，那麼弓箭可以射捕魩仔魚嗎？答案是否定的，因為捕大留小，是為了讓子子孫孫永遠有魚好吃，這也是大武壠族原住民禁向生活的精彩之處。而若魚可以用箭射得，表示溪流裡成年魚不少，這也是禁向生活成果的精彩展現。

用弓箭射魚容易嗎？水會折射，魚會游動，所以必須從小練習，累積經驗，算準角度，而且動作「敏捷」，才能有所收穫。有了收穫才能存活，

此一「適者生存」的生活法則，每個族人都必須好好鍛鍊，才不會成為族群的負擔。至於「比較年輕的人用竹竿擊水，將魚震昏了再捕捉」的捉魚方式，充其量只能在小水潭中使用，因為在大、小溪流裡派不上用場，最後得乖乖回歸射魚能力的提升，才是正途。至於「一抓到了就扭斷牠們的腳，然後連殼生吃」的敘述，倒是很接近原始生活飲食方式。

　　爬過蜿蜒於山林中的沈悶小路後，景致終於有了變化。這裡大部分的樹都很高大，巨大的分枝像是船上的桅桿一般高高伸展著，上面還垂掛著無數寄生植物，光禿禿的莖幹有如隨風飄搖的纜繩和吊索。我們注意到了一些漂亮的樟樹，其中最粗的直徑大約有四呎，高度直達天際，筆直的樹幹往上逐漸變尖，沒有分枝，看起來像一支箭。此外，這裡還有一望無際的藤類植物，盤繞在茂密的灌木叢中。[33]
　　在一片比較開闊的地帶，我們發現了一株燦爛盛開著的百合，整株花從根部算起，約有 12 呎高。這裡的蘭花也很多，空氣中到處都充滿了蘭花的香味。從這座山的最高處我們可以看到中央山脈，最前方是一連串如巨浪般湧來的山峰，山峰上覆蓋著森林，就和我們腳下這座山一樣。[34]

　　湯姆生報導中「爬過蜿蜒於山林中的沈悶小路」之路段，居住甲仙埔與荖濃的耆老，都有「三步一困」的說法，因為路徑坡度較陡，除了必須蜿蜒而上，一路走來還挺累人，常常走三步就得「休困」（休息）一次——這當然是誇張用法，但也顯示行路之維艱。
　　爬過小路後，「景致終於有了變化」，湯姆生目睹「大部分的樹都很高大」與「一望無際的藤類植物」的原始森林之美，還特別著墨「一些漂亮的樟樹」，「最粗的直徑大約有四呎」，其「高度直達天際」；接著「在一片比較開闊的地帶，我們發現一株燦爛盛開的百合，整株花從根部算起，約有 12 呎高」，而且「這裡的蘭花也很多，空氣中到處充滿了蘭花的香味」。度過攀爬三步一休息的艱難後，令人愉悅的舒爽終於來了。
　　湯姆生呼應此一原始森林之美的照片，只有〈巖峭與森林〉（照片19）。這張影像是從峰頂壯觀俯視，符合「從這座山的最高處我們可以看到中央山脈，最前方是一連串如巨浪般湧來的山峰，山峰上覆蓋著森林，就和我們腳下這座山一樣」之描述。湯姆生並沒有在此影像上題字，筆者謹以畫面呈現的巖峭與森林樣貌來命名。影像畫面有四株大樹，樹幹縱向裂痕清晰，而且葉子都屬細葉，相當接近於樟樹；而黃藤植物就攀爬蔓生其間。照片左側下半段出現一道明顯的崩毀石牆。這出現在山頂的生活遺跡是屬於那個族群？
　　檢視《臺灣堡圖》，自甲仙埔前往荖濃的路徑（地圖4），在轉入「蕃仔寮溪」的左岸支流「火孔坑」之後，一開始是順溪谷前進，不久即轉為右岸稜線攀爬行程，然後在「內英山」山腰間挺進，來到內英山南伸的另一高點——荖濃越山（又名「外英山」）東北側稜線時，就是湯姆生口中的「這座山的最高處」。荖濃越山只有基準點，與內英山都屬於今天玉山

照片 19
湯姆生，〈巖峭與森林〉，
1871
Courtesy of Wellcome Collection

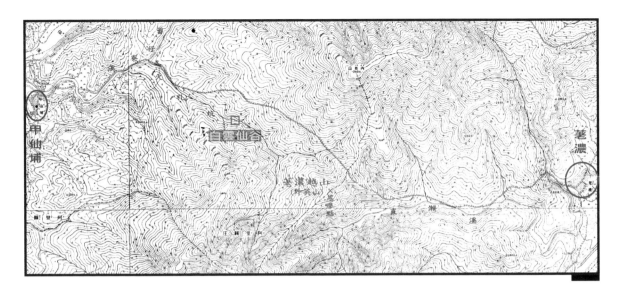

山脈的中段範圍。

　　關於「內英山」，在清朝《光緒總圖安平縣圖》的約略位置標示為「內
攸山」，之前的地圖若有標示則為「內攸社」。從內攸社到內攸山的轉換，
顯示居住山區的內攸社群，大都已往東北遷徙到今天高雄市桃源區。

　　或許我們可從更早，即 1865 年 11 月，帶領馬雅各醫生來到荖濃的
必麒麟關於「在荖濃，遇見了三位山地原住民——雁裡社（Gani）人」的
說法，以及隔日與馬雅各醫生前往排剪社（Pai-chien）為酋長治病，「當時，
老酋長正在山上的狩獵場，路途崎嶇，是群山中最難到達的地點」的記錄，
還有「老嚮導建議順便去探視美壠社（Bilang）。爬了二個多小時的山路後，
終於到達那個部落」，此一「順便」卻「爬了二個多小時的山路」，當時
屬於內攸社群的三個社，確實都已經移居到桃源區現地了。[35]

　　再看看教授石萬壽在《甲仙鎮海軍墓勘查研究》談劉銘傳的奏摺：

　　臣（指劉銘傳）考地圖，見其所言極是，遂於（光緒十二年）二月
二十八日，檄飭駐防安平記名提督楊金龍、署臺灣鎮章高元兩軍，各出七
成隊伍。於三月初旬，自嘉義進兵……章高元、楊金龍於三月二十八日由
後大埔開道設橋樑，招撫未降番社，並用降番二十人做為嚮導。唯師行過
雁裏溪、八潼關等處，實屬險阻，入夏以後，溪漲輒經旬不落。[36]

　　關於「八潼關」，石萬壽判定「應為今之關山埡口」，他又寫道：

　　雁裏溪的今地不明，依劉銘傳奏摺行文之義，似乎在八潼關之西側，
今查關山埡口西側有檜谷，再西側有天池，為群雁聚集避冬之處，有小
溪流入荖濃溪，雁裏溪或在此處。除此之外，目前尚無文獻資料，可供
查證。[37]

　　雁裏溪「似乎在八潼關之西側」，是正確的，但「雁裏溪或在此處」
則屬推測。這「雁裏」或「雁裡」都是「Gani」的社名音譯。在湯淺浩史

著的《瀨川孝吉 臺灣原住民族影像誌：鄒族篇》有「1931 年鄒族的人口」
表格，「Gani」又有「Ngani」的新記錄，音譯為「雁爾社」，日文則記錄
為「ガニ社」。

　　同一著作中還有「鄒族部落分布圖」（1934 年），位於荖濃溪畔右岸
的ガニ社（屬今高雄市桃源區），東北側的確有一支流匯入荖濃溪。[38] 所
以劉銘傳指述的「雁裏溪」，就是雁裡社東北側的荖濃溪支流。上文會以
「雁裏溪」稱之，再度證明了光緒十二年（1886）內攸社群當時確實都已
經移居到桃源區現地。所以，原來居住的山區才會有更名為內攸山的記
錄。

　　在《臺灣樟腦專賣志》裡，「明治三十八年蕃薯寮廳的製腦地、腦灶
與腦丁數」表格將荖濃東北側山區的製腦地冠以「內英」來標示，[39] 也就
是，1905 年內攸山已改稱「內英山」。

　　在王嵩山等人合著的《鄒族史篇》中，記錄如下：

> sa'arua 之兩大系統先後移住本區，先來的 marukisala 主要在左岸的中央
> 山脈一帶移動，最後形成今日之美蘭社（即 viranganu），後來的 lasunga 系
> 統則在右岸的玉山山脈移動，最後集中成 paiciana、talaru，一部分居住於
> ngani（lilala）社。此外，tomatalkanakanavu 系統大部分與 timamarukisala 少數
> 人也定居於 ngani 社，這大概就是後來稱為四社的基本緣由，而後共同構
> 成 sa'arua 社群。[40]

　　「sa'arua」即清朝文獻記錄的內攸社。「先來的 marukisala 主要在左岸
的中央山脈一帶移動」，這「左岸」指的是荖濃溪的左岸；「最後形成今
日之美蘭社」，即「美壠社」；「在右岸的玉山山脈移動，最後集中成」
的「paiciana」，即「排剪社」；「talaru」即「塔臘社」，「一部分居住於
ngani（lilala）社」，即之前提及的「雁爾社」，總共有四個社。後三社都
在「右岸的玉山山脈移動」，即在內英山與外英山區域，因地力用盡或者
因瘟疫侵襲而被迫移居生活。最後，「外英山之四社群，其後退居荖濃溪
方面」[41] 是《鄒族史篇》引述移川子之藏、馬淵東一、宮本延人合著的《臺
灣高砂族系統所屬の研究》（1937）第二冊，第 223 頁的調查結果。

　　甲仙的曾德明老祕書曾在外英山區幾處臺地撿拾不少石器，經時任中
央研究院副研究員的劉益昌初步鑑定後，認為是比鼻烏類型，距今四百至
兩千年之間，為先民所使用的生活器具。[42] 這比鼻烏類型即南鄒族在山林
臺地燒墾耕作留下來的遺址。由此可證明，內、外英山確是內攸社群早期
遷移的生活區域。所以，〈巖峭與森林〉影像裡那道明顯的崩毀石牆就是
內攸社群，即今拉阿魯哇族的生活遺跡。

　　在此特別說明，湯姆生一行人若沿著《臺灣堡圖》甲仙埔往荖濃的既
成路徑行走，就不會出現精彩的〈甲仙埔與荖濃間的山溪〉影像。顯然湯
姆生是在馬雅各的協助下，先請教甲仙埔的接待者阿端或武裝嚮導丁才，
詢問哪裡有好地景？何處有好風光？而不致盲走盲拍，因此有如此細膩的

報導與壯麗影像傳世。

　　由於在日本時代與光復後的林木砍伐產業，而有了樟腦油與日用品的擔送小路，以及木馬路與林班道的開闢。又經前幾年卡玫基與莫拉克颱風肆虐，原來的稜線與山腰路徑已完全消失。所以，筆者選擇上溯鹽霜仔坑到白雲瀑布，體驗湯姆生與馬雅各醫生當年路徑的情景，並踏查湯姆生最愛的〈甲仙埔與荖濃間的山溪〉影像之現地景觀。之後，再上溯白雲巷的蔡榮隆山居，接著上達臺20線的白雲巷入口，然後順著臺20線東往荖濃。這一排除三步一困，上達內、外英山鞍部的路徑總里程為19公里〔地圖5〕。

地圖 5
今日甲仙埔至荖濃路徑與里程

6
CHAPTER

第六章

迷人的荖濃溪與歸程

LAKU LAKU

「從這座山的最高處，我們可以看到中央山脈」，湯姆生這一句說明，他們一行人已站在南仔仙溪與荖濃溪分水嶺上了。

　　接著湯姆生寫道：「我們現在還看不見隱身於六哩外山谷中的荖濃。一道清靄為遠處的景色蒙上一層薄紗，使得山丘變成一片片深藍的色塊，斜陽下，山丘柔和的輪廓閃耀著金光。」[1] 這裡提到「看不見山谷中的荖濃」，筆者推斷是因為視線受到內英山寬廣山腹的阻擋。

　　在八八風災前，內英山腹只有個位數的住戶，其中務農的有兩戶，其他都是度假的人。災後，道路雖有簡單修復，但政府政策傾向讓山林休養生息，林地不再續約，務農人家已經下山另謀生計，只有一戶度假家庭進出。筆者期望山林休養生息的政策，真能確實發揮功效，再現湯姆生所描述的壯麗景致：

　　從這個山頂，我們能看到中央山脈的景色。前景和我們腳下的山一樣，是一連串覆蓋著森林的並列群峰，看起來就像巨浪在陸地上湧動。

　　（From the summit of this hill we got a view of the central mountain chain. In the foreground, like huge billows rolling in upon the shore, were a series of parallel ranges of forest-clad hills, like the one on which we stood.）。[2]

　　雖然湯姆生還看不見荖濃，但是眼前確有「清靄」、「一片片深藍的色塊」與「閃耀著金光」的迷人風光。那麼，荖濃會是以何種面貌與湯姆生等人相見？

荖濃風情畫

到達荖濃時間：4 月 15 日下午約 4 點

為了解開荖濃的面目，一行人開始下行。想不到，在深山野嶺竟然還會有人出現。請看湯姆生的報導：

有位平埔番在此加入我們：他從島的另一端翻山越嶺而來，現在正要回家。他告訴我們在東海岸有個良港，又說他以三條牛的代價，向當地部落換取了通過領地的權利。[1]

關於「三條牛」，原文為「three bullocks」[2]，「bullock」大致有「閹牛」與「小公牛」二義。若以農事實務來說，小公牛牛性未定，經教導後可以有所用，才有價值。譯為「小公牛」比較達意。而這「三條牛」是如何交付的？交付之後「當地部落」又給了哪種「完稅」證明？抑或派人一路護衛通過領地？

離開山頂後，我們沿著一條穿過黑色地層的乾涸河床走了一小時，並在此發現頁岩與煤的蹤跡。抵達一條小溪後，我們遇見洪太太，這位女士由一群攜帶釣具的生番陪同。她告訴我們，她的丈夫將接待我們留宿。[3]

根據《臺灣堡圖》，往荖濃的路徑是順著東南稜線下達至小溪，但湯姆生一行人卻是「沿著一條穿過黑色地層的乾涸河床走了一小時」。稜線路徑左右都有溪谷，右谷較寬，左谷較窄，等高線都很綿密，顯示坡度很陡，不知他們走哪一谷？

至於「抵達一條小溪」文中的「小溪」，根據地圖與實地踏查，是指今日的「直瀨溪」。湯姆生有張精彩的〈荖濃與甲仙埔間的山溪〉（A mountain Stream between Lau-long and Ka-san-po,Formosa, 1871）（照片 1），與〈甲仙埔與荖濃間的山溪〉照片的題字比對，只是將地名對調。而照片拍攝位置已來到了荖濃山區，以溪床的規模來看，溪流確實是「直瀨溪」。但歷經這幾年來的探查，仍無法突破取景點何在，略有遺憾。

望著照片裡布滿溪床的大石頭，流水潺潺不絕於耳，溪流出口的山壁上陽光閃爍。取景時間是下午時分，偏西的陽光從左側山壁後方溪谷照射，以致背光的左側山壁不再明亮。從陽光照射的方向可知鏡頭是對著北方拍攝。有如此具體樣貌與方位的溪谷，希望有朝一日可找到取景位置。

照片 1
湯姆生，〈荖濃與甲仙埔間的山溪〉，1871
Courtesy of Wellcome Collection

湯姆生在直瀨溪「遇見洪太太」，「她告訴我們，她的丈夫將接待我們留宿」。顯然有人預先通知湯姆生一行人的行蹤。而這位湯姆生原文中這位「Mrs. Hong」，在此暫用譯者的翻譯「洪太太」，值得日後追蹤。

　　原文「tackle for fishing」[4] 翻譯為「釣具」，看似平常，也很正常。但看過湯姆生的〈荖濃附近的捕魚團體〉（A fishing party near Lau-long, 1871）影像與〈（另一張）荖濃附近的捕魚團體〉（A fishing party near Lau-long, 1871）立體影像裡的捕魚用具，可知「漁具」的譯法更為貼切。而〈荖濃附近的捕魚團體〉影像題字裡的「荖濃」，湯姆生寫為「Lau-long」，在文本裡卻是「Lalung」，有所出入。

　　在威爾康圖書館的檔案裡，〈荖濃附近的捕魚團體〉與〈福爾摩沙當地人〉（Natives of Formosa, 1871）雖為兩張分開的影像，但是人物與影像畫面完全一樣，左、右兩側的裂縫也相當接近。筆者判定應該是同一張立體攝影作品的玻璃底片左、右影像崩裂。於是請 Joshua Heald 協助合併，但不修片，立體影像馬上出現。但「Natives of Formosa」的題字，不如〈荖濃附近的捕魚團體〉那麼流暢。若同樣是出自湯姆生的手筆，應該是湯姆生晚年時在玻璃底片崩裂之後補題的。

　　在洪太太帶領的〈荖濃附近的捕魚團體〉立體影像裡（照片 2），總計出現十位人物，只有一位女性沒有紮綁頭巾。後排左 2 與左 4 的漢子，腰配「弓刀」（即「獵刀」），鹿角火藥筒掛在脖子，垂貼胸前。根據湯姆生先前的描述，這正是來自甲仙埔的兩位武裝嚮導。剔除兩位武裝嚮導後，捕魚人實際是八位。

　　那麼，荖濃人如何捕魚？

　　照片後排左 1 漢子手上握著的捕魚工具是弓與箭。以弓箭來射魚，鯉仔魚射不到，故捕大留小。有所謂「一箭雙鵰」但沒有「一箭三鵰」的成語，顯示一次只射捕一或兩尾魚，所以子子孫孫永遠有魚可吃。收納漁獲的魚簍，也只見兩個，可說相當節制。大武壠族原住民這種節制取用自然資源的「禁向生活」文化，可能是今日永續經營的祖師爺。

　　雖然洪太太說她的丈夫將接待湯姆生一行人留宿，但她帶領的捕魚團體與湯姆生卻是巧遇，所以成員的服裝與髮式都是日常裝扮。現場七位女性中沒有紮綁頭巾的這位，有著烏溜溜長髮，她把頭髮中分後編髮辮，然後將辮子由頭部左側向上拉過頭頂中間，接著再下拉至右後側固定。以今天的眼光欣賞這位婦女的髮型、臉部與肢體，雖身處偏遠山區，但素樸的風韻卻極高雅迷人（照片 3）。

　　此外，這位荖濃婦女紮綁辮子的方式與弧仔寮婦女「抓起整個髮辮，從左耳上方繞過額頭，並拉至腦後牢牢固定」的方式相似，只有「頭頂中間」與「額頭」的極小差別。或許梳髮、編髮辮，將髮辮繞過頭頂中間，或者繞過額頭後再固定的造型，正是大武壠族原住民所屬的弧仔寮、甲仙埔與荖濃等內山地區婦女特有的髮式。

　　從這兩張曝光時間稍有落差的立體影像截取並排對比，可看出右側影像光線暗了一些，焦距稍稍失準而略顯模糊。兩張影像整個畫面都滿布黑

照片 2
湯姆生，〈荖濃附近的捕魚團體〉立體影像，1871
Courtesy of Wellcome Collection

190

照片 3
湯姆生，〈茗濃附近的捕魚團體〉立體影像左、右梳理頭髮女性截取，並排對比。

色小霉斑（放大後更清楚），左影像女性臉蛋的黑色小斑點較多；但右影像臉蛋鼻翼左側與嘴角左側，另有汙損的白色斑點。

此外，右影像人物頭髮的左下側，也多了一大片白色小斑點，若影像只有這一張，就可能會影響梳理方式的辨識。所以，拍攝立體影像的確有王雅倫指出的「可以岔開兩個鏡頭曝光的時間，以確保至少有一張底片可用」的好處。

後排左 5 身材粗壯女性，左腋下紮綁了一方「被仔圍」，這是大武壠族原住民極為重視的衣著。除了這位烏溜長髮美女之外，另外坐著的五位女性都穿著拼布上衣，拼接樣式比木柵地區豐富。

〈（另一張）茗濃附近的捕魚團體〉立體影像（照片 4），是往下游方向取景。畫面可見約 30 度角的圓弧形傾斜而下山稜，是未來尋覓取景點的重要特徵。影像人物清楚確定的只有六個人，四位婦女嘴上或手中都有煙斗，似乎是茗濃女性生活中不可或缺的項目。

從兩張捕魚團體影像中人物位置的安排可以看出，湯姆生想要凸顯的人物正是〈茗濃附近的捕魚團體〉立體影像裡左 3 的坐者，即〈（另一張）茗濃附近的捕魚團體〉立體影像裡右 1 的立者。這位唯一穿著草鞋的婦女，可以確定是湯姆生口中的「Mrs. Hong」。

照片 4
湯姆生，〈（另一張）茗濃附近的捕魚團體〉立體影像，1871
Courtesy of Wellcome Collection

在〈（另一張）茗濃附近的捕魚團體〉影像裡，除了左 2 與 3 的婦女腰際各紮綁了一個收納漁獲的魚簍，溪床上還擺置了一個，所以總計是三個。為何要有三個魚簍？湯姆生有以下報導：

我們到的時候洪先生不在家，不過他很快就回來了。他告訴我們，他的長子阿文不久前才喪妻，所以到山裡的生番親戚家物色另一位新娘去了，但是晚上就會回來，並由新娘部落的護衛陪同。[5]

原來，洪家喪偶的長子有續絃之喜，出來射魚乃是為了慶祝之需求。但射魚也只攜帶三個魚簍，可見射捕確實是有限度的。溪床上另見一個撈魚網，應該是撈取弓箭射中的魚時使用的。兩個甲仙埔武裝嚮導一坐一站，兩人中間的溪床上擺置了一把火繩槍，可見一行人行走的路徑的確危險。此外，還需注意的是洪家長子的續絃。湯姆生接著補充說明：

山地部落和平埔族之間的家庭關係，經由不斷的通婚而維繫了下來。他們的婚禮儀式非常簡單：女方父親執著女兒的手，將女兒交給未來的夫君，接著一場狂飲的酒宴為婚禮儀式畫下句點。[6]

　　費德廉在 2016 年 5 月 27 日對湯姆生這段敘述，提出以下的回應：[7]

　　不知您是否注意到，湯姆生對荖濃平埔族與山地部落通婚的儀式的內容好像來自於某牧師翻譯的荷蘭時代著作。湯姆生的英文文本原來有註解 3：See for further information Natives of the West Coast of Formosa, translated from an old Dutch work by Rev. W. Lobscheid.
　　湯姆生所提到的著作是：Lobscheid, Rev. W. " The religion of the Dyaks, and the political, social and religious constitution of the natives on the west coast of Formosa before and during the occupation of the island by the Dutch. Translated from an old Dutch work. " Hongkong: De Souza, 1866.

　　湯姆生關於「不斷的通婚」的用詞，說明原住民山地部落和平埔族群有持續通婚的事實。這樣的互動不但使雙方關係「維繫了下來」，也使彼此的相處更為和樂。

　　洪先生熱情地款待我們，還堅持要殺隻豬來表現最熱忱的待客之道。因此，他當著門口一群饑餓的獵犬殺了那頭豬，這群狗則兇狠地爭舔地上的血跡。我的男僕阿洪鄭重地向我保證，這些知道如何烤豬的人，絕對不可能被歸類為野人。[8]

　　湯姆生與馬雅各醫生一行人來到了荖濃洪家，幫長子續絃的洪先生回到家之後，「堅持要殺豬……烤豬，來表現最熱忱的待客之道」，讓一行人留下了美好的感受。提到荖濃洪家，須回顧必麒麟與馬雅各在 1865 年來到荖濃的場景：

　　部落頭目（筆者註：指荖濃的頭目）趕忙出來一探究竟，其他族人尾隨於後，聽完老嚮導說明來意後便轉向我們，表示歡迎之意，把我們這群精疲力竭的旅人安頓在舒適的房間裡面。盥洗之後，主人準備好一頓豐美的食物：有獸肉、豬肉、米飯，以及剛從河裡釣到的鱒魚。[9]

　　在聚落裡接待貴賓的家庭，通常都有一定的身分地位，例如接待必麒麟與馬雅各的是「荖濃頭目」。而洪先生會主動接待馬雅各與湯姆生一行人，表示他與馬雅各已經相識。那麼洪先生會不會正是 1865 年必麒麟指述的那位荖濃頭目？
　　接下來，再回到湯姆生的文字：

第二天早上，我們在洪先生的小兒子古納帶領下重新踏上旅途。古納是個不折不扣的年輕生番，活力充沛、活潑開朗。他戴了一頂蕨類植物做成的頭冠，身上幾乎沒穿什麼衣服，因此不太覺得熱。[10]

　　譯文的「我們重新踏上旅途」，湯姆生的原文是「We resumed our journey.」[11]。「resume」單字有「重新開始」與「繼續」之意，但在此處，譯為「繼續」較為貼切。而譯者以國語發音翻譯洪家的小兒子的名字「Goona」為「古納」，他是此行程的嚮導。Goona 在湯姆生的眼中是「活力充沛、活潑開朗」、「身上幾乎沒穿什麼衣服」，頭上還「戴了一頂蕨類植物做成的頭冠」，「是個不折不扣的年輕生番」。那麼，年輕的 Goona 一路帶領的旅途要走向何處？

　　我們走在通往乾河床的狹路上，就在此時，突然冒出一條長約七呎、帶點黃色的蛇，盤據我們的去路。我用手裡的粗竹竿打牠的脖子，蛇滾下河岸，不過等我們下了坡，卻發現蛇藏在大石頭下面。我在一、兩個原住民的協助下，將大石頭推開，蛇立即向我們急衝過來，一邊還發出嘶嘶聲，牠的眼睛閃耀著怒火，分岔的舌頭不斷抖動。我又打了蛇一棍，結束牠的生命。我想把蛇帶走，但蛇身實在過於巨大，只好把牠留給據說很喜歡吃蛇肉的平埔族人。[12]

　　原來湯姆生一行人「走在通往乾河床的狹路上」，還遭遇了「一條長約七呎、帶點黃色的蛇，盤據我們的去路」。湯姆生選擇「結束牠的生命」，並「把牠留給據說很喜歡吃蛇肉的平埔族人」。最後，湯姆生又提到：「在這個地區，我拍攝到一些不錯的原住民部落和風景。」[13]

　　從湯姆生留存的〈荖濃溪谷〉（Lau-long valley, Formosa, 1871）與〈荖濃東方森林覆蓋的群山〉（Forest covered hills east of Lau-long, Formosa, 1871）兩張風景影像來看，湯姆生通往的「乾河床」應該是荖濃溪谷。

　　先談〈荖濃溪谷〉（照片 5）。照片上，湯姆生簡單標示了〈荖濃溪谷〉這幾個字，但相關出版品的中、英文卻有「Lau-long river bed in dry season」、〈旱季時的荖濃溪河床〉與〈乾季時節的荖濃溪〉幾個標示。一張照片各自解讀，英雄所見大有不同。也許湯姆生想讓讀者感受抽絲剝繭的樂趣。

　　〈荖濃溪谷〉右方有兩位站立者，其中一位以斜角度倒拿著鏢槍。要以粗粗的鏢槍來射魚，其實很難捕獲鮤仔魚。此一大武壠族原住民節制度日的禁向生活精神，與繪於 1744 至 1747 年的《番社采風圖》[14]鏢槍射魚的〈捕魚圖〉（圖片 1）前呼後應，更顯價值。

　　至於影像畫面，溪床跨佔五分之三，兩側向中央河道傾斜聚焦的層疊山稜與天空佔了五分之二。河道位於正中央，前後兩座山縹緲淡遠。照片右側的小樹叢岩層為最易風化的頁岩。溪床滿布大小石頭與潔淨細沙，溪水蜿蜒有致，模糊的遠山連綿，展現無限延伸的美感。潭邊的人、小樹叢

照片 5
湯姆生，〈荖濃溪谷〉，
1871
Courtesy of Wellcome Collection

圖片 1
〈捕魚圖〉,《番社采風圖》
圖片提供:中研院史語所

與岩層都有倒影,是畫面鮮活動人的重要因素。

　　至於踏查照片的取景地,初步判斷南面是從荖濃溪的直瀨溪口起,北面至田營底聖龍宮止。這一荖濃溪河段,雨後溪流時常自然改道,工程施工也會改變水路,甚至灌溉引水渠道的開挖也來湊一腳,以致經常難以跨越。直到 2013 年 8 月 19 日,筆者歷經七次踏查比對,才在溪流中央地帶覓得取景點。

　　之後,仍持續進行取景點更細膩的踏查與調整。此處收錄的是 2015 年 12 月 12 日的踏查成果(照片 7)。比較這兩張影像,最起碼有七處相同:1. 為中央山脈支脈的「新開山」臺地。2. 為溪床植物帶。3. 為大貢占山。4. 為獅額頭山,簡稱「獅山」。5. 與 6. 為玉山山脈南段。7. 為玉山山脈南段支脈。

　　在踏查當日,筆者站在 142 年前湯姆生所述「除了福爾摩沙之外,可能再也找不到更好的水力改變地貌的例子。在島上許多地方,都沒有固定的水路存在,因此,從山坡上猛衝而下的急流,侵蝕了不穩固的岩石和土壤,並自行形成新的水道」[15] 之溪床上,不禁望谷溪興嘆,連一塊大石頭都沒有。那個可以在大石頭上放鬆躺臥,然後看天、看雲、看鳥,或閉

（左）照片 6
湯姆生,〈荖濃溪谷〉,
1871
Courtesy of Wellcome Collection

（右）照片 7
〈荖濃溪谷〉現地對比影像
攝影:游永福

目養神什麼都不看的日子,離得好遠好遠⋯⋯

　　千百年來,溪流沖刷堆積,堆積後又自己沖刷,從來無須千瘡百孔的人工疏濬,也無須所謂的「堤防」保護,這是因為先民對土地的使用從來不貪心──這種態度正是避災的不二法門。

　　在〈荖濃東方森林覆蓋的群山〉(照片 8)裡,位於正中央的鈍三角形山峰「北新開山」,是中央山脈支脈。影像中,層疊群山與天空跨佔畫面上半部,下半部則為石頭溪床與倒影水潭。由於石頭與水潭較為醒目,所以聚焦了大家的目光。天空、森林覆蓋的群山、大與小石頭滿盈的溪床,還有平靜無波的水潭,約各佔四分之一。水潭映照天空、山影、溪石與人影,整個畫面層次分明,光線深淺有致。人物是安排在右側中間位置,再加上倒影,猶如書畫落款的上、下印記,讓整個畫面活絡了起來。至於湯姆生強調的「森林覆蓋的群山」標題,則見證了山上原住民守護森林、射獵與採集資源不虞匱乏的實況。

　　〈荖濃東方森林覆蓋的群山〉的對比影像(照片 9)是 2016 年 6 月

照片 8
湯姆生,〈荖濃東方森林覆蓋的群山〉,1871
Courtesy of Wellcome Collection

1 日的踏查成果。影像中新開山右稜有大崩塌的痕跡，這是莫拉克風災造成的災情。豪雨造成崩塌和土石流，沖走山下的「新開」部落。

湯姆生所指述「我拍攝到一些不錯的原住民部落」影像，今日計有三張仍留存於世，即〈荖濃 Hong-Ko 的房屋〉（Hong-Ko's house, Lau-long, Formosa, 1871）、〈荖濃的平埔老婦們〉（Old Pe-po-hoan women Lau-long, Formosa, 1871）與〈荖濃 Goan-a 和他的妹妹〉（Goan-a and his sister, Lau-long, 1871）等立體影像。接著就這三張影像的出現述明緣由，進一步探索取景點及其內涵。

1871 年 4 月 16 日對荖濃的 Hong-Ko 家族或臺灣來說，是很重要的日子。對於遠道來訪、性情中人的湯姆生而言，他心中必然感念 15 日當晚主人 Hong-Ko 堅持殺豬、烤豬，表達周到的待客之道，還有 16 日在家族成員 Goona 帶路下，下達荖濃溪床取景拍照的盛情。因此，湯姆生數次在玻璃板塗上藥劑，曝光，慎重其事地為 Hong-Ko 家族留下上述三張珍貴影像。

湯姆生在〈荖濃 Hong-Ko 的房屋〉立體影像裡的親筆題字（照片 10）著實龍飛鳳舞。所幸經過工作伙伴釐清之後，題字出現「Hong-Kos」兩個字。就「Kos」這個題字，「Ko」與「s」中間沒有「'」標點符號的情況，費德廉在 2016 年 5 月 27 日提供了寶貴意見：「就英語文法來說，應該是漏了一個『'』符號。」建議相關標示都應完整補上。

湯姆生所指述的「荖濃」，最早出現於同治初年（1862-）成書的《臺灣府輿圖纂要》，當時記載為「荖濃莊」，由「臺灣府臺灣縣善化里西保內中股大武壠」管轄，住民以大武壠族原住民的芒仔芒社為主。其相關位置是今天高雄市六龜區荖濃里下荖濃聚落，土地則原屬拉阿魯哇族領域。該社群之所以能在此地生活，是因為清朝康、乾年間以給付外來生活物資為代價，讓兩個族群在此安居樂業、和平共存。後來學者將這個互動模式稱為「撫番租」。

在清朝與日本時代初期和中期，荖濃是山地物產與外來物資以物易物的一大據點，即山地原住民、大武壠族原住民與漢人的重要交會交流所

Hong-ko's House Lau-long Formosa 1871

在，生活、文化與婚姻都有很深的融合。

再來談談〈茅濃 Hong-Ko 的房屋〉（照片11）這張非常重要的立體影像，有五個特點：

一、背景出現一座鈍三角形山峰。從峰頂開始，右方近乎直線的稜線，約以15度角傾斜而下；左方約以20度角下傾；山峰後方左右兩側，則群峰層疊連綿。有了這樣特殊的山景，又知道拍攝地是茅濃，將有利於取景點的踏查。

二、屋頂有三個凸出設計。

三、房屋與人物的下方出現陽光的短斜陰影。由於湯姆生一行人離開茅濃前往六龜里是下午約兩點，午後已無暇進行拍照事宜。推估拍照時間大約在上午12點；又由於拍照的4月16日，太陽還在北迴歸線南邊，所以陰影的方向與房屋的面向都是偏北方。

四、房屋與山景之間有長著樹叢的小山崙。

五、人物分析：四位人物站立在照片中央正前方，兩位老婦分列兩側，兩位少年家往前跨一步在中間。這四位人物應該都是湯姆生想凸顯的主角。屋簷下則有一整排或站、或彎腰、或蹲、或坐的拍照觀察者，影像可以釐清的有22位。此外，晾曬衣服的竹竿後方有一排籬笆，在靠近房屋的後方也有一個人影。依湯姆生上述「小兒子古納……戴了一頂蕨類植物做成的頭冠」的描述，以及以〈Goan-a 和他的妹妹〉立體影像的畫面來進行比對，站立照片中央正前方的左2頭戴蕨類植物頭冠男孩應是 Hong-Ko 的小兒子 Goona 無誤。Goona 右邊的吸菸男子，依湯姆生安排的位置來看，顯然也是重要的洪家人物，只是尚無法確認其身分。

接著仔細比對〈茅濃的平埔老婦們〉立體影像（照片12），影像中的三連棟茅草房屋屋頂都有凸出設計，與〈茅濃 Hong-Ko 的房屋〉應該是同一棟，取景位置在房屋右前方。照片明顯的特點是：

照片11
湯姆生，〈茅濃 Hong-Ko 的房屋〉立體影像，1871
Courtesy of Wellcome Collection

照片12
湯姆生，〈茅濃的平埔老婦們〉立體影像，1871
Courtesy of Wellcome Collection

一、房屋左側與後側有竹子。

二、竹子後，即照片背景，有明顯的橫行小山嶺。

至於〈Goan-a 和他的妹妹〉立體影像（照片 13），根據湯姆生的題字內容，應是頭戴蕨類植物頭冠的 Goona 與妹妹的合照。兩人是在竹叢之下拍攝的。這竹叢應該就是三連棟茅草房屋左側的竹子。從叢生竹竿的粗細、節與節間偏長的特色、葉片的大小，還有竹枝無刺等生長樣貌來研判，竹子的品種應屬「長枝竹」。

需要特別補充說明的是，費德廉在 2016 年 5 月 27 日的來信曾提醒筆者：文本裡的「Goona」與影像中湯姆生的題字「Goan-a」略有所別。而威爾康圖書館的〈荖濃 Goan-a 和他的妹妹〉立體影像英文的標題差別更大：「Goan-al and his sister, Lau long, 1871」。

照片 13
湯姆生，〈Goan-a 和他的妹妹〉立體影像，1871
Courtesy of Wellcome Collection

檢視湯姆生的原題字，第一個字串為「Goan-ah」，字串的最後一個字母為「h」，不是威爾康標示的「l」，或許此字為贅字而被劃掉，成了「Goan-a」。「Goan」與「a」都可找到閩南語對應字；文本裡的「Goona」若拆開為「Goo」與「na」，閩南語也有對應字，即「Goan-a」與「Goona」，兩者都是可用的。為了尊重湯姆生原著，兩者無需統整，影像標題維持湯姆生「Goan-a」原題字，文本則持續使用「Goona」。

在追查三張照片取景點之前，必須做的功課是，湯姆生在甲仙埔前往荖濃的旅行報導裡關於「Mrs. Hong」的記錄。照片 10 與 11 裡也有「Hong」的題字，所以 Hong 確定是姓氏無誤。這個 Hong 字，在《從地面到天空臺灣在飛躍之中》一書裡，譯者將之譯為「洪」；[16] 高雄市立美術館 2012 年出版的《玻光流影：約翰·湯姆生世紀影像特展》專書中的「Hong-Ko's house」也同樣以「洪家」來標示。[17]

「洪」字的確是姓氏。但筆者注意到湯姆生記錄的地名、人稱與物名，都是以閩南語音來記錄，譬如拔馬（即「跋馬」，Poah-be）、平埔番（pepohoan）、木柵（Bak-sa）、瓠仔寮（Pau-ah-liau）、酒（shu）、甲仙埔（Ka-san-po）等都是。這些當時的語音，時至今日，有些已經有了轉折。

在《臺灣話大詞典：閩南語漳泉二腔系部分》裡，「洪」字有「hông」的發音，屬文言音，如酒量很大叫「洪量」（hông-liōng）。此外另有白話音「âng」音的使用。到了今日，âng 音較為通行，就如平常我們稱呼洪姓人家，都叫「âng」某某而不喊「Hông」某某。[18]

根據該詞典內容，出現「hông」音的姓氏另有「黃」字。就「黃」字來說，最經典的文言音例子為「黃昏」（hông-hun），到了今天，白話音的 ng 音較為通行，如稱呼黃姓人家，都叫「ng」某某，而不叫「Hông」某某。[19] 上述兩筆資料很有意義，也是有趣的線索，尤其在百餘年後，想海底撈針尋找湯姆生記錄的 Hong 氏後代，必然是一項令人興奮的挑戰。

另一本潘英編著的《臺灣平埔族史》，在第六章〈尋找平埔族後裔〉中引用陳紹馨（1906-1966）、傅瑞德合著，由臺北國立台灣大學法學院社會學系、哥倫比亞大學人類學系及遠東研究所，共同於 1970 年 7 月出版的《臺灣人口之姓氏分布》之第一冊統計資料。潘英在引用內文之外，還

摘錄了該書自序文字：

> 這本書的研究對象，是民國四十五年九月十六日臺灣省人口普查口卡資料。研究方法，是使用系統隨機抽 25% 的口卡作為樣本，經過紀錄資料、分類與統計、審查與核對、重編與複查等工作的處理。[20]

潘英在引用之後，緊接著給了該書以下評語：

> 是臺灣有史以來，有關族系與姓氏分布綜合研究唯一的一次，也是同類調查中，動員人力最多，統計方法最科學，工作態度最審慎，樣本最詳實的一次。[21]

筆者根據《臺灣人口之姓氏分布》第一冊之統計資料[22]與《臺灣平埔族史》一書裡潘英推估的「高雄縣平埔族分布」表格，[23]重新製作「民國四十五（1956）年高雄縣六龜鄉平埔族群人數推估表」（表1）。其中「山胞」、「福建」與「廣東」為《臺灣人口之姓氏分布》第一冊之統計分類；平埔族群人數則依據潘英據前書的統計所推估。關鍵的「洪」與「黃」兩個姓氏，筆者特別以粗黑體來加強標示。所有數據皆為抽樣後 25% 數值。

表 1 裡，涵蓋荖濃的六龜鄉，「洪」姓數據是一人，依隨機抽 25% 的方式推論，當時六龜的洪姓平埔族群朋友約可達到四人。而「黃」姓數據是 18 人，推論黃姓平埔族群朋友約可達 72 人之規模。因此，洪姓與黃姓都可能是湯姆生指述的 Hong 氏。

然而，我們若以熱忱接待馬雅各與湯姆生一行人的 Hong 氏，在湯姆生文字報導與照片中所呈現出來的家族生活狀態來看，相信他們在荖濃應該不是小戶或普通人家。從 1871 年到 1956 年 85 年間，一個家族要發展

民國四十五（1956）年高雄縣六龜鄉平埔族群人數推估表

姓	山胞	福建	廣東	平埔族群人數推估	姓	山胞	福建	廣東	平埔族群人數推估	姓	山胞	福建	廣東	平埔族群人數推估	姓	山胞	福建	廣東	平埔族群人數推估
力	2	2	0	4	杜	1	0	0	1	張	30	0	0	30	潘	204	83	26	313
尤	2	0	0	2	林	29	0	0	29	許	1	0	0	1	賴	13	0	0	13
王	61	0	0	61	金	0	4	15	19	郭	1	0	0	1	蕭	8	0	0	8
月	0	1	0	1	邱	8	0	0	8	莊	5	0	0	5	盧	3	0	0	3
朱	5	0	0	5	沈	1	0	0	1	望	1	0	0	1	謝	1	0	0	1
田	1	0	1	2	卓	3	7	2	12	曾	17	0	0	17	鍾	2	0	0	2
江	17	0	0	17	**洪**	**1**	**0**	**0**	**1**	彭	1	0	0	1	戴	4	0	0	4
向	6	1	0	7	柯	2	0	0	2	楊	2	0	0	2	翼	1	6	0	7
李	5	0	0	5	韋	1	0	0	1	葉	2	0	0	2	鬆	0	0	1	1
吳	5	0	0	5	馬	4	0	5	9	董	4	0	0	8	顏	4	0	0	4
巫	5	0	0	5	袁	1	0	0	1	劉	52	0	0	52	羅	3	0	0	3
呂	2	0	0	2	陳	59	0	0	59	蔡	1	0	0	1	蘭	0	2	0	2
何	1	0	0	1	**黃**	**18**	**0**	**0**	**18**	鄭	3	0	0	3					

表 1
1956 年高雄縣六龜鄉平埔族群人數推估表

到 72 人的規模大有可能。所以，Hong 字對應為「黃」姓的機率很高。

2013 年 4 月 15 日早上，在荖濃通往六龜的右岔路上，筆者正在踏查中，向田園即東南方向望去，〈荖濃 Hong-Ko 的房屋〉立體影像背景裡的主山立即躍現眼前（照片 14）。惟主峰頂右側後方的第二層山與主峰頂的交接點是在有點距離的右稜上，湯姆生照片兩山的交接點則是在峰頂之右。

根據筆者十多年登山與看山的經驗判斷，只要回頭往北移動，應該就能找到兩山正確交接的位置。終於，在南橫路與裕農路間的房屋空隙處找到相應的景致（照片 15）。

若將山峰峰頂與空隙處連結，畫出一條直線，接著從空隙處後方延伸到西側住宅區盡頭，即可沿著直線尋找湯姆生特別拍攝的「Hong-Ko's house」位址。然後綜合內政部國土測繪中心通用版電子地圖與 Google Earth，從空隙處後方延伸到西側住宅區盡頭，直線距離約有 130 公尺，海拔高度則從 401 漸漸爬升至 410 公尺，地形算是平坦。但地面上有房子、植物、道路和空地，到底哪個點才是正確的取景點？湯姆生影像中 Hong-Ko 的房屋是否仍然存在？

經過一番尋訪，終於在西側橫行小山嶺下看見一棟房屋，山腹也有長枝竹。於是，湯姆生的〈荖濃的平埔老婦們〉立體影像場景出現了。經過測定，房屋方向是面朝東北，原先偏北方的判讀有了誤差。再從房屋前方走到接近山腳的水溝處，回頭一望，湯姆生〈荖濃 Hong-Ko 的房屋〉立體影像裡如今名為「北新開山」（海拔 926 公尺）的主峰、峰頂與左右第二層山的山形、交接點，還有第二層山突出的高度（照片 16），與現地有 95% 以上的近似度（照片 17）。

必須說明的是，筆者認為照片取景點還要左移一些，現地房屋才可顯現出湯姆生房屋照片的傾斜角度，但這個角度正好被電線桿阻擋。經詢問，房屋與背景山之間原來的確有小山崙，由於南橫公路拓寬順勢剷除，並建蓋了房屋。至此，湯姆生的〈荖濃 Hong-Ko 的房屋〉地景，鮮活地呈現眼前。問了住戶，果然是姓黃。身分既然確定，〈荖濃 Hong-Ko 的房屋〉立體影像便正式以〈荖濃黃 Ko 的房屋〉來標示。

（左）照片 14
田園東南方出現了〈荖濃 Hong-Ko 的房屋〉立體影像背景裡的主山
攝影：游永福

（右）照片 15
在南橫路與裕農路空隙處，找到湯姆生〈荖濃 Hong-Ko 的房屋〉立體影像山景相應景致。
攝影：游永福

（上）照片 16
湯姆生，〈荖濃 Hong-Ko 的
房屋〉截取影像，畫面在調
暗光線並修淨山脈上方的天
空之後，山脈分佈與連結清
晰可辨。
Courtesy of Wellcome Collection

（下）照片 17
黃家現地房屋位置與背景山
脈
攝影：游永福

　　眼尖的人認為「湯姆生的照片與現地照片遠近似乎仍有差距」。之所以出現這個現象，是因為當時湯姆生使用雙鏡頭立體相機拍攝，鏡頭焦距較短，拍攝出來的風景會有較寬廣的視野，並充滿景深之美。至於曾出現在〈荖濃 Goan-a 和他的妹妹〉立體影像裡房屋左側的長枝竹，1957 年出生的屋主對此並無此記憶。所以，該長枝竹被砍除的時間應該更早。

　　確定此踏查結果之後，筆者特別以中央研究院人文社會科學研究中心 GIS 研究專題中心提供的福衛二號衛星影像圖資，製作標示出現地實況的「湯姆生的荖濃黃家與北新開山位置衛星影像示意圖」（地圖 1），便於讀者瞭解。

　　2013 年 4 月 18 日，鄭立明導演的工作團隊也前來進行錄影記錄。在

地圖 1
湯姆生的荖濃黃家與北新開山
位置衛星影像示意圖
Courtesy of Wellcome Collection

照片 18
黃家後人應邀在〈茖濃平埔
老婦們〉立體影像場景前留
影。
左起：1. 黃凱萱。2. 黃素玲。
3. 黃秀麗。4. 黃飛虎。5. 黃
華榮，2013 年 4 月 18 日。
照片提供：鄭立明

女兒黃秀麗比手畫腳地說明要拍照之後，高齡 91 歲的大老爺黃飛虎高興
得像個小孩。他在攙扶下來到屋前椅子坐定，晚輩則陪侍在側。有老屋和
老少人物，於是類似〈茖濃的平埔老婦們〉立體影像的畫面躍現眼前（照
片 18）。

時隔 142 年，關於 1871 年湯姆生與馬雅各醫生來到茖濃的事情，社
區中卻沒有任何老人家知道，著實令人遺憾。大老爺極度重聽而且體弱，
也無法請益。後來，筆者請黃家後人協助申請日本時代戶政資料，看看是
否可能連結上湯姆生所記錄的黃家人名字。

結果戶政記事欄最早可追溯大正六年（1917）（圖片 2），明治年間完
全無資料登錄。由於黃家如大多數平埔族群原住民一樣，沒有族譜，也無
簡單系譜，祖先牌位的資料只是先前參考日本時代戶政資料所填寫的，至
此，最後可以索驥的線索也斷線了，殊為可惜。

筆者不放棄任何線索，仔細檢視日本時代黃家的戶政登錄資料。第一
個長輩名為「黃添福」，其長男叫「黃連炮」。黃連炮的職業欄註記為「田
畑作」，所謂「田」是指「水田」，「畑」則是「旱田與山園」，即從事
農事工作。至於種族欄，相關人等有註記的皆為「熟」字。可知在戶政調
查時，日本官方將黃家歸類為臺灣在地人，即今天所謂的「平埔原住民」。

而黃連炮夫人姓「金」名「春涼」。根據《安平縣雜記》記載：「考
其實在，若是番族脈絡，只潘、金、劉三姓為正派；外此別姓之番，概非
四社番之血脈，均閩、粵人入籍變番者。」[24] 的記載，「金」姓是原住民
四社平埔社群三大姓氏之一；黃姓則「均閩、粵人入籍變番者」。一起拍
照的大老爺黃飛虎（1923-2015）即黃連炮長男。[25]

黃連炮出生於 1898 年，若以一世平均 25 年往上推溯，父親黃添福
約出生於清同治十二年（1873）。再依出生時間來看，他很可能在 1871
年 4 月 15 日娶山地原住民妻子續絃的黃 Ko 大兒子 Boon 的兒子。湯姆生
關於「到山裡的生番親戚家，物色另一位新娘」的「生番親戚家」用語，

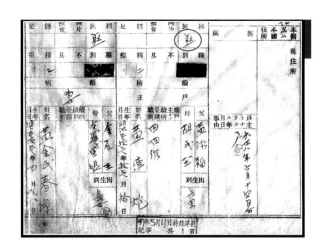

讓我們知道，黃家與山地原住民早有通婚關係，而且 Boon 再次通婚，也說明婚姻中的跨種族交流是很深的。

對於湯姆生地景照片取景點的踏勘與追查，是有趣又充滿挑戰的工作，但須有登山的經驗與用心觀察的歷練。

臺灣多山，以山脈進行比對或許容易出現近似者，但從房屋兩側山脈呈現的特點來進行比對，可說絕無僅有。而林木砍伐、地震、土石流與山崩等干擾，或多或少會影響山稜樣貌。所以實地對照要達到百分之百相似是不可能的，這是進行踏查工作須有的基本認知。

對此，湯姆生是行家，而且極為用心。除了留下接待家庭的姓氏，他還完整呈現黃家房屋左、右兩側的背景風光與特色，讓後人探索與比對。筆者也終於能按圖索驥，找到〈荖濃黃 Ko 的房屋〉立體影像的位置與後代子孫。

清朝時期的黃家不一定是個顯赫之家，但因祖先黃 Ko 夫婦與孩子熱忱待客，故能為荖濃甚至臺灣留下這麼重要的文化資產。會以「資產」來稱呼，是因為黃家除了 1871 年有馬雅各與湯姆生來訪且留宿過之外，照片中的房屋建築、服裝與配飾都呈現出大武壠族原住民獨特的樣貌。在此就黃家三張影像的內涵做一說明：

以〈荖濃黃 Ko 的房屋〉立體影像來說，其特色為：屋頂上有三個兩面通風口，除了流通空氣，往上推即是天窗，具有採光的功能，在當時的拔馬與木柵平埔族群房屋裡，甚至沿海漢人房屋中，都未曾出現，是最為先進的建築設計。影像的左側，可見柴堆都是細枯枝，彰顯大武壠族原住民節制取用自然資源，不砍大樹的禁向永續作法。

至於〈荖濃黃 Ko 的房屋〉截取影像（照片 19）中左側站立的女士，竟然一次抽吸兩支煙斗。持續檢視之後，發現女士的頭巾也出現兩個影像。原來是湯姆生在玻璃底片曝光之際，女士上身晃動了一下。在第一章第三節中，筆者已說明，湯姆生使用濕版攝影法進行拍照，曝光時間雖然已大幅縮短，但仍需三秒至一分鐘來完成影像擷取，所以經常會有雙影像和三影像，甚至影像模糊的狀況發生。因此，要拍出一張成功的人物照片並不容易。

〈荖濃的平埔老婦們〉截取影像（照片 20）中，屋前有六位或蹲或站的老婦。左 2 老婦的腰部繫綁有挑繡花紋的「被仔圍」（今日，耆老都以「被仔」來簡稱之），相當珍貴。這件被仔圍得見條幅較窄的挑繡邊緣，中間也有大約同樣粗細的橫式挑繡。只是原照片拍攝範圍較廣，放大後仍然無法看到挑繡圖紋的細節。雖然如此，這張照片見證了距離今日百年歷史的大武壠族原住民挑繡圖紋服裝，在 1871 年即已出現。

而影像左 2、3、4、5 老婦則配戴手鐲，左 4 者甚至是兩手都配戴：左 4 與 6 老婦，左手手指也都配戴有戒指，而且都配戴在中指。湯姆生真是體貼，讓兩位阿嬤的左手掌背清晰地呈現，應該是希望阿嬤留下美好的回憶。

同樣是平埔族群生活區，荖濃的身體配飾顯然比木柵豐富多了。身穿右衽上衣，與木柵的左衽有別。至於左 3 老婦，正是接待家庭的女主人黃太太，因為其長相、煙斗與衣著，都與兩張〈荖濃附近的捕魚團體〉裡的

影像雷同。

　　關於上述「被仔圍」，《安平縣雜記》有以下的描述：

　　　　閒時，衣服極形短窄，只遮胸前兩乳而已。又另用藍布一幅，方圍約
　　長三尺餘，四圍則用紗線挑繡不斷紋之花，布角縫帶兩條，佩於身上左肩
　　膀，名曰『被仔圍』，蓋用於遮蔽腹背之處。[26]

　　《安平縣雜記》這一段記載是針對居住於高雄市甲仙、杉林與六龜三
個區的大武壠族原住民的衣著進行描述。文中關於「佩於身上左肩膀，
名曰『被仔圍』」的說法，與〈荖濃附近的捕魚團體〉截取影像（照片
21）中右側站立婦女，將被仔圍的兩條帶子佩綁於右肩，布片則在左腋下
遮蔽著腹背的佩綁方式，左右正好相反。

　　會有這樣的落差，可能是族人未硬性規定佩綁於左肩或右肩。若從
〈荖濃的平埔老婦們〉截取影像中老婦佩綁的方式來看，當時被仔圍除了
是用來遮蔽腹背，也可以紮綁於腰部下垂至膝蓋。只是《安平縣雜記》未
曾提及紮綁於腰部的用途。

　　接著談〈荖濃 Goan-a 和他的妹妹〉立體影像。畫面中三個女孩都是
右衽而衣，站立者應該就是妹妹，兩位蹲者則可能是鄰居。竹叢左側出現
了三分之一的人影，只是身分難辨。

　　背景中長枝竹樣貌清晰：長枝竹的筍子可以食用，須先泡水並燉煮多
時，以去其苦味；莖部除了可以作為竹管屋的建材，還可編製竹籃、竹籮
筐、魚簍等器物。長枝竹右側的「柴馬」（又稱「柴舉」、「柴架」），
則是採集柴火的工具。從柴馬上堆疊的細枯枝，可看出大武壠族原住民對
於自然資源憐惜之心。

　　在〈荖濃 Goan-a 和他的妹妹〉截取影像（照片 22）中，以頭巾與蕨類
植物紮綁出最為自然頭冠的正是 Goona，在 Goona 右側則是身著盤扣式拼
布上衣的妹妹。妹妹胸部的拼布有左右深淺布塊的對比，肩部與袖子是淺
色上方搭配深色長條布塊。整體設計在左右對稱中略有變化，呈現落落大

（左）照片 21
湯姆生，〈荖濃附近的捕魚
團體〉截取影像
Courtesy of Wellcome Collection

（右）照片 22
湯姆生，〈荖濃 Goan-a] 與他
的妹妹〉截取影像
Courtesy of Wellcome Collection

方的美感。她還修了柳葉眉。

在湯姆生的茇濃影像裡，這是唯一可見修眉的例子。回顧〈茇濃附近的捕魚團體〉影像，外出捕魚的妹妹雙臂空空，沒有配戴飾物；而此張照片，她的右手臂配戴有彈簧雙手環，這應該是回應湯姆生拍照的要求所作的裝扮。配戴手環也呼應《安平縣雜記》中的「其所最重者，銀手鐲、玉戒指」[27]。如此精緻又高貴的銀飾手環，即便是在今日也相當罕見。

那麼，當時的黃家只是一般家庭嗎？

Goona 妹妹除了出現在〈茇濃附近的捕魚團體〉影像中左側最前方石頭上的坐者之外，也可以在〈茇濃黃 Ko 的房屋〉立體影像中看到。她站立的位置是在畫面右側站立女士與吸菸少年中間縫隙的後頭。照片中的三個影像的樣貌與服飾完全一樣。有趣的話題出現了：黃太太與這位女兒在 4 月 15 與 16 兩日的衣著都是一樣的，即她們並未更換服裝。

或許可以得出這樣的結論：在茇濃，外衣不一定天天更換，卻天天可以洗澡，因為這裡不缺水。

六龜里驚奇

到達六龜里時間：4 月 16 日下午約 6 點 30 分

在茘濃拍好照片，準備妥當之後，湯姆生一行人又動身。

　　兩點鐘左右，我們又再次出發，朝約 12 哩外的六龜里（今六龜）走去。我們穿過一條水質呈強鹼性的小溪。溪邊的鹼、碳酸和碳酸鉀產生大量結晶，看上去有如瑞雪初降。小溪主流兩岸目前高出乾河床兩百多呎，交疊的黏土層和岩層清晰可見。[1]

　　湯姆生出發的時間是在下午「兩點鐘左右」，目的地是「約 12 哩外的六龜里」。首先「穿過」的是「鹼、碳酸和碳酸鉀產生大量結晶，看上去有如瑞雪初降」的「水質呈強鹼性的小溪」。依「兩岸目前高出乾河床兩百多呎，交疊的黏土層和岩層清晰可見」的地形樣貌研判，當時他們走在「直瀨溪」及其支流的下游河段，即溪流匯入旅行地圖標示的「六龜里溪」（La-ko-1i River）之前那段。湯姆生文中的六龜里溪，在今天稱為「茘濃溪」。

　　湯姆生筆下茘濃至六龜里「約 12 哩」的報導，依《臺灣堡圖》的路徑，在南下今台 27 線之後，銜接高 131 線，過了水冬瓜，再經獅額頭，終抵六龜里。就在 2006 年 4 月 7 日上午 11 點 48 分，筆者與伙伴董武慶

地圖 1
茘濃至六龜里路徑與里程

從茖濃出發，邊行走邊觀察，於下午 4 點 40 分到達六龜里，實測里程為 14 公里（地圖 1）。在高 131 線自水東過至獅額頭的路段，中間果園處的道路崩塌，車輛不通，須上繞果園才能下接另一段道路。由於水東過至獅額頭路段歷經幾度災變之後，有四分之三嚴重崩毀，徒步充滿危險。或許是因為高 131 線功能早已由台 27 線所取代，因此公部門並無花公帑進行修護的打算。

關於「獅額頭」地名，世居茖濃的董武慶如此解釋：「地形就像獅子舉起頭來，也就是『獅舉頭』，《安平縣雜記》則是以訛音『獅額頭』記錄，因為兩者的閩南語音接近。」

描述直瀨溪景觀之後，湯姆生又細細著墨與想像著六龜里溪谷溪岸的山與河之壯麗：

前方出現了一片壯麗的絕景：群山層巒疊嶂，沐浴在日落時分的紫光中，並裝飾以茂密的古老森林，山嶽宏偉的外形因此變得柔和。有道從黑暗深淵奔出的急流，從岩石上飛濺而下，之後再次消逝森林中。在我們的周圍，處處可見自然界的神奇力量，這股神力為雄偉的山嶺披上翠綠的大衣，又用落日餘暉的萬紫金光繡上色彩。就算是最微小的岩縫，大自然也不忘為它添上一筆特殊的雅致：在岩縫生長的鮮花、蕨類和苔蘚中，我們發現一個具體而微的美麗世界。

雨季時，這地區的壯觀美景一定難以言喻：那時會有輕煙籠罩與彩虹照耀的上千道瀑布從山坡上傾湧而下，一路怒吼著奔向廣闊的大河。[2]

深具美學眼光的湯姆生，面對「群山層巒疊嶂」的「壯麗絕景」，一定會有架起相機的衝動；當發現「鮮花、蕨類和苔蘚」生機勃勃「在岩縫生長」的「一個具體而微的美麗世界」，也會興起拍照的慾望。當時湯姆生想像「雨季時」，「會有輕煙籠罩與彩虹照耀的上千道瀑布」，氣派地「從山坡上傾湧而下」，「一路怒吼著奔向廣闊的大河」，看來整個人身心都深深融入這一片山河大地之美。

在面前的靜謐山谷中，可以看見六龜里的聚落——在荒野叢林中的幾間簡陋住宅，和一小塊耕地。在夕陽逐漸黯淡的光線下，我們只能辨認出村子的樹籬、檳榔樹、芒果樹和龍眼樹。不久後一切都沈入黑暗中，我們只好摸黑找尋通往村子的道路。我們朝著狂野的音樂聲、笑聲，以及舞蹈聲的方向走去，但一路上都沒遇見任何人，直到抵達老人金祥的小屋為止，他是馬雅各醫生的舊識。我們在這裡只受到冷淡的接待。在隔壁茅屋的老人金祥，因為患了風濕病又吸食鴉片而臥病在床，一個女奴正替他扇風。金祥的兒子，一個六呎高的傢伙，站在小屋門口，在他身旁的是他的妻子，她來自於一個友善的山地部落。房屋的外牆上懸掛著鹿的頭蓋骨，還有山豬頭所做成的花飾，這些都是狩獵得來的戰利品。當這位父親吸完鴉片，才准許我們在外頭的小棚留宿一夜。[3]

（左）照片 1
在淨閑山莊眺望六龜里
攝影：游永福

（右）照片 2
紅水坑產業道路上方眺望六
龜里
攝影：游永福

　　湯姆生「看見六龜里的聚落」，是位於「面前的靜謐山谷中」。但是「荒野叢林中」只有「幾間簡陋住宅，和一小塊耕地」，居住戶數不多。在今天，高 131 線有兩個地方可以眺望六龜里景致，一處在簡稱「獅山」的獅舉頭山的「淨閑山莊」（照片 1），海拔 455 公尺，山莊有門禁管制。另一處在高 131 線左轉入紅水坑產業道路入口上方（照片 2），海拔 326公尺。六龜里已發展為六龜的政經中心，人文薈萃。

　　若從高 131 線左轉入紅水坑產業道路，下行約 1.6 公里，即可抵達1952 年開始收養孤兒的六龜基督教山地育幼院。經年來，育幼院院方戮力辛勤耕耘，其〈關於我們〉專文有這麼一段簡介：

　　本院創辦至今，收容照顧原住民孤兒，不計其數，除了來自政府與民間的支持外，創辦人楊煦牧師與林鳳英女士傳播的基督大愛，使整個山中小城，如沐春風。感人的故事，說也說不完。一般人一生可能只有兩、三個子女，楊煦夫婦拉拔大的孩子，少說也有近千人，如說楊煦有一千個孩子，沒有人敢說他們是在吹牛。[4]

　　楊煦牧師夫婦辛苦創立的育幼院，讓馬雅各想在南臺灣更東內的山地界成立據點來服務原住民的理想得以實現。

　　再回到湯姆生的文本。由於「夕陽逐漸黯淡」，所以「只能辨認出村子的樹籬、檳榔樹、芒果樹和龍眼樹」。接著「不久後一切都沈入黑暗中，我們只好摸黑找尋通往村子的道路」，就在摸黑「朝著狂野的音樂聲、笑聲，以及舞蹈聲的方向走去」時，「一路上都沒遇見任何人，直到抵達老人金祥的小屋為止」。湯姆生一行人沒有白來內山地界，因為在摸黑進入六龜里之前，他們聽到三種歡樂音聲，卻未遇見任何人。這驚奇像是黑暗中善意帶路。

　　或許是「馬雅各醫生的舊識——老人金祥，因為患了風濕病又吸食鴉片而臥病在床」，所以一行人「在這裡只受到冷淡的接待」，得等金祥「吸完鴉片」，「才准許我們在外頭的小棚留宿一夜」。這「小棚」，一般來說是開放空間，亦即是只有頂棚沒有牆壁的，可以讓風自由來去。至於「老人金祥」與「吸食鴉片」劃上等號，可見當時鴉片的禍害已深入南臺灣內

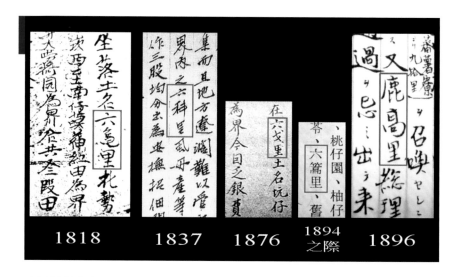

山地界的六龜里。

　　與山地部落原住民通婚的金祥家族，此時仍保有在「房屋的外牆上懸掛著鹿的頭蓋骨，還有山豬頭所做成的花飾」展示「狩獵戰利品」的習俗，其目的是彰顯家族的勇猛。而金祥家族居住的六龜里，住民是以大武壠族的芒仔芒社原住民為主，由「臺灣府臺灣縣善化里西保內中股大武壠」管轄。

　　湯姆生記錄的「Lakoli」[5]，根據古文書、文獻與公文書記載之時間序，計有：一、六龜里（La-ku-li，1818，〈嘉慶二十三年芒仔芒社番斗尉大目京立典契〉[6]）。二、六科里（La-kho-li，1837，〈道光十七年內攸社通事四安邦同立合約〉[7]）。三、六戈里（La-ko-li，1876，〈光緒二年山杉林庄王象立出盡根杜絕字〉[8]）。四、六篙里（La-ko-li，1894 之際，《安平縣雜記》[9]）。五、鹿高里（Lok-ko-li，1896，「蕃薯寮撫墾署長佐竹義和報告書」[10]）等五個中文名稱出現（圖片 1）。之後再回到六龜里（La-ku-li，1909，伊能嘉矩，《大日本地名辭書》[11]）的名稱。可知六龜地名、是出自原住民語音的音譯，其演變與今日「六隻龜」的傳說無關。

　　為了想想快取得食物和用來煮乾硝酸銀液的容器（攝影師們會了解這道程序的重要性），我靠著火把的亮光，往一個名叫「拉列」的人家走去。拉列是廈門人，在這裡與山地部落從事以物易物的交易。在拉列的家中，幾乎沒看到任何商品，泥地上有張桌子，桌上油杯裡的蠟燭正搖曳著微光。在這陰暗的房子裡，聚集了一群正忙著抽菸、喝酒的喧鬧人群。

　　沒有人注意，也沒有人在意我們的到來，他們沒有我們要的商品，甚至連句問候都沒有。有個酒醉的老太婆搖搖晃晃地站了起來，手裡拿著裝了薯酒的茶壺，在小心翼翼地將酒喝得一乾二淨後，竟向我們兜售這個茶壺。此時，一直在某個像櫃臺似的地方睡覺的拉列醒了，認出我的朋友，並同意和我們進行交易。特別的是，念在先前和馬雅各醫生的交情，他給了我們一打雞蛋和一個褐色的壺，而且堅決不收錢，最後我們只好強塞給他。他還給我們看了生樟腦、毛皮、鹿茸、山豬牙、藤條，以及其他貨物，

這些東西都是他從一群生番手中得來的。這群生番前一天從獵場到六龜里來做交易，拉列則以玻璃珠、鮮紅棉布、刀子，還有火藥做為交換。[12]

　　湯姆生一行人「靠著火把的亮光，往一個」在六龜里「與山地部落從事以物易物的交易」的「『拉列』家走去」，目的是「想趕快取得食物和用來煮乾硝酸銀液的容器」。這位「拉列是廈門人」遠從福建廈門深入南臺灣內山地界，目的是做生意，當然，這是要有幾分膽識的。從拉列「念在先前和馬雅各醫生的交情，他給了我們一打雞蛋和一個褐色的壺，而且堅決不收錢，最後我們只好強塞給他」的人情味展現，可知他與「生番」交易也自有一套服人的手法。

　　拉列與山地原住民交易的山地物產是「生樟腦、毛皮、鹿茸、山豬牙、藤條，以及其他貨物」，外來物資是「玻璃珠、鮮紅棉布、刀子，還有火藥」。關於「其他貨物」，湯姆生的原文為「other wares」，[13] 這複數的「wares」，辭典的確有「貨物」或「商品」的翻譯，但以「貨物」來指述山上這些尚未加工的農產或山產，總覺得不貼切，不如轉譯為「物產」，更符合實情。

　　至於「玻璃珠」，湯姆生的原文為「beads」，[14] 這「bead」當名詞用時，意思有三：「1. 有孔之小珠。2.（pl.）念珠；串珠。3. 珠狀物；滴。」[15] 原文已經加上「s」，是複數，所以依原住民的裝飾用途來說，可譯為由自己穿串的「各式有孔之小珠」，也可以譯為已經串好的「串珠」；但珠子不一定都是玻璃的材質。

　　我們的武裝嚮導在我們身旁的一張蓆子上睡覺，我和阿洪則忙著準備之後旅途所需的化學藥品，我們用中國壺煮乾硝酸銀液，一直忙到半夜兩點。這是個很乏味的工作：我們兩人坐在爐火前，剛開始阿洪先睡，再來換我睡，後來我們兩人都睡著了。稍晚火勢慢慢變弱，害我們不得不起來將火撥旺。我一邊抱怨著僕人睡著，自己卻也馬上就打起盹來。我們就這樣持續著，一直到壺裡的液體全蒸發。有一次，含有酒精的煙霧在蒸散時著了火，接著一聲可怕的尖叫突然將我驚醒，我睜開眼睛，看見一張女人佈滿皺紋的老臉貼近並怒視著我，我猜這個老婦人八成是被派來監視我們的。從這黑暗中出現的她隨即又消失在黑暗中：同樣被吵醒的阿洪看到這幽靈似的人物，馬上說那是——唉。管他說什麼。不過在這件事之後，阿洪就再也睡不好。我自己實在沒法子說清楚，那老巫婆到底是什麼東西？又是怎麼消失的？她看起來的確是枯槁、醜陋，完全不像人。憑空消失時也是如此地突然與無聲無息，就像她從竹製短煙斗猛然吹出的煙霧一般。[16]

　　摸黑進入六龜里，又張羅罷晚餐，是該休息的時候了，但是湯姆生說「我們的武裝嚮導在我們身旁一張蓆子上睡覺，我和阿洪則忙著準備之後旅途所需的化學藥品」。讀到「我們的武裝嚮導」在六龜里出現，可以得

知甲仙埔的武裝嚮導在護送湯姆生一行人來到荖濃後，隔日又持續護送到六龜里——由此可知，荖濃到六龜里的路徑充滿危險。

湯姆生與阿洪「用中國壺煮乾硝酸銀液，一直忙到半夜兩點」，由此可見當時準備攝影用的化學藥品是項大工程。在煮乾的過程中，兩人因連日奔波都累壞了，得輪流休息，但「後來我們兩人都睡著了。稍晚火勢慢慢變弱，害我們不得不起來將火撥旺」。在「將火撥旺」時，湯姆生「一邊抱怨著僕人睡著，但自己馬上就打起盹來」。在煮乾過程中，「有一次，含有酒精的煙霧在蒸散時著了火，接著一聲可怕的尖叫突然將我驚醒」。看來，湯姆生又再次遭遇驚奇。

「我睜開眼睛，看見一張女人佈滿皺紋的老臉貼近並怒視著我，我猜這個老婦人八成是被派來監視我們的。從這黑暗中出現的她隨即又消失在黑暗中。」湯姆生平實述說了可怕尖叫聲的來源，「同樣被吵醒的阿洪看到了這幽靈，馬上說那是……」，之後「阿洪就再也睡不好」。

關於這位嚇人的「老巫婆」，湯姆生還描述「她看起來的確是枯槁、醜陋，完全不像人」，接著補充老巫婆「如此突然與無聲無息」地「憑空消失」，「就像她從竹製短煙斗猛然吹出的煙霧一般」，宛如風一般神奇。

關於自然界，我們不了解及有待體驗的事物，實在太多了。

我們休息了四個小時，天一亮就起床準備好要上路。經過一夜的沸騰，我的硝酸銀液恢復了令人滿意的品質，但是用來稀釋硝酸銀液的水，實在太過於偏鹼性，我只好用大量的中國醋來將它調為弱酸。[17]

從兩點起休息四個小時，「天一亮就起床」，時間是早上六點，「準備好要上路」的目的地是木柵，路程遙遠，故需早點啟程。

「我用來稀釋硝酸銀液的水，實在太過於偏鹼性」，指的是六龜里的水質。幸好湯姆生修習過化學課程，準備充足，使用自己攜帶的「大量的中國醋來將它調為微酸性」。湯姆生一行人摸黑進入六龜里，一大早就啟程。在攝影術發明後 32 年，尚無夜拍功能之發明，故無法進行夜間拍照，因此六龜里聚落確定沒有留下影像。

歸程——返回木柵

到達木柵時間：4 月 17 日下午 6 點左右

西返木柵，湯姆生一行人到底走哪一條路徑？

湯姆生的旅行報導譯文：「回六龜里途中，到達第一座山頂時。」[1]，這句翻譯讀起來很奇怪，明明才離開六龜里，怎麼竟然又「回六龜里途中」？檢視湯姆生的原文：「On the summit of the first range, on our homeward route, above Lakoli」，應該是「回程途中，來到六龜里上方第一座山頂時」[2]。

那麼，湯姆生抵達第一座山頂時，遭遇了什麼狀況？

我感覺極度疲勞，好想躺下來睡覺，而不想架起相機拍照。但是我們完全沒有時間，因為除了要花上一整天拍攝之外，還必須在天黑之前趕 2、30 哩路，所以一刻也沒歇著。[3]

無獨有偶，1918 年 2 月 18 日，有一署名「溪水」的日本人寫了一篇〈六龜里、甲仙埔巡禮〉，也提到從六龜里西返山杉林的情況：

告辭後，在上午十點左右，從六龜里出發，乘坐山轎越過「辭職坡」。此一「辭職坡」，名稱是有些緣由的：早先，在名為「山杉林」的地方設有一分廳，人員每月接受六龜里派出所徵召一、兩次，返回時，來到半山腰之處既飢又渴，稍作休息後，卻沒心思繼續爬了，既然如此，心想乾脆就辭職不幹算了。我來到此處，的確頗能體會那些當事人內心的感覺。[4]

「溪水」會乘坐山轎而非走路，應該是一名有身分的日本官員。來到半山腰之後，同樣也感受到 1901 年 11 月 9 日之前蕃薯寮廳山杉林支廳人員往來山杉林與六龜里的辛勞，頗能呼應湯姆生的記錄。連續七天近似急行軍趕路而備感極度疲勞的湯姆生，在離開六龜里上達第一座山頂時，竟然累到「不想架起相機拍照」。如此一來，難道整個六龜里都未留下任何影像嗎？

十多年來，筆者陸續收集並檢視湯姆生的現存檔案，出現了三個驚喜：有六龜里溪谷景觀照片與圖檔，而且是三張。在威爾康圖書館典藏品中，便有一張湯姆生〈六龜里溪谷東南方景觀〉（La-ko-li Valley, Looking S(outh) E(ast), Formosa, 1871）（照片 1），山景畫面十分壯觀。

在《周遊世界之新航海日誌》畫報書中，有 J. Moynet 於 1876 年製作

照片 1
湯姆生，〈六龜里溪谷東南方景觀〉，1871
Courtesy of Wellcome Collection

圖片 1
J. Moynet，《Vue Prise à Lakoli》版畫
經費德廉同意引用

的版畫，其上標示法文：「VuePrise à Lakoli」[5]，是以當時湯姆生沖洗的照片作為範本來刻印的版畫。威爾康圖書館不見這一張《Vue Prise à Lakoli》版畫（圖片 1）的相關照片，推測玻璃底片應該是已經毀壞，慶幸的是，原照片仍保留在李仙得《臺灣紀行》一書中。從畫面景致與取景方向來看，或者可名為〈六龜里溪谷東北方景觀〉（La-ko-li valley, looking NE, Formosa, 1871）」。（照片 2）

要發現這兩張六龜里照片的取景點，必須先釐清湯姆生一行人西返木柵的路線。劉克襄在《福爾摩沙大旅行》曾這麼推測：

作者（指湯姆生）所走的路線卻是繼續南下，經過今日美濃附近，或者偏北的山谷，再回到內門去。可惜，作者並未詳細描述六龜之後的情形。此處更加突顯作者此行的興趣和議題在平埔族身上。[6]

回頭檢視湯姆生旅行地圖裡的路徑與山脈的樣貌。（地圖 1）他們應該是先南行攀越六龜里南方的大貢占山（海拔 823 公尺）南稜，再行經枋寮（Pang-liau，屬今杉林區集來里）來到火山（Hesoa，同屬杉林區集來里），然後循著來時路返回木柵。

為了驗證地圖路徑是否正確，筆者自 2005 年起與工作夥伴三度來到大貢占山踏查。第三次是在 2008 年 9 月 5 日，從大貢占山山腰步行至三角點附近時，因林木過於茂密，只能在大貢占山北稜縫隙取景。經過比對，拍得的角度近似〈六龜里溪谷東北方景觀〉影像，真令人興奮。

首先以《Vue Prise à Lakoli》版畫（圖片 2）並排比對 2008 年大貢占山

照片 2
湯姆生，〈六龜里溪谷東北方景觀〉，1871
出自《臺灣紀行》
經費德廉與蘇約翰同意引用

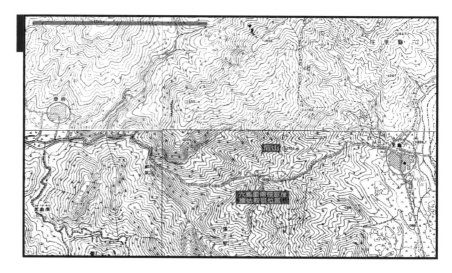

北稜近似影像（照片 3），獲致的成果為：1. 為「新開山」。2. 為「獅舉頭山（簡稱「獅山」）」。3. 是「東龜山」。4. 是「太原山」。5. 是湯姆生所說的「六龜里溪（今稱『荖濃溪』）」。6. 是「六龜里」。畫面上層峰高低起伏，溪流蜿蜒有致，十分壯麗。若從層疊山嶺前後上下比例來分析，取景點必須往北再尋才可能得著。取景點若不是在大貢占山北稜，當然就更不可能是旅行地圖標示的南稜。

接著，查閱相距 33 年，即 1904 年的《臺灣堡圖》，當時六龜里有一經西側后山（海拔 532 公尺）南稜，再上下溪谷與山嶺直接西行至枋寮的路徑。此路徑山勢較低，路程也較近，是來往民眾常走路線。因此，筆者大膽推測取景點應該就在后山南稜上。

2013 年 7 月 10 日，筆者與助理游心一來到六龜里。二人順著華北街西行，在神農宮前方的土地公廟處往右岔路前行，接著連續往兩個左岔路續行。最後來到一戶無人居住的山居前方時，發現必須要走右岔路徑上行才能抵達稜線，但路徑長滿蔓草，鐮刀並未隨身，當時又接近正午 11 點 40 分。筆者只好在林木縫隙中以隨身攜帶的湯姆生照片進行比對，並朝東南方拍照。返家後仔細分析，〈六龜里溪谷東南方景觀〉影像近似的景觀照片終於出爐。只是山稜的高度與遠度不足，從這兩張影像各山交錯的位置來看，若往西上達稜線，就會出現取景點。

（左）圖片 2
《Vue Prise à Lakoli》版畫
經費德廉同意引用

（右）照片 3 今日大貢占山
北稜近似影像
攝影：許淑卿

（上）照片 4
湯姆生，〈六龜里溪谷東北
方景觀〉截取影像
經費德廉同意引用

（下）照片 5
后山山腰海拔 418 公尺處拍
攝的極近似影像，2013 年 7
月 10 日
攝影：游永福

〈六龜里溪谷東北方景觀〉因群樹蓊鬱而遮蔽視野，無法拍到彎曲有致的荖濃溪與層疊重山全景。將〈六龜里溪谷東北方景觀〉截取影像（照片 4）與后山山腰海拔 418 公尺處的影像（照片 5）比對，樹梢山景極為近似，有九處山峰形狀貌似。這說明了湯姆生一行人當時應該是直接上達六龜里西側的后山南稜路徑西返木柵，同時也顯示比當時清朝官方測繪更精密的「湯姆生旅行地圖」出現了小差錯。

2013 年 11 月 23 日，筆者繼續前往后山稍北不同路徑進行踏查，希望有所突破。在更高點一處電線桿旁，面向東南方，取得〈六龜里溪谷東南方景觀〉更近似的影像，影像中可以望見荖濃溪。不過東方仍然因林木茂生，無法拍攝到〈六龜里溪谷東北方景觀〉的對比影像。從上述兩張影像呈現的樣貌可以確認，湯姆生是在同一個取景點進行拍攝，角度一張朝向東北，之後轉向東南。

再上去產業道路，由於老農年歲已大，年輕人大都到外地謀生，故連麻竹筍都無人採收，四處草木叢生，不易通行。如勉強闢路前進，越行草木越森密，望也望不出去。或許砍除一大片樹木來拍照是個可行的辦法，但相信湯姆生絕不會同意這麼做，我們這批以環境保護者自居的伙伴當然也不可能這麼做。只要確實知道湯姆生走的是行經后山西返木柵的路徑，兩張六龜里照片的取景點就讓它們留在草木森森中。

將湯姆生的〈六龜里溪谷東南方景觀〉（照片 6）與后山山腰新拍攝到的〈六龜里溪谷東南方景觀〉更近似影像（照片 7）並排比對，得到的成果為：1 為中央山脈支稜的「網子山」（海拔 1378 公尺）。2 中央山脈支稜，名為「真我山」（海拔 1060 公尺）。3 為玉山山脈的「大貢占山」（海拔 823 公尺）。4 為玉山山脈后山東稜。5 為后山小山崙。6 為湯姆生稱之「六龜里溪」的「荖濃溪」。〈六龜里溪谷東南方景觀〉畫面中俊嶺層疊分明，山勢與溪流線條傾斜交錯，充滿幾何構圖之美，而且壯麗。

雖然兩張六龜里景觀照片取景點暫時無法解密，有些遺憾，不過筆者根據上述對比結果，截取《臺灣堡圖》圖面完成一張附有標示的「六龜里至枋寮路徑與影像推估取景位置」地圖（地圖 1），作為後續踏查的參考。

想起累到「不想架起相機拍照」的湯姆生，面對眼前山河美景，終究強打起精神，架起相機，安裝塗抹好藥劑的玻璃板，對好焦後開始曝光，為六龜里留下兩張珍貴的地景影像，令人感動。再次見識頂尖攝影家的堅持。

馬雅各醫生覺得不太舒服，然而他已經承諾了第二天要到木柵的禮拜堂去主持儀式，所以我們又繼續趕路。在另一座山腳下，一條清澈的溪岸邊，我又拍了兩張照片，之後就在這裡稍作停留，欣賞蘆葦叢生的池塘，並在涼爽清澄的水中泡腳。我們一接近水池，無數小魚便潛遊到鵝卵石下躲了起來。佈滿水面的奇特昆蟲，猶如彗星般瞬間閃入蘆葦叢中。有隻健碩的癩蛤蟆蹲在一片闊葉上，以沈著莊重的態度看著我們，似乎是期待著我們對於打擾牠早晨的梳洗說聲抱歉。這一天剩下的時間，幾乎都是不斷穿越山丘和溪谷的艱辛旅程。

中午時分，我們在一個小村莊的茅屋前停了下來，那兒有個老婦人在賣水果。有一大群平埔番聚集來看我們吃東西，假如他們能夠穿衣蔽體的話，應該會是很體面。對這些平埔番來說，我們狼吞虎嚥熟蛋和茶，一定是個野蠻的景象，他們才會發出埋怨聲和叫喊；不過，這群穿著簡陋的人，臉上也流露出一種動物般粗野的好奇。這些旁觀者所得到的滿足，恐怕並不亞於我們從食物中得到的滿足。馬雅各醫生依照慣例，在這裡和原住民交談，並為生病的人開藥方。[7]

連續急行軍趕路的結果，不僅湯姆生累倒，連馬雅各醫生也不太舒服。只是馬雅各醫生「已經承諾了第二天要到木柵的禮拜堂去主持儀式，所以我們又繼續趕路」。「在另一座山腳下，一條清澈的溪岸邊，我又拍了兩張照片」，在威爾康圖書館典藏品中並沒有類似的影像，倒是王雅倫《法國珍藏早期臺灣影像》第 62 與 63 兩頁的兩張影像，畫面頗符合「山腳下」與「一條清澈的溪岸」之描述。那麼，會是這兩張照片嗎？

費德廉在 2016 年 5 月 28 日對這兩張照片有以下回應：

第 62 與 63 兩頁照片，都是巴黎法國國家圖書館的照片，是 Imbault-Huart 預備出版 L'ileFormose: histoire et description 所蒐集與購買的圖像；當時，Edwards 提供了不少照片。我在 2001 年曾經看過部分照片，之後跟典藏在美國、英國、日本、臺灣的檔案館與圖書館的臺灣照片有所比對。第 62 頁照片，在 Imbault-Huart 1893 年出版的書是在第 303 頁，題目是：「Forêtvierge」（原始森林）；英國的馬雅各家族的照片簿也有此張照片，但是照片簿編者命名為：「Mountain gorge, Formosa」（福爾摩沙的山中峽谷），我手上的解析度不高，所以站在溪口大石頭上的原住民與他正前面的白人（？）很模糊，希望您的照片比較清楚。至於第 63 頁照片，沒有出現在 Imbault-Huart 1893 年出版的書裡；馬雅各家族的照片簿一樣命名為：「Mountain gorge, Formosa」（福爾摩沙的山中峽谷），詳細檢視之後，這張照片好像沒有人的身影在。

隔了兩天，2016 年 5 月 30 日，費德廉又回應：

今天早上我查了我 2010 年為臺南國立臺灣歷史博物館典藏的 Photographic Album Formosa 寫的目錄，就發現那本照相簿有第 62 與 63 頁這兩張照片。但是標題都跟埔里社有關。由於 Imbault-Huarte、Maxwell 與國立臺灣歷史博物都有這兩張照片，可以肯定是 St. Julian H. Edwards 照的，不是湯姆生拍攝的南臺灣地區風景。

經費德廉多方比對與分析，確知《法國珍藏早期臺灣影像》第 62 與 63 兩頁照片並不是湯姆生留下的南臺灣內山照片。不過，這仍然是臺灣的珍貴資產，因為其見證了馬雅各醫生醫療宣教的艱辛，也留下攝影家 Edwards 深入埔里的足跡。這麼說來，湯姆生「山腳下，一條清澈的溪岸邊」的「兩張照片」玻璃底片可能已經不復存在。

位在山間天然小溪卻有可以「欣賞蘆葦叢生的池塘」，這倒是有些稀奇，因為「池塘」一般是人工築造。湯姆生原文中的「pool」[8]，除了有「共用資金；共用資源」等用法，另有四個意義：「1. 水池；水塘；池塘。2. 潭；淵。3. 水坑。4. 液體成堆者。」[9] 筆者認為，就當時自然環境而言，譯為天然的「水潭」更為貼切。

泡完腳後，湯姆生一行人又往前行，到了「中午時分」，「我們在一個小村莊的茅屋前停了下來」，想不到在偏僻山間的小村莊「有個老婦人在賣水果」（old woman was selling fruit）[10]。湯姆生文中並沒有指明是賣什麼水果，可能是因為老婦人賣的是他們未曾見過或吃過的水果，或老婦人賣的水果不只一種。那麼，這名居住山區的老婦人賣的到底是什麼奇珍異果？這處有水果可買的「一個小村莊」，又是什麼地方呢？

根據湯姆生旅行地圖的標示與旅行報導的進度，這個村莊名叫「Pang-liau」，也就是枋寮。枋寮是伐木鋸板工寮集居而成的聚落。依據乾隆

五十三年四月初三日福康安的「〔乾 116〕奏報臺灣營制仍照舊例換防緣由摺」（圖片 3）所示，當時枋寮「良田已成熟業，其餘堪以開墾荒地尚多」，且「番性樸實強壯，能嫻技勇，可期得力；無事則各力田疇，防守隘口；如有越界滋事民人及逃竄盜賊匪類，皆可派令緝捕。」[11]

以大武壠族芒仔芒社原住民為主的住民「各力田疇，防守隘口」，是有屯田守隘之責的「隘丁」；若遭遇「越界滋事民人及逃竄盜賊匪類」，則成了官方隨時「皆可派令」，出勤「緝捕」任務的「壯丁」。1871 年，在行政上枋寮由「臺灣府臺灣縣善化里西保內中股大武壠」管轄。

枋寮的住民與湯姆生一行人初次相見，住民對彷彿三天沒吃飯，不顧形像「狼吞虎嚥熟蛋和茶」的景象產生興趣；湯姆生則對「穿著簡陋」，甚至未「能夠穿衣蔽體」的住民感到好奇。而「馬雅各醫生依照慣例，在這裡和原住民交談，並為生病的人開藥方」，十足展現醫者仁慈與人我同類的情懷。根據五南出版的《國語活用辭典》，這「藥方」意為：「醫師治病所開的藥名和分量的單子。又名『藥單』。」[12] 藥方即藥單，但山區又沒有藥局可領藥，如何治病？檢視原文，湯姆生記為「prescribed」[13]。綜合各家英漢辭典說明，這「prescribe」，若使用於醫藥上，有「開藥方、開處方」與「開（方；藥）」兩個意義。所以，將「方」字刪除，只保留「開藥」兩個字，應該會更為貼切。

一行人來到枋寮之前，在途經枋寮溪時，湯姆生曾拍下一張照片，還題上「與我們的武裝嚮導丁才在枋寮附近的小溪」（Stream near Pang-liau with Teng-Tsai our guide）的文字。（照片 8）關於湯姆生的「Pang-liau」地名題字，本書第一章開頭已經指出湯姆生旅行地圖標示為 Panglia，少了「-」符號與「u」字母。

威爾康圖書館典藏品中，該張影像出處標記為「Panghan」，經檢視其題字截取影像，在「Pang」之後的確有「-」符號，接下來的字母若依據威爾康圖書館認定為 h，則應是大寫的 H，而 H 與 a 之間還有 i，a 之後是 u，

因此整個字串應該是「Pang-Hiau」，而非「Panghan」。細看這張影像的題字，第一個 A 寫完又劃掉，「Hiau」字母 H 第一筆寫好後也明顯有劃掉的痕跡，而變成 l，因此其地名標示應該是「Pang-liau」，即閩南語音的「枋寮」。

而威爾康圖書館將武裝嚮導標題為「Seng-Tsai」，與在本書第五章第三節所討論湯姆生的報導文本，明確記錄為「Teng-Tsai」兩者有字母 S 與 T 的差異。檢視湯姆生照片標題關於嚮導名字之題字，第一個字母潦草了些，但是字型與同一標題第一個題字的大寫 S 與後面倒數第三個字的小寫 s，明顯有異。所以，威爾康圖書館認定的字母 S 是錯誤的，字母 T 才正確。

照片 8
湯姆生，〈與我們的武裝嚮導丁才在枋寮附近的小溪〉，1871
Courtesy of Wellcome Collection

透過湯姆生這一張影像，讓我們更清楚知道：這兩位武裝嚮導從甲仙埔到荖濃，再到六龜里與枋寮，一路上都護衛著馬雅各與湯姆生一行人。

但過了枋寮之後，就不再有武裝嚮導的報導與影像，可能是因為來到南仔仙溪旁的火山之後，危險已經解除，所以兩路人馬就此分道揚鑣。馬雅各醫生一行人西返木柵，武裝嚮導則往北回甲仙埔。

或許是為了感謝丁才一路護衛，湯姆生為丁才拍了這張特寫照片。只見薙髮結辮的丁才，上身赤膊，全身筋肉凸露，上身略微轉向左側，腳蹬草鞋，兀立溪旁。他隨身配備火繩槍、弓刀、背包與側背包。溪水清澈見底，畫面中可辨識的植物只有山棕與五節芒。

2013 年 10 月 23 日，筆者與夥伴許淑卿來到枋寮溪溯溪踏查。走著走著，不知不覺來到枋寮溪雙溪口南方，但一直找不到湯姆生〈與我們的武裝嚮導丁才在枋寮附近的小溪〉影像中的溪流與山景。失望之餘，一個轉身，對應場景突然出現在下游處。這兩張照片中至少有編號 1 至 4 共四層山嶺近似，編號 5 的枋寮小溪走向也頗為近似。（照片 9）（照片 10）

（左）照片 9
湯姆生，〈與我們的武裝嚮導丁才在枋寮附近的小溪〉影像標示，1871
Courtesy of Wellcome Collection

（右）照片 10
工作伙伴許淑卿手拿湯姆生影像在對應場景留影，後方下游有攔砂壩。
攝影：游永福

筆者不禁納悶起來，挑夫身負重任，任勞任怨一路肩挑湯姆生的攝影器材與馬雅各的醫藥，還得擔承簡單食物，敏感的湯姆生應該會為他們留下影像，卻一直未見有標示挑夫的照片，難道玻璃底片毀損了？

後來認真檢視〈與我們的武裝嚮導丁在枋寮附近的小溪〉影像之時，才發現在畫面左側溪床與山腳交接處有一根扁擔。扁擔兩頭，一邊是竹簍

226

筐，一邊疑似是行動暗房。扁擔後頭，一高一低坐著挑夫。較高的挑夫望向鏡頭，身材粗壯且孔武有力，脖子上披著下垂至前胸的擦汗巾；較低者由於玻璃底片汙損，無法看清面貌。為方便辨識，筆者特別截取影像以黃色圓圈標示。（照片11）這一路陪伴湯姆生旅行

照片 11
湯姆生，〈與我們的武裝嚮導丁才在枋寮附近的小溪〉截取影像與圈示
Courtesy of Wellcome Collection

的挑夫出現在照片中，讓「湯姆生 1871 臺灣線性文化遺產」的故事更為立體動人。

　　湯姆生一行人在枋寮餓狠狠地用過了午餐，馬雅各也強忍自己的不舒服，與住民交談，並為病者開過藥之後，才又轉往木柵方向西行。

　　我們在一大片平靜的水域旁再次停留，而且在這裡游泳了一會兒。這也許有點冒失，但卻讓我們恢復了精神。幾個小時後，馬雅各醫生感覺身體非常不舒服，不得不躺在灌木叢的樹蔭下。在這個地方，方圓數哩之內都取不到一滴乾淨的水。在馬雅各醫生的請求下，我給了他一劑奎寧和鐵，一個小時後，我們又可以再次上路了。我在這地區拍了一張深泥坑的相片，可是必須多走十哩的路，才能弄到一點水來洗玻璃感光片以得到底片。但不管怎樣，這張相片是我最好的作品之一。[14]

　　「我們在一大片平靜的水域旁再次停留，而且在這裡游泳了一會兒。」在枋寮與木柵之間這片湯姆生文中所提到的水域，是指火山南方與內灣仔福德祠東方的南仔仙溪。這片水域正是湯姆生從木柵到瓠仔寮時，「張開雙臂腳步呈八字形，像雜技演員般地走過去」的竹便橋所在地區。雖然「游泳了一會兒，讓我們恢復了精神」，但是上路「幾個小時後，馬雅各醫生感覺身體非常不舒服，不得不躺在灌木叢的樹蔭下」休息。湯姆生「在馬雅各醫生的請求下」，「給了他一劑奎寧和鐵」，難道馬雅各醫生也染上瘧疾？

　　「再次上路」後，湯姆生有了「我在這地區拍了一張深泥坑相片，可是必須多走十哩的路，才能弄到一點水來沖洗玻璃感光片以得到底片。但不管怎樣，這張相片是我最好的作品之一」的欣喜。此一「深泥坑」地形，即本書第五章開頭〈馬雅各醫生的願望〉的段落，從柑仔林禮拜堂出發之後提到的「越過深崖，爬過泥土與板岩的斷層」之所在。

　　檢視湯姆生南臺灣內山之行照片，確實有一張特殊地景影像符合深泥坑的描述。不過，由於照片的玻璃底片上沒有湯姆生題字，所以這一特殊地景，論者口徑一致，皆傾向是湯姆生途經左鎮草山里時拍下的青灰岩

照片 12
湯姆生，〈深的乾泥坑〉，
1871
Courtesy of Wellcome Collection

「月世界地形」。然而，在第四章開頭〈拔馬禮拜堂〉裡討論月世界相關地段時已經提過，在湯姆生的報導和專書中，都找不到他曾在此拍照的記錄，故稱該影像為「月世界地形」頗令人感到疑惑。

這張疑似月世界的地形照片，在英國威爾康圖書館的典藏編號為V0036863。（照片12）檢視畫面，有一條從左下延伸至右上的斜斜裂痕，右上裂痕左側另有兩條短裂痕，見證玻璃底片確實不容易保存。照片下方則記有「Formosa [Taiwan]. Shea Lang（Khea？）Formosa the murderer's dwelling...」的文字說明。筆者曾見過湯姆生其他照片的玻璃片影像左右或上下出現有白色小條幅，有些條幅還得見文字的痕跡，應該都是湯姆生另以紙條標示註記後黏貼於上。仔細審視這一張照片左側上半段也有白色小條幅，那該照片的文字註記是否出自此處？

這張照片說明第一個「Formosa」之後有 [Taiwan] 的標示，可能是後來威爾康圖書館加註的。說明文字出現的「Shea Lang」，在英文字典裡查無此字。兩個字之後，還有括弧加上也是英文字典查不到的「Khea」一字，字的後方還有問號。依據筆者的考證經驗，應該是湯姆生書寫字體有時較為潦草，判讀起來像「S」又像「K」字，所以館方先將其附註在後。

關於照片說明文字「the murderer's dwelling...」的翻譯，就文字而言，費德廉在李仙得《臺灣紀行》中直譯為「殺手的住宅」。[15] 目前唯一的中文譯法沒有問題，但比對照片地景，這樣的譯文很難讓人理解，兩者之間到底有何關聯？先來看看照片畫面的細節。

關於畫面上的岩層，可參考研究者莊宗益的說明：

所謂「青灰岩」，就是一般稱之為「泥岩」的岩層。由於泥岩本身顆粒非常細小，顆粒與顆粒間膠結十分疏鬆，透水性差，無法涵養水分，遇水又容易軟化滑動；而且，降雨集中在六、七、八月，豪雨型的強烈降雨使得泥岩表土在強大雨滴打擊時順流而下，泥岩表面便出現了許多侵蝕作用遺留下的小地形，如小雨溝（尖銳 V 字形、深濬細緻 60 度以上的傾斜坡），谷底出現滿地泥濘的泥漿。而其他的乾季中，因雨水無法蓄存，使泥岩變得又硬又乾又脆，這種極度差異的生活環境，再加上泥岩成分中含有氧化鎂、硫酸鹽等鹽性化合物，使得植物在此苛刻環境中不易生存，形成光禿禿的「月世界」特殊景觀。[16]

透過上文說明，可以知道青灰岩有容易被侵蝕與破壞的特性。「murder」做為動詞時，除了「謀殺」，另有「破壞」之意。做為動詞的「dwell」或「dwelt」，除了「居住」與「住宿」兩個意義，還可衍生「生活」與「生活在甚麼環境」等意涵，因此，筆者依照這意涵，將其意譯為「環境的破壞者」。那麼，複數的破壞者（murderer's）到底是指著什麼？

「Shea Lang（Khea？）」在英文字典裡無法查到，這可能出自湯姆生以當時的閩南語語音所做的記錄。要找到「Shea Lang（Khea？）」的閩南語對應詞，得先談談夏季豪雨沖刷出的小雨溝地形。

當持續累積的雨水順溝而下時，便形成小溪；小溪持續侵蝕青灰岩層之後，便會出現 V 字型深凹窟窿這樣特殊的地貌，閩南語稱為「溪窿」。湯姆生記錄時多了字母 a 的「Khe」，便是今日閩南語的「溪」字，而「Lang」則是閩南語的「窿」字。或許是湯姆生當時詢問這種特殊地形時，誤以為「溪窿」兩個字就是這種特殊地形「環境的破壞者」。所以，筆者建議以〈溪窿，環境破壞者〉（Khealang, Formosa, the murderer's dwelling）作為照片標題。

對於筆者上述詮釋，費德廉在 2016 年 5 月 28 日有以下回應：

我想您對這張照片的解釋，說服力還是不夠，而且或許不必那麼勉強。雖然我手上沒有此張照片的電子檔，但是檢視您的新書電子檔，以及 Wellcome Images 網站下載的照片電子檔，放大圖像來看，照片本身好像沒有字跡。唯一的辦法是親自檢視照片的玻璃底片，就可了解上面是否有題字？題了哪一些字？

P.S. 在這種片語以及這種內容裡，「murderer's」不會翻譯為「破壞者」，這我可以肯定。

費德廉「我想您對這張照片的解釋，說服力還是不夠，而且或許不必那麼勉強」與「P.S.」的回應很寶貴，但若要筆者親自前往倫敦威爾康圖書館檢視玻璃底片，對筆者來說實在是一項高難度任務。也許是費德廉明白筆者的難處，於是在 2016 年 5 月 29 日有了回應：「那麼，您就暫時用湯姆生自己的『Deep dry clay pit』（深的乾泥坑）來做標題，如果覺得還要加上地名，也是可以的。」

費德廉的回應很中肯，於是筆者在本文中將照片 12 的名稱訂正為〈深的乾泥坑〉（Deep dry clay pit）。

根據筆者對於湯姆生照片畫面細節的研究，以及筆者帶領工作夥伴幾度實際走訪的結果，認為這張〈深的乾泥坑〉影像的取景點應該是在今內門區溝坪里向東方的範圍。筆者在前文曾經略為提及，在幾經踏勘實況後發現，溝坪里「天山文衡殿」起往東，約有 2.1 公里北向 V 字型路段，一路草木叢生，無法通行。當時帶領工作夥伴走訪該地點時，現場有一位世居溝坪，任職工務單位的郭先生曾說道，在該路段未荒廢之前，他在離此約 2.1 公里的一座橋樑附近見過類似的景致，也就是說這座橋樑附近也是有青灰岩地形——這或許可為湯姆生「我在這地區拍了一張深泥坑相片」略做印證。而這個線索再次激起筆者希望未來能與工作夥伴來一趟穿越障礙的探險行程，以解開箇中謎底的心志。

湯姆生上一段的描述也說明，這一塊玻璃板在曝光完成之後，「必須多走十哩的路，才能弄到一點水來沖洗玻璃感光片以得到底片。」走回頭路的湯姆生必定清楚知道欠缺水源的此地，哪裡還有水？他勉強賭一賭，拍攝一張照片再「多走十哩的路」，玻璃板上的化學藥劑竟然沒有乾掉，仍可以沖洗出底片。

　　而湯姆生所說的「十哩路」，若以 1904 年《臺灣堡圖》搭配衛星地圖路徑，加上可通行路段實測結果，從約 2.1 公里路段的中間位置開始算，西行到第一條溪流——即位於今日溝坪里「金龍寺」東方的「溝坪溪」（照片 13），里程數為 1.97 公里，換算英制為 1.22 哩。若加上新舊路徑稍有位移的誤差，里程數從寬估算應該不出 1.5 哩，即 2.41 公里。腳程快者，十分鐘可走一公里，2.41 公里約花 24 分鐘即可到達，剛好接近溼版攝影必須在 20 分鐘完成拍攝與沖洗的工作流程。

　　若把路程拉遠，即使湯姆生走到柑仔林禮拜堂才能弄到一點水來沖洗玻璃板，里程數從寬估算也才 3.31 公里，換算英制為 2.06 哩，與「10 哩路」有很大的落差。由此可見，為了早點完成玻璃板的沖洗，湯姆生心裡很著急，不禁越走越遠，竟感覺有十哩之遙，這也足見湯姆生為呈現臺灣特殊地景的真切之心。

　　接下來，再回到草山月世界這一個問題。月世界地形的確有蒼涼悲壯之美，至今仍然嚴重缺水。就 1871 年湯姆生進入之時的 4 月 12 日，或 4 月 20 日左右的回程來說，都屬於旱季，所以當時是無法在此沖洗玻璃板。即使有水，水中富含氧化鎂與硫酸鹽等鹽性化合物，也很難應用。

　　對於這些鹽性化合物，張添鉢在〈臺灣水土保持芻談：月球世界〉一文中有「測定其 PH 值，一般在 8.8 至 9.4 之間，顯示土壤性質應為強鹼性」的檢測數據。[17] 鹽性化合物再經雨水沖刷之後，也是強鹼性水質，水分經揮發濃縮之後，鹼性更強，實在不利底片操作過程中硝酸銀（Silver Nitrate）液的稀釋與乾淨水質清洗的要求。

　　回顧 4 月 17 日凌晨，湯姆生在六龜里已經提到「經過一夜的沸騰，我的硝酸銀液恢復了令人滿意的品質，但是用來稀釋硝酸銀液的水實在太偏鹼性，只好用大量的中國醋將它調為弱酸」的狀況。可以確認，當時已深入瞭解當地環境的湯姆生，途經左鎮草山月世界時，會選擇停下來拍照的機率並不高。

湯姆生沖洗〈深的乾泥坑〉玻璃底片後啟程，途經柑仔林後曾寫道：

> 我們到了一家位於木柵上方的山間小屋，那裡的人請我們品嘗了一杯純正的蜂蜜。我在文章開頭描述過的山脊往下走時滑了一跤，幸好抓住了岩石鋒利的邊緣，才沒有整個人跌下去，但是手也因此割傷。[18]

湯姆生一行人回到木柵上方山間時，一家小屋裡的人「請我們品嘗了一杯純正的蜂蜜」——這「純正的蜂蜜」，湯姆生原文記錄為「pure honey」[19]。原來當時已有今日內門聞名的蜂蜜——這與當地茂盛的龍眼樹林相有關。在大夥兒正需補充體力的當下，容易吸收的蜂蜜，無疑是良藥。

從木柵出發東往柑仔林，「我們必須要攀登陡峭又光禿的山脊，沿著山脊鋒利如刃的邊緣上到山頂」，沒想到就在回程時，湯姆生自「山脊往下走時滑了一跤，幸好抓住了岩石鋒利的邊緣，才沒有整個人跌下去，但是手也因此割傷」，看來，當時稜線路徑地勢確實陡峭。

> 最後我們終於到了木柵的禮拜堂。我要特別強調，這個晚上我們睡得非常沈，體力也恢復了不少。馬雅各醫生雖然發燒又生病，第二天早上還是能夠主持宗教儀式。那一整天木柵萬事皆休，在小小的禮拜堂中，聚集了三百多名很虔誠的信徒。有一所學校和禮拜堂相連，不論是大人或小孩，都可以在那裡學習閱讀與書寫廈門方言。[20]

湯姆生與馬雅各一行人歷經瘧疾感染與出草危險，急行趕路而導致身體幾度嚴重不適的考驗之後，「終於到了木柵的禮拜堂」。由於疲累至極，湯姆生說：「我要特別強調，這個晚上我們睡得非常沈，體力也恢復了不少」。至於「馬雅各醫生雖然發燒又生病」，也有了適當休息，「第二天早上他還是能夠主持宗教儀式」。馬雅各主持「宗教儀式」，「那一整天木柵萬事皆休，在小小的禮拜堂中，聚集了三百多名很虔誠的信徒」，也就是木柵人幾乎放下手上的工作，「小小的禮拜堂」竟「聚集了三百多名很虔誠的信徒」，共同參與禮拜。

對於這樣的臺灣內山地界宗教盛會，湯姆生怎能不架起相機拍下照片，讓馬雅各可以回報英國基督長老教會的母會呢？可惜截至目前為止，筆者並未見到任何相關影像。

關於馬雅各的宣教活動沒有出現在湯姆生影像紀錄的情況，2016 年 8 月 7 日王雅倫有以下回應：

> 為何沒拍到馬雅各醫生？在台灣神學院教會圖書館的《教會公報》裡，當中那幾天有記載馬雅各的行程，也提到了湯姆生，其中一段寫到：湯姆生曾要求拍攝馬雅各醫生佈道的場景，但被馬雅各制止，因為覺得可能會打擾到整個講道的氛圍，所以湯姆生就在旁邊靜靜幫馬雅各畫肖像。

原來是為了讓馬雅各專注佈道，避免被照相打擾。

　　有一、兩首當地的曲子被改編成頌歌，這些曲子帶著點曠野氣息，又有幾許哀愁，就像風吹過古老森林時的嘆息，也像暴風雨呼嘯過岩岸的轟鳴。據我所知，除了一、兩首這樣代代相傳的簡單民謠之外，平埔族沒有音樂，也沒有樂器。他們的生活習慣極為原始，除了耕種以外沒有其他的產業，就連耕種也是用最簡陋的方式。可是，這些未開化的部落卻有個非常吸引人的特點：非常真誠且正直無心機。在整個旅途中，我的箱子經常是毫無顧忌地敞開著，一旁也沒有人看守，但是我連一根別針也沒掉過。[21]

　　在木柵禮拜堂的禮拜活動中，湯姆生提到「有一、兩首當地的曲子被改編成頌歌」，頌讚曲子「帶著點曠野氣息」，「像暴風雨呼嘯過岩岸的轟鳴」，但是「又有幾許哀愁，就像風吹過古老森林時的嘆息」。由兩種相異甚至相反元素並陳的曲子，是何種況味？湯姆生針對木柵平埔族寫下的評論：「據我所知，除了一、兩首這樣代代相傳的簡單民謠之外，平埔族沒有音樂，也沒有樂器」，有待專業人士探索釐清。

　　至於「在耕種以外他們沒有其他的產業」，甚至「連耕種也是用最簡陋的方式」的平埔族群朋友，則贏得湯姆生「非常真誠且正直無心機」的讚美。這「真誠」與「正直」特別深刻表現在「整個旅途中，我的箱子經常是毫無顧忌地敞開著，一旁也沒有人看守，但是我連一根別針也沒掉過」這樣的描述中。

　　But I must now quite this island, remarkable no less for its beauty than for the hospitality of its simple inhabitants. I afterward travelled overland to Takow, for the purpose of visiting the haunts of the savages farther south; but they were at war with the Chinese, and their territory could not be enter with safety.[22]

　　可是現在我必須離開這個島了，島嶼的美景和島上坦率的居民一樣吸引人。之後，我經陸路到打狗，想造訪更南方生番經常出沒的地方，但是他們正與中國人交戰，無法安全地進入他們的領土而作罷。[23]

　　湯姆生與馬雅各在回到木柵後，究竟待了多久？至今仍無資料得以確認。但想必少不了數日以調養疲累的身體，也因此在木柵一處便留下至少20張人物為主的特寫照片。回到臺灣府之後，依據前文所述，湯姆生「經由陸路到打狗」，故留下幾張前述臺灣府與打狗郊區影像。只是影像題字欠缺地點標示，不易判定取景地點。

　　湯姆生當時「想造訪更南方生番經常出沒的地方，但是他們正與中國人交戰，無法安全地進入他們的領土而作罷。」1871年4月「生番」與「中國人交戰」，指的是什麼事件？雙方領導者是誰？交戰了多久？如果湯姆

生更晚些離開臺灣，只要多留一個月，特別屬於臺灣「線性文化遺產」的文字與影像資產就會加倍的豐富。

　　回顧湯姆生在臺灣的旅行，不到一個月的時間，就獲致如此驚人的成果，到底是怎麼做到的？在當時的西方，此一東方與福爾摩沙之美為何能引發攝影界的旋風？

「維護自身安全的唯一方法，就是永遠保持優勢。」英國攝影家湯姆生在撰寫 1871 年 4 月的臺灣旅行報導文章時，曾預測中、日未來可能發生戰爭，特別以這兩句話提醒清朝政府，的確是真知灼見。而臺灣平埔原住民在湯姆生眼中，則具備「友善、誠懇與殷勤好客」與「非常真誠且正直無心機」的永遠優勢。有了這美好的質素，獲得馬雅各醫生持續關愛與湯姆生不斷的讚美，為臺灣留下精彩的族群文化史。

繼續追蹤打狗港當時主要進口的貨物，有「灰洋布、白洋布、嗶吱、紫花布、羽紗、花緞、長裌袋布、鴉片、煙草與麻袋」等，才知道在經歷 1839-1842 與 1856-1860 兩次中、英鴉片戰爭之後，一向以文明自豪的英國與英資洋行，仍持續荼毒他國人民，大賺其錢，行徑醜陋至極。單就臺灣來說，「鴉片輸入量，從 1865 年到 1894 年，平均占臺灣總進口值的 57%，最高曾達到 81%，可見鴉片流行與危害的程度」有多嚴重。甚至連南臺灣內山地界更東山區，曾接待過湯姆生一行人的六龜里「老人金祥」，也深深為「吸食鴉片」所害。所以 1888 年馬雅各等宣教士在英國倫敦舉行的大型國際宣教會議上，慨然陳述英國販售鴉片的罪惡，大會更無異議地通過反對鴉片貿易的決議，堪稱是英國良心的甦醒。

深具良心、柔心與愛心的馬雅各醫生，引領湯姆生來臺灣深度旅遊，一本不為「利欲薰心」的情懷，與臺灣平埔族群良善質素相映。從此，平埔族群地區的宣教得以順利開展，因而奠定英國基督長老教會在臺灣發展的根基。

先鋒攝影家湯姆生拍攝的人物影像，有國王，也有皇親國戚，但平凡與良善的基層民眾才是其所鍾愛與關注之所在。所以來到臺灣後，平埔族群原住民成了他拍攝與報導的主軸。

盛舉，大家共襄

在研究「湯姆生 1871 臺灣線性文化遺產」的過程中，由於筆者自 2007 年才開始學習使用電腦，此前在資料取得與問題探討上遭遇不少困難。幸運地是，在 2004 年 8 月承蒙王雅倫副教授慷慨撥冗與筆者以信件交流討論。王雅倫曾提醒筆者：「國外學者的資料有時也會誤植。」所以，筆者就此秉持有多少證據說多少話的原則，努力尋找 1871 年前後湯姆生其他的照片做為比對，好補充或修正自己的論述。

2005 年 9 月又蒙劉克襄影印寄贈 *Through China with a Camera* 1898 英

文版中的臺灣段落，而時任講師的周富三也於同年 12 月提供 *The Straits of Malacca, Indo-China and China, or, Ten years' Travels, adventures, and residence abroad*（1875）第 11 章與 "Notes of a Journey in Southern Formosa"（1873）之內容給筆者參考，讓湯姆生檔案裡關於中譯的疑問得以釐清。

2006 年起，筆者與法國魏延年進行交流。在協助魏延年出版之專書部分文稿校對過程中，對湯姆生的臺灣旅遊報導有了更深入和細膩的檢視。

2013 年 3 月承蒙臺灣歷史博物館現在的研究組組長石文誠提供聯絡資訊，於 3 月 15 日寫信給美國里德學院費德廉教授。雖然當時費教授正全神貫注翻譯李仙得的《臺灣紀行》，但他仍於 3 月 20 日撥冗回信鼓勵筆者。之後還應筆者要求，不厭其煩地提供《臺灣紀行》早期沖印照片之掃描、相關地圖、文本與其他重要的參考資料，對筆者的研究相當有幫助。

鄭立明導演贈送筆者徐家寧翻譯的《中國與中國人影像》簡體版，鄭導演也與筆者深入交流關於湯姆生的議題。東華大學田名璋副教授也提供筆者相關意見。姪女游蕙嘉繁忙中協助與國外人士、單位聯繫，以及部分重要文字段落的翻譯，讓湯姆生的報導內容更為清晰明朗。

2014 年 3 月，承蒙中央研究院人文社會科學研究中心研究副技師廖泫銘，即筆者的研究顧問，協助筆者取得研究用途的威爾康圖書館照片電子檔。影像放大後，得以釐清許多細節，讓筆者對湯姆生檔案的研究更上一層樓。在此謹表達誠摯謝意。

合成湯姆生相關照片、釐清湯姆生潦草的題字，以及聯繫部分國外單位之工作，則要歸功於外甥女馬若珊與其夫婿 Joshua Heald 的協助。此外，姪兒媳陳惠菁提供珍貴的野生愛玉凍給筆者，讓湯姆生的旅行記錄更為完整。專書撰寫期間，排除電腦故障與搶救硬碟毀壞的差事，則由游心一、林彥伯與游佳璋輪流協助——有了這麼多親朋好友的參與，方能成事，在此一併致謝。

湯姆生行旅與拍照路徑的踏查工作開始於 2005 年 11 月 29 日，由甲仙形像商圈前後任理事長陳漢南、林德寶，及鄭添德、陳誌誠、洪秀花和大姊游秀葉等夥伴帶路與陪伴。從甲仙埔白雲仙谷到荖濃，再到六龜里，

（左）照片 1
游永福與許淑卿於大貢占山三角點踏查後留影，2008 年 9 月 5 日
攝影：鄭源智

（右）照片 2
游永福與游心一進行踏查時在烏山南稜下烏石崎步道上摔車，2013 年 7 月 30 日
攝影：游永福

之後經后山北稜轉往枋寮，接著前往山杉林路徑進行走訪巡禮。同年12月17日，與二哥游正成從小份尾出發，走產業道路踏查大貢占山路徑；2006年3月10日與二哥再度踏查。

可惜的是，兩次踏查即使都走到無路可通，仍無法眺望六龜里。直到2008年9月5日，與許淑卿、鄭源智帶刀進行第三度踏查大貢占山，到達三角點後，在林木蓊鬱的平臺上尋找北、東、南展望縫隙而不可得（照片1），直到回程，終於在北稜拍得湯姆生〈六龜里東北方景觀〉近似影像，也確認影像必須再往北行來取景。

2006年4月7日則與夥伴董武慶循著湯姆生足跡，從荖濃徒步高131線前往六龜里踏查。同樣是2006年12月29日，又與山大王王文明踏查溝坪至山杉林直線路徑，對於當地地形有了基本瞭解。之後，白雲仙谷、荖濃溪谷與六龜里后山的踏查，都得見董武慶與王文明的身影，因為兩位夥伴身強力壯且山林經驗豐富，能關顧行程安全。在此感謝所有協助的夥伴出錢、出力，也出時間「捨命」相陪——因為有些路徑的確充滿危險。

2013年9月7日，筆者以「循著湯姆生足跡」的課程在旗美社區大學開課，分五個段落從左鎮教會走到六龜里，目的是為了集思廣益，並釐清湯姆生拍攝旅行之確實路徑以及照片取景位置，也有「用雙腳體驗英國攝影家湯姆生1871年南臺灣內山之行辛勞；用眼睛觀照攝影路徑沿線文化、生態、產業、宗教與地景之美；用心成為文化關懷與生態保育先鋒」等三大目標，希望能為「湯姆生1871臺灣線性文化遺產」路徑的規劃累積能量與資源。

開課前的備課，湯姆生路徑與取景點的踏查以及里程數的確認，由小兒游心一騎機車協助。小心翼翼下，仍在湯姆生「滑了一跤」的烏山稜線鞍部附近摔車，還好只是小傷（照片2），真是萬幸。由於社區大學課程提供講師費，故能支應路徑踏查工作的開銷。開課後，也由於王春智等生態專業夥伴一路陪伴，讓現地資源的記錄更為豐富。

此外，左鎮教會蔡紹雄牧師、岡林教會劉哲民牧師與李長老、木柵教會黃錫勳牧師與羅美惠姊妹、內門頂莊 HaarTavali 牧師尊父李騫與慈母李

照片3
筆者拜訪六龜文化界人士，2013年2月26日
左起：江雅惠、游永福、王坤煌、六龜農觀課長王鵬宇、新發國小校長林敏婷
攝影：游心一

戴含笑、天主教真福山楊豫台主任、甲仙愛鄉協會與甲仙形像商圈陳敬忠與陳誌誠、萊濃林敏婷校長與江雅惠、潘麗華及社區工作夥伴、六龜里王鵬宇課長、王坤煌老師與社區工作夥伴（照片 3）等諸位朋友的大力協助，本研究計畫方能成事。

2006 年 10 月 18 日，五位來自歐洲的專家學者組成的「湯姆生 1871 臺灣線性文化遺產」文化路徑訪問團，由歷史學家、製片家與出版商法國籍魏延年領隊，參與者為倫敦威爾康圖書館影像收藏部主任威廉·舒巴赫（William Schupbach）、倫敦大英圖書館手稿部哲伍德影像收藏館主任約翰·法康納（John Falconer），還有英國獨立學者、講師、攝影師與設計師的麥克·葛雷（Michael Gray）及其夫人——擁有攝影歷史顯像程序講師與示範專家的芭芭拉·葛雷（Barbara Gray）等人。筆者帶領他們走訪熱蘭遮城、左鎮教會，然後來到木柵。在木柵時，承蒙林忠安、木柵社區理事長宜添貴與總幹事歐新標等社區夥伴的招待，餐後由林忠安帶領我們參觀木柵長老教會的西拉雅文物館，接著前往教會東北方「石厝」攬勝，此行讓湯姆生的「木柵巖」浮上檯面。在此，特別感謝林忠安與木柵社區的伙伴們。

2015 年 3 月 28 日至 5 月 17 日，筆者的湯姆生階段研究成果「就是要看見臺灣之美：英國攝影家湯姆生 1871 臺灣線性文化遺產特展」在南橫三星旅客服務中心二樓「我是甲仙人展藝中心」（以下簡稱「展藝中心」）首度展出。開幕茶會當天，臺灣歷史博物館呂理政館長代表文化部洪孟啟部長特來指導，甲仙區李秀蓉區長也撥冗前來鼓勵。（照片 4）遠居臺北市的攝影保存專家蕭永盛特地先來甲仙過夜，隔天認真觀看展出內容，並全程參加開幕活動。活動當天，現場氣氛熱絡。之後陸續前來觀展的有高雄市舊城文化協會郭吉清理事長、旗美社區大學張正揚主任與班級代表團，以及各地各界人士。雖是偏鄉的小型展覽，觀展團體與個人仍絡繹於途，還留下深刻的留言。（照片 5）

此次展覽的圖片資料中，由魏延年免費提供湯姆生的 A3 照片，展覽海報則由展藝中心出資，特此感謝。而筆者則提供對比與參考影像及照片說明。特展活動結束之後，費用總結為小額虧損，統帥芋冰城老闆阿忠哥特別交代伙伴許淑卿捐贈 2000 元，令人感動。早先知道筆者研究經費拮

（左）照片 4
「就是要看見臺灣之美」
特展開幕茶會
前來鼓勵的文化部長代表臺灣歷史博物館館長呂理政與甲仙區區長李秀蓉，獲贈狗尾草勳章，2015 年 3 月 29 日
攝影：徐白櫻

（右）照片 5
文化人林美玉除了用筆抄錄資料，還以放大鏡檢視照片內涵。簽名時除了畫上笑臉圖案，還特別寫下「開心」兩字，2015 年 5 月 1 日
攝影：游永福

据的詩人葉莎熱情地以她的《伐夢》詩集 10 冊及《七月》詩集 20 冊之銷售款項做為贊助；不願曝光的張兄弟也寄來經費鼓勵本研究計畫的進行。種種情誼，筆者感念在心。此外，各界專家及朋友撥冗前來參與特展，與筆者的導覽互動中激盪出許多火花，對湯姆生照片內涵的釐清大有助益。

本拙著能擁有如此豐富的照片與踏查資料，要感謝費德廉與蘇約翰教授、高雄市舊城文化協會郭吉清理事長、山友謝正坤、鄭立明導演、高雄第一社區大學王春智老師與夥伴們、高雄市客家委員會與廠商詹益寧建築師團隊、法國工程師研究員布魯耶特、法國賀蘇晴博士、楊明長老師、劉還月老師、劉家琪老師、葉子先以及莘濃黃家等人士與單位夥伴們的協助，謹在此表達十二萬分謝意。

2016 年 2 月 13 日，《尋找湯姆生：1871 臺灣文化遺產大發現》專書撰寫工作告一段落之後，素未謀面的美國里德學院費德廉教授不吝給予建議與指導；成功大學王雅倫副教授也常常來信指教。兩位老師在繁忙工作下撥冗審閱本拙著初稿，一一指正錯誤和修正，並為本書撰寫推薦序。感謝林志明、張蒼松、張美陵、黃明川、劉克襄與謝佩霓六位老師的推薦。遠足出版社特別邀請林志明教授協助審閱，提出不少疑義與不同的思考方式，深化了本書的內涵；編輯群對內容細節提出意見和潤飾，讓本書的論述更為精準——以上種種協助，筆者都在此表示誠摯的謝意。

拋磚，以求引玉

湯姆生臺灣寶貴資產的後續調查、研究與規劃，終於有了著力點。但慚愧的是，為了進行湯姆生檔案的踏查研究，筆者原本不寬鬆的經濟更行嚴峻，實在無力繼續進行湯姆生走訪與拍攝路徑沿線聚落的人文質性調查，原本預計每個月至少一次的路徑物候踏查計畫最終也無法啟動。在此謹希望眾緣和合所獲致平埔族群原住民生活區為主的初步成果能引起相關公部門的重視，也能吸引生態、地質、產業與文化等各界專家學者持續的關注與探討，為湯姆生行旅與拍攝路徑之規劃與景點內涵，鋪陳厚實的底蘊，讓「湯姆生 1871 臺灣線性文化遺產」的理想一步步實現，建構完成。此外，也建議以環保的 QR Code 沿路建置導覽資訊，以保持在地景觀的原貌。

湯姆生的玻璃底片經過筆者檢視與分析，其影像深具傑出的調焦技術、層次分明的畫面與內涵豐富的影像等特色，絕對是精彩的世界文化遺產。希望筆者的階段性研究成果能引起威爾康圖書館與有心者的關注，持續全面整理和分析研究。深深期盼有朝一日一日湯姆生所有的玻璃底片能通過聯合國教育科學文化組織文化遺產之申請。

在第二章筆者提出「那麼，臺灣的優勢在哪裡？」之提問，閱畢本書的讀者應該知道睿智的湯姆生已經回應該提問。在甲仙埔鹽霜仔坑，湯姆生曾指述「其中一個老人敏捷地用箭射魚」；在莘濃直瀨溪，湯姆生〈莘

濃附近的捕魚團體〉立體影像中，捕魚漢子也是以弓箭射魚；在〈茇濃溪谷〉影像裡，住民則以鏢槍射魚。以弓箭、鏢槍射魚，但射不到鮘仔魚，捕大留小，讓子子孫孫永遠有魚吃。此外，在〈茇濃黃 Ko 的房屋〉立體影像中，左側柴堆都是細枯枝，〈茇濃 Goan-a 和他的妹妹〉立體影像中採集柴火工具柴堆疊的是細枯枝，可見大武壠族原住民珍惜自然資源的生活態度。

當全臺灣所有住民願意落實，並在日常生活中發展大武壠族原住民這種節制取用自然資源的「禁向生活」優質文化質素，族群的發展將更具能量，臺灣也會有永續存在的優勢與價值。

附錄

一八七一年湯姆生南臺灣照片目錄

筆者整理的「湯姆生南臺灣照片目錄」，匯集了以下資料：一、英國威爾康圖書館典藏的玻璃底片臺灣影像。二、李仙得《臺灣紀行》裡的早期沖印照片。三、費德廉提供的〈30歲的木柵平埔女人全家福〉影像。四、田名璋提供的〈福爾摩沙森林〉影像。

「湯姆生的南臺灣照片目錄」作品大部分是以湯姆生在玻璃底片上的原始題字作為照片標題，少部分是以湯姆生在專書中及李仙得在《臺灣紀行》的照片說明，以及威爾康圖書館在照片下方的說明，作為標題。以上如有缺乏題字與說明的，筆者謹參酌照片內容，另給予中文標題，以利研究。由於湯姆生題字有些的確不易辨認，難免造成威爾康圖書館判讀錯誤；還有一些則是威爾康圖書館大意以至於誤解──相關問題，經過筆者、工作夥伴、費德廉教授、審稿老師與編輯群的探討之後，得以釐清疑義，讓照片目錄建構更正確、合理，更有意義，更具價值。

作品取景地點則由筆者追蹤確認，另外參考費德廉與蘇約翰用心考證的李仙得《臺灣紀行》一書中湯姆生照片之背景資料。

有編號者為威爾康圖書館典藏品〔威爾康圖書館網頁更新之後，已經取消照片編號，但是以筆者目錄上的典藏編號[1]搜尋，仍可找到該照片〕，無編號者則是當時沖印後，被收錄在書籍或被保存在相關單位以及收藏家擁有的照片，將特別列明出處。

本目錄試以湯姆生行進的路徑依序排列，方便照片內涵的後續追蹤、研究、探索或修正。截至目前為止，本書採集的照片總數為60張；序號0為拍攝於廈門的湯姆生自身影像，故不計入。期望這樣階段性的整理能對有心接續研究者提供些許助力。

序號	拍攝地點	典藏編號或出處	中／英文標題
0	福建省廈門市	L0056003	湯姆生與中國福建省廈門的兩個滿州士兵 Amoy, Fukien province, China: two Manchu soldiers with John Thomson
1	高雄市旗後燈塔	L0055885	打狗港入口 Entrance to Takow harbour, Formosa, 1871
2	高雄市旗後燈塔	L0056431	打狗港景觀 View in Takow harbour, Formosa, 1871
3	高雄市旗後燈塔	L0056395	打狗港景觀 1871 View in Takow harbour, Formosa, 1871
4	高雄市旗後燈塔	L0056431 與 L0056395 合成	打狗港景觀全景 Panoramic view in Takow harbour, Formosa, 1871

5	高雄市壽山南脈山脊東面北側	L0056517 《臺灣紀行》	打狗沙岬 Sand spit of Takao[2]
6	高雄市哨船頭	《臺灣紀行》	包裝蔗糖 Sugar packing, 1871
7	高雄市海巡署旗後安檢所後方	L0055967	打狗港 Takow, Formosa, 1871
8	高雄市壽山忠烈祠附近	L0056393	打狗潟湖 Lagoon Formosa, Takow, 1871
9	高雄市旗津海水浴場	L0056335 《臺灣紀行》	旗後山山腳岩礁 Rock at the foot of Ke-how Hill [3]
10	高雄市旗津海水浴場	L0056391	打狗竹筏 Bamboo boats Takow Formosa, 1871
11	高雄市旗津海水浴場	L0056163	竹筏 Bamboo boat Formosa, 1871
12	高雄市旗津海水浴場	L0056043	在岸浪中撈魚苗 Fishing in the surf Formosa, 1871
13	高雄市近郊	L0056047	顯露根部的榕樹 Banyan with exposed roots, Formosa, 1871
14	高雄市近郊	L0055995	龍眼樹與當地水井 The lang-an tree and native well Formosa, 1871
15	臺南市安平區	L0056049	熱蘭遮城遠景 Fort Zelandia, Formosa, 1871
16	臺南市安平區	L0056161	熱蘭遮城 Fort Zelandia, Formosa, 1871
17	臺南市區	L0056045	臺灣府繁木圍繞的一片綠草地 A grassy clearing surrounded by trees, Tai-wan-fu, Formosa, 1871
18	臺南市區	1.《中國與中國人影像》 2.《臺灣紀行》 3.《法國珍藏早期臺灣影像》 4.《從地面到天空：臺灣在飛躍之中》	臺灣府鄉間小徑 A Country Road Near Tai-wan-fu, 1871
19	臺南市近郊	L0055945	牛車 Bullock wagon, Formosa, 1871
20	臺南市近郊	L0055943	（另一張）牛車 Formosa carts,1871
21	臺南市近郊	L0056597	蓖麻 Castor oil plant, Formosa, 1867
22	臺南市新化市區之南	L0056417	客家服飾與鐮刀 Natives, Formosa, 1871
23	臺南市左鎮區左鎮教會	L0056413	拔馬禮拜堂 Poah-be chapel, Formosa, 1871
24	臺南市左鎮區崗仔林	L0056543	崗仔林附近 Near Kong-a-nah, Formosa, 1871
25	高雄市內門區木柵教會	L0055961	木柵禮拜堂群像 Baksa chapel and group, Formosa,1871
26	內門區木柵教會	L0056715	木柵少女與老婦 Young and old, Baksa women, Formosa, 1871
27	內門區木柵教會	L0056711	木柵母親與孩子的早晨穿著 A mother and child in morning dress Baksa, 1871

28	內門區木柵教會	L0056719	木柵女與嬰孩 A Baksa woman and child, Formosa, 1871
29	內門區木柵教會	L0056189	30 歲的木柵平埔女人 Pepohoan female, Baksa, age 30 years, 1871
30	內門區木柵教會	L0056457	30 歲的木柵平埔女人側影 Pepohoan female, Baksa, age 30 years, 1871
31	內門區木柵教會	1.《臺灣紀行》 2. 費德廉提供	30 歲的木柵平埔女人全家福
32	內門區木柵教會	L0056459	綁頭巾的木柵平埔女人 Pepohoan female head dress, Baksa, Formosa, 1871
33	內門區木柵教會	L0056485	20 歲的木柵平埔女孩 Pepohoan girl, Baksa, Formosa, 20 years old, 1871
34	內門區木柵教會	1.《中國與中國人影像》 2.《臺灣紀行》 3.《法國珍藏早期臺灣影像》 4.《從地面到天空：臺灣在飛躍之中》 5. 國立臺灣歷史博物館	綁頭巾著盤扣式上衣的木柵平埔女孩
35	內門區木柵教會	L0056453	36 歲的木柵平埔男子 Pepohoan male, age 36 years, Baksa, Formosa, 1871
36	內門區木柵教會	V0037228	36 歲的木柵平埔男子側影 Pepohoan Baksa, Formosa,（male） age 36 years, 1871
37	內門區木柵教會前	1.《中國與中國人影像》 2.《臺灣紀行》 3.《法國珍藏早期臺灣影像》 4.《從地面到天空：臺灣在飛躍之中》	木柵竹子 Bamboos of Baksa, 1871
38	內門區木柵里	L0056713	木柵女孩服飾 Garb, A Baksa girl, Formosa, 1871
39	內門區木柵里	L0056415	兩位木柵女人 Baksa women, 1871
40	內門區木柵里	L0056411	木柵當地人 Natives of Baksa, Formosa, 1871
41	內門區木柵里	L0056187 與 L0056185 合併	木柵獵人團體立體影像 A native hunting party, Baksa, Formosa, 1871
		L0056187	木柵獵人團體 A native hunting party, Baksa, Formosa, 1871
		L0056185	當地獵人 Native hunters, Formosa, 1871
42	內門區木柵里	L0055969	木柵三合院 Pepohoan house, Baksa, Formosa, 1871
43	內門區木柵里石厝	L0055887	木柵巖與兩尾當地常見的赤尾青竹絲 The Seh-luk-pau or yellow bamboo snake, most deadly. A great hanging rock at Bak-sa, Formosa. With two deadly snakes common to the place, 1871

44	內門區木柵里石厝	L0055997	木柵巖與赤尾青竹絲 Seh-luk-pau or yellow bamboo snake, most deadly. A great hanging rock at Baksa, Formosa, 1871
45	內門區溝坪里與杉林區杉林里界山	《臺灣紀行》	玉山 Mount Morrison
46	杉林區八張犁	John Thomson (1837-1921) Photographer	福爾摩沙森林 Forest in Formosa, 1871
47	甲仙區白雲仙谷	L0055973	甲仙埔與荖濃間的山溪 A mountain stream between Ka-san-po and Lau-long, Formosa, 1871
48	甲仙區山區	L0055971	巖峭與森林 Formosa,1871
49	六龜區荖濃里山區	L0055691	荖濃與甲仙埔間的山溪 Amountain stream between Lau-long and Ka-san-po, Formosa, 1871
50	六龜區荖濃里直瀨溪	L0056183 與 L0056483 合併	荖濃附近的捕魚團體立體影像 A fishing party near Lau-long, 1871
		L0056183	福爾摩沙當地人 Natives of Formosa, 1871
		L0056483	荖濃附近的捕魚團體 A fishing party near Lau-long, 1871
51	六龜區荖濃里直瀨溪	L0056407	（另一張）荖濃附近的捕魚團體 A fishing party near Lau-long, 1871
52	六龜區荖濃里荖濃溪谷	L0055977	荖濃溪谷 Lau-long valley, Formosa, 1871
53	六龜區荖濃里荖濃溪谷	L0055975	荖濃東方森林覆蓋的群山 Forest covered hills east of Lau-long, Formosa, 1871
54	六龜區荖濃里	L0056717	荖濃黃 ko 的房屋 Hong-ko's house, Lau-long, Formosa, 1871
55	六龜區荖濃里	L0056409	荖濃的平埔老婦們 Old Pe-po-hoan women Lau-long, Formosa, 1871
56	六龜區荖濃里	L0056277	荖濃 Goan-a 和他的妹妹 Goan-a and his sister, Lau-long, 1871
57	六龜區六龜里后山	L0056551	六龜里溪谷東南方景觀 La-ko-li valley, looking S(outh)E(ast), Formosa, 1871
58	六龜區六龜里后山	《臺灣紀行》	六龜里溪谷東北方景觀 La-ko-li valley, looking NE, Formosa, 1871
59	杉林區枋寮	L0055963	與我們的武裝嚮導丁才在枋寮附近的小溪 Stream near Pang-liau with Teng-Tsai our guide, 1871
60	內門區溝坪里	V0036863	深的乾泥坑 Deep dry clay pit,1871

湯姆生與馬雅各年表

鏡頭後的湯姆生

1837 年　　6 月 14 日，出生於英國蘇格蘭愛丁堡，在九個孩子中排行第八，家中經營煙草生意。

1851-1858 年　在愛丁堡受過基礎教育後，在光學儀器製造商當學徒，學習光學與科學儀器的製作。擔任學徒期間以兩年時間進入瓦特學院（Heriot-Watt College）就讀夜校。

1857 年　　自然哲學學門結業。

1858 年　　獲初等數學與化學二個學門的結業證書。這些儀器、人文、機械、化學相關知識，對他日後從事攝影工作幫助很大。

1862 年　　4 月 29 日，追隨長他兩歲的哥哥威廉來到新加坡，當時威廉是從事鐘錶製作與攝影工作，兩人合力經營經線儀、光學與航海儀器製作的生意。同一時期，湯姆生也開始建立自己的攝影工作室，以新加坡為基地，北至馬來亞，西至麻六甲海峽，西南至蘇門答臘等地旅行，用相機記錄當地的村落景觀、原住民與人文活動。

1865 年　　賣掉新加坡的工作室，於 9 月 28 日來到曼谷，為泰皇孟庫（King of Siam Mongkut）與皇室成員拍照。

1866 年　　1 月 27 日，前往寮國與柬埔寨旅行。以兩個月時間進行吳哥窟古城的探險與拍攝，6 月回到英國後，加入倫敦皇家民族學會（Royal Ethnological Society of London），並當選為皇家地理學會會員。

1867 年　　出版第一本著作《柬埔寨的古跡》（The Antiquities of Cambodia），在歐洲引起極大的迴響。7 月再回到遠東地區，在西貢住了三個月，之後在新加坡稍作停留。

1868 年　　將工作重心移至香港，在皇后大道成立個人攝影工作室，以人像攝影維生。11 月 19 日　在香港與皮特里船長的女兒伊莎貝爾・皮特里（Isabel Petrie）結婚，隔年生下第一個孩子。直到 1878 年，共生育三子三女。

1870 年　　在三名香港外僑陪同下，遊訪了廣州珠江的支流北江，出版第二本著作《在北江》（Views on the North River），並找到幾家雜誌社贊助旅費，以提供影像與旅行報導為代價。年底前往廣州、澳門、汕頭、潮州與廈門，再從閩江口進入福州馬尾港，又經福州城從閩江水路抵達南平，再返回福州。

1871 年　　4 月前往臺灣，然後返回香港短暫停留。8 月抵達上海，之後經過膠州灣和天津。9 月抵達北京。10 月底從北京返回上海，進行長江逆流而上之旅，來到漢口、宜昌，拍攝長江三峽；回程又拍攝九江、南京等城市。回到上海之後又乘船到寧波，然後返回上海。在廈門停留時遇見馬雅各醫生，透過馬雅各得知臺灣原住民的資訊，深深受到吸引，於是決定隨同馬雅各醫生來到臺灣。

1872 年　　經香港返回英國，開始出版他所拍攝的遠東影像作品。

1873 年	出版第三本著作《福州和閩江》（Foo Chew and the River Min）。同年，〈南福爾摩沙紀行〉（Notes of a Journey in Southern Formosa）一文發表於皇家地理學會的雜誌上，是湯姆生特別為臺灣撰寫的專文。
1873-1874 年	出版第四本著作《中國和中國人影像》（Illustrations of China and its People, Volume 1-4），總計四冊，以文字搭配沖印的照片。關於臺灣的篇章收錄在第一、二冊。
1875 年	出版第五本著作《十載遊記：麻六甲海峽、中國與中南半島》（The Straits of Malacca, Indo-China and China or, Ten years' Travels, adventures, and residence abroad），其中關於描述臺灣的文字相當細膩精彩。
1876-1877 年	與作家阿道爾夫・史密斯（Adolphe Smith，1846-1924）合作拍攝，並發表大量倫敦街頭生活的單篇文字攝影作品。
1878 年	出版第六本著作《倫敦街頭生活》（Street Life in London）。前往賽浦路斯（Cyprus）旅行攝影，這是他這生最後一次外出旅行。
1879 年	出版第七本著作《鏡頭下走覽賽浦路斯：在 1878 年秋天》（Through Cyprus with the Camera: in the Autumn of 1878）。11 月 11 日，湯姆生當選攝影學會成員。該攝影學會之後發展為「皇家攝影學會」。
1881 年	湯姆生在倫敦成立肖像攝影室，被維多利亞女王（Queen Victoria）指定為皇家御用攝影師。
1886 年	1 月，開始指導皇家地理學會的探險家以攝影記錄他們的旅行。
1898 年	出版第八本著作《一具相機走中國》（Through China with a Camera）。
1910 年	退休後返回愛丁堡定居，繼續撰寫攝影相關文章。
1920 年	寫信給經營製藥公司的收藏家亨利・威爾康（Henry Wellcome），試探他對自己的玻璃底片收藏與展示的意願。
1921 年	10 月 7 日（另一記錄為 9 月 29 日），因心臟病發去世，享年 84 歲。同年，威爾康向湯姆生的後代，購買 660 片玻璃底片。在此說明，其實湯姆生的玻璃底片總數不只 660 片，從香港回英國時曾經篩選過一次。而且多張曾沖印成照片，卻未見玻璃底片或留有拍照敘述，其拍攝的玻璃底片應該更多。

〈木柵平埔番婦女〉
出自《臺灣紀行》
經費德廉與蘇約翰同意引用

仁醫宣教士馬雅各

1836 年	3 月 18 日生出生於英國蘇格蘭愛丁堡。父親是蘇格蘭自由教會長老，他在教會的教育系統裡成長。
1850 年	畢業於皇家高中（Royal High School），進入愛丁堡大學（The University of Edinburgh）就讀。
1858 年	畢業於愛丁堡大學。在學期間完成醫學課程，也修讀理則學、倫理學、數學及自然哲學。之後前往德國烏茲堡與伯林的醫學院進修。
1860 年	留德期間，專門研究脾臟和血癌，獲得 M.D. 學位。在此之前馬雅各即取得愛丁堡 LRCP 和 LRCS 資格，在倫敦布朗普頓醫院（Consumption Hospital, Brompton）擔任住院醫師六個月。
1861 年	轉赴英國伯明翰綜合醫院（Birmingham General Hospital）擔任住院醫師，並認識後來的夫人瑪麗・安・古達（Mary Anne Goodall）。同時成為寬街長老教會（Broad Street Presbyterian Church）長老，當時的牧會者為馬侃茲牧師（Rev. Mackenzie）。
1863 年	在教會聚會時遇到從中國廈門回國的杜嘉德牧師（Rev. Carstairs Douglas），從他口中得知「Formosa」，馬雅各毅然辭去伯明翰醫院薪水優沃的職務，向英國長老教會海外宣教委員會提出申請，自願受差派前往遙遠的臺灣，成為一名海外醫療宣教士。8 月，自英國搭乘「波羅乃西」（Polonaise）號輪船出發。繞過好望角，渡過印度洋，經歷近 140 天後在 12 月 4 日抵達上海。
1864 年	1 月 2 日轉抵廈門宣教區，學習臺灣通行的廈門方言（今天通稱的閩南語），並參觀醫療傳道的運作方式。10 月 5 日，為了考察臺灣的宣教環境，在杜嘉德牧師與僕人吳文水及兩位廈門信徒陪同下，搭船抵達打狗，在南臺灣進行 25 天的走訪。
1865 年	5 月 28 日，與老僕吳文水、漳州傳道陳子路和配藥師黃嘉智三位助手，在杜嘉德牧師陪伴下從廈門搭輪船「META」號駛往打狗。6 月 16 日，在臺灣府城西門外看西街（現今臺南市仁愛街 43 號）租下一幢房子，前面作為禮拜堂，後面是醫館，從此開始在臺灣醫療宣教的工作。後來這天成為英國長老教會在臺灣設教紀念日。
	或許是仁心的馬雅各醫術大受歡迎，竟遭到嫉妒排擠，謠傳他取人心肝、挖人眼睛去做藥，因此府城人心惶惶。7 月 9 日，民眾包圍醫館，揚言拆除禮拜堂，馬雅各在臺灣府城行醫傳道僅 23 天後，便被迫轉赴有英國領事保護的旗後，租下三間房間供作醫院與禮拜堂，繼續醫療與傳道的工作。
	11 月，馬雅各在因緣際會下，隨著水手、海關職員、洋行分店負責人及冒險家的英格蘭人必麒麟（William Alexander Pickering, 1840-1907），深入南臺灣內山地界的新港（Sin-kang）、崗仔林（Kong-a-na）、南庄（Lam-tsng）、芎蕉腳（Keng-chio-ka）、荖濃（Lau-lung）、排剪社（Pai-chien）與美壟社（Bilang）等地。因深受平埔原住民歡迎，而開啟了在平埔族群生活區醫療宣教的契機。
1868 年	3 月，經廈門以及汕頭前往香港。4 月 7 日，在香港與未婚妻古達完婚後，於 5 月 2 日返回臺灣。
	12 月 2 日，清朝與英國駐臺灣領事吉必勳（John Gibson）訂立《樟腦協議》，承認宣教士在臺灣有傳教與居住的權利。12 月 25 日聖誕節，馬雅各回到臺灣府城宣教經營。不久後在府城內二老口街府東巷尾租一間大厝做為傳教基地，是老式三進平房，第一進做為醫館、藥房、外科房、病房，第二進為禮拜堂，第三進有僕人房、客

房、倉庫等。後來又在亭仔腳街租下房子做為福音及培育信徒之用，也就是後來俗稱的「舊樓」醫院（即今日臺南新樓醫院的前身）。

1869 年	2 月，雇用來自木柵的戴返與兩名女性，三人並協助宣教，讓患病族親得到醫治後再把福音帶回木柵。
1870 年	4 月，成立「木柵禮拜堂」。之後又分別建立「柑仔林」（1871 年 1 月 8 日）、「拔馬」（1871 年 3 月）、「崗仔林」（1871 年 11 月）等三間禮拜堂，奠定基督長老教會在南臺灣的基礎。
1871 年	德馬太醫生（Dr. Dickson）來到臺灣接替馬雅各醫生的工作，11 月馬雅各返回英國述職休養，調養背椎病痛。
1880 年	歷經十年致力於印製羅馬字新約聖經的編輯工作之後，人在英國的馬雅各成功研製出臺灣第一台羅馬拼音白話字印刷機、排字架、鉛字等印刷工具。這些工具也促成日後第一家印刷廠「聚珍堂」書房及臺灣第一份報紙《臺灣府城教會報》（即今天的《教會公報》）之成立。
1883 年	12 月 23 日，偕夫人再度來到臺灣，英國母會的余饒理（George Ede）與夫人也同行。
1884 年	10 月 20 日，因馬雅各夫人身染重病，加上中、法戰爭爆發，馬雅各與夫人搭乘最後一艘船離開臺灣，前往廈門。返回英國之後未再踏足臺灣。
1888 年	英國倫敦舉行國際宣教會議，會中戴德生（James Hudson Taylor, 1832-1905）宣教士、海班明與馬雅各在大會中發表演說。戴德生說：「我在中國事奉已經超過 30 年，深信鴉片貿易在一星期之內對中國造成的傷害，多過於各宣教士在一年所累積的善事。」馬雅各也毅然陳述：「當成千上萬的中國人在那裏受苦，我們怎能在英國閒坐，而不起來反對這麼重大的罪惡呢？」最後大會無異議通過反對鴉片貿易的決議。
1918 年	1 月 23 日，馬雅各夫人過世，安葬於普拉斯托（Plaistow）聖瑪麗（St. Mary）墓園。
1921 年	3 月 6 日，馬雅各過世。四天後，巴克禮博士返回英國休假，為馬雅各主持喪禮。馬雅各與夫人同葬於聖瑪麗墓園。

〈馬雅各醫生與家人〉
左起：臺灣當地信徒、馬雅各醫生、木柵女性 Ngauh-a、馬雅各夫人古達、李豹、管家吳文水。
經費德廉與蘇約翰同意引用

一、中文

專書

王雅倫。《法國珍藏早期臺灣影像：攝影與歷史的對話》。臺北市：雄獅圖書，1997。

王嵩山、汪明輝、浦忠成。《鄒族史篇》。南投縣：臺灣省文獻委員會，2001。

石萬壽。《甲仙鎮海軍墓勘查研究》。臺北市：內政部民政司史蹟維護科，1991。

必麒麟（W. A. Pickering）著。陳逸君譯述，劉還月導讀。《歷險福爾摩沙》。臺北市：原民文化事業有限公司，2000。

《安平縣雜記》。南投縣：臺灣省文獻委員會，1993。

余文儀。《續修臺灣府志》。南投縣：臺灣省文獻委員會，1993。

李仙得（Charles W. Le Gendre）著，費德廉（Douglas L. Fix）與蘇約翰（John Shufelt）主編，羅效德與費德廉中譯。《臺灣紀行》（Notes of Travel in Formosa, 1874）。臺南市：國立臺灣歷史博物館，2013。

周何總主編。《國語活用辭典》。臺北市：五南，2009。

約翰・湯姆生（John Thomson）著，徐家寧譯。《中國與中國人影像》。廣西：廣西師範大學，2012。

約翰・湯姆生（John Thomson）著，魏延年主編，黃詩涵翻譯、顏湘如校稿。《從地面到天空：臺灣在飛躍之中》。臺北市：信鴿法國書店，2006。

約翰・湯姆生（John Thomson）著，顏湘如、黃詩涵譯。《十載遊記》。臺北市：大塊文化，2019。

梁志輝、鍾幼蘭編輯。《臺灣原住民史料彙編》七。南投縣：臺灣文獻委員會，1998。

梁實秋。《遠東實用英漢辭典》。臺北市：遠東圖書，2004。

陳修主編。《臺灣話大詞典》。臺北市：遠流出版公司，1992。

陳紹馨、傅瑞德合著。《臺灣人口之姓氏分布》第一冊。臺北市：國立臺灣大學法學院社會學系，1970。

游永福。《甲仙文史記事》。臺北縣：詩藝文出版社，2006。

劉克襄。《福爾摩沙大旅行》。臺北市：玉山社，1999。

劉建芳總編修。《甲仙鄉志》（增修初版）。高雄縣：甲仙鄉公所，2009。

劉澤民、陳文添、顏義芳編譯。《臺灣總督府檔案平埔族關係文獻選輯》。南投縣：臺灣省文獻委員會，2001。

劉澤民編著。《平埔百社古文書》。南投縣：國史館臺灣文獻館，2002。

潘英。《臺灣平埔族史》。臺北市：南天書局，1996。

潘稀祺。《臺灣醫療宣教之父：馬雅各醫生傳》。臺南市：基督長老教會新樓醫院，

2004

謝佩霓總編輯，曾芳玲執行編輯。《玻光流影：約翰湯姆生世紀影像特展——鏡頭下的福爾摩沙與亞洲紀行》。高雄市：高雄市立美術館，2012。

謝金鑾、鄭兼才合著。《續修臺灣縣志》。南投縣：臺灣省文獻委員會，1993。

蘭伯特‧凡‧德‧歐斯弗特（Lambert van der Aalsvoort）著，林金源譯。《福爾摩沙見聞錄：風中之葉》。臺北市：經典雜誌，2002。

報紙

〈蕃情兩紀〉。《漢文臺灣日日新報》，1905 年 12 月 17 日，05 版：「雜報」。

期刊論文

張宇彤。〈前清打狗英國領事館之保存與再生〉。臺中市：《文化資產保存學刊》，第九期（2009 年 9 月）：頁 45-70。

曾國明。《日治時代楠梓仙溪中游地區的土地開發與區域特色之形塑》。碩士論文，國立臺灣師範大學地理學系，2003。

莊士巧。《高雄港流場與海水交換之數值模擬研究》。碩士論文，國立中山大學海洋資源研究所，2002 年 1 月，頁 4、11、26。http://www2.nsysu.edu.tw/ets486/web/12.pdf

陳德智。〈清末臺灣安平砲擊事件之研究〉。南投縣：《臺灣文獻》，第六十一卷第三期（2010 年 9 月）：頁 151-190。

網頁

「2015 巴黎攝影月」，〈約翰‧湯姆生影像特展新聞稿〉，頁 12。http://u.osu.edu/mclc/files/2015/09/0903-pk-1h2ev32.pdf

Lazylazy。〈一斗米等於多少斤〉。《Baidu 知道》。http://translate.googleusercontent.com/translate_c?depth=1&hl=zh-TW&prev=search&rurl=translate.google.com.tw&sl=zh-CN&u=http://zhidao.baidu.com/question/535366106.html%3Floc_ans%3D1351313844&usg=ALkJrhh6hiIE1O-zca6jj4s9jc4OjcP8qw

〈二老口舊樓〉。《教會史話》（第二輯 134）。《賴永祥長老資料庫》。http://www.laijohn.com/book2/134.htm

九江五金行。〈玻璃與木心板重量計算公式〉（2015 年 7 月新增鐵板、鋁合金板）。http://www.jioujiang.com/nine4_2.asp?num=197

〈木柵早期領洗者〉。《教會史話》（第二輯 166）。《賴永祥長老資料庫》。http://www.laijohn.com/book2/166.htm

〈木柵的歸主運動〉。《教會史話》（第二輯 142）。《賴永祥長老資料庫》。http://www.laijohn.com/book2/142.htm

〈木柵基督長老教會〉。《賴永祥長老資料庫》。http://www.laijohn.com/PCT-W/8/84552/BS/0/about/NgTbeng.htm

王昭文。〈臺灣溯源／臺灣的呂底亞〉。《曠野雜誌》，第 183 期（2013 年 5-6 月）。http://www.cap.org.tw/W/w-183-4.html

〈天涯問答〉。《天涯社區》。http://wenda.tianya.cn/question/376c922c8a84e0be

〈中國大運河、絲路成功入選世界文化遺產名錄〉。《ETtoday 東森新聞雲》。http://www.ettoday.net/news/20140623/370807.htm

孔懷瑞。〈第三章兩岸毒品犯罪方析〉。《臺海兩岸毒品犯罪問題分析 - 兼談兩岸合作打擊毒品犯罪》。http://nccur.lib.nccu.edu.tw/bitstream/140.119/33851/7/103007.pdf

玉川。〈攝影展「晚清碎影」到英國〉。http://www.bbc.com/zhongwen/trad/uk/2010/02/100209_ent_chinain19th.shtml

〈甲仙化石館〉。高雄市：甲仙區公所。http://www.jiashian.gov.tw/?Guid=657e1524-a8e3-1a5c-c5fe-e470b1360408

「平安」。教育部。《臺灣閩南語常用詞辭典》。http://twblg.dict.edu.tw/holodict_new/result_detail.jsp?n_no=1710&curpage=1&sample=p%C3%AEng&radiobutton=1&querytarget=1&limit=20&pagenum=4&rowcount=78

《伊能嘉矩臺灣踏查日記：羅漢門篇》。《羅漢門鄉土文化資訊網》。http://nelmen.tacocity.com.tw/aa.htm

〈赤尾青竹絲〉。《自然生活記趣》。http://blog.sina.com.tw/30839/article.php?entryid=587071

〈赤尾青竹絲〉。《兩岸萌典》。https://www.moedict.tw/~%E8%B5%A4%E5%B0%BE%E9%9D%92%E7%AB%B9%E7%B5%B2

〈赤尾青竹絲〉。《國家人權博物館籌備處》。https://www.nhrm.gov.tw/information?uid=118&pid=2016

〈赤尾青竹絲〉。《臺灣大學數位動物博物館》。http://archive.zo.ntu.edu.tw/rept_index.asp?rept_id=R0104

李夢哲、史育女。〈打狗古今對照圖說〉。《打狗英國領事館的故事》。出版者：林富男，2007。http://www.takaoclub.com/shaochuantou/shaomap.htm

呂麗嬋。〈姚詠蓓在大世界走一圈，舊倉庫找回百年香港〉。http://hk.apple.nextmedia.com/news/art/20131215/18551298

林惠君。〈農試所研發荔枝乾紅潤飄酒香〉。《大紀元》（引用自中央社）。http://www.epochtimes.com/b5/13/10/2/n3977463.htm 農試所研發荔枝乾 -- 紅潤飄酒香 .html

周鍾瑄編纂。《諸羅縣志》〈卷八〉（維基中國哲學書電子化計畫）。http://ctext.org/wiki.pl?if=gb&chapter=456879

〈柑仔林教會自立待望〉。《教會史話》（第二輯 147）。《賴永祥長老資料庫》。http://www.laijohn.com/book2/147.htm

〈拔馬教會的起源〉。《教會史話》（第二輯 143）。《賴永祥長老資料庫》。http://www.laijohn.com/book2/143.htm

《法語助手》。http://www.frdic.com/dicts/fr/

〈受精卵孵化〉。《農業知識入口網》。http://kmweb.coa.gov.tw/mobile/Subject/SubjectArticleList?nodeID=2369&unitID=956&rootID=155

〈甚麼叫虱目魚〉。《行政院農業委員會》。https://kmweb.coa.gov.tw/subject/ct.asp?xItem=90201&ctNode=2357&mp=155&kpi=0&hashid=

翁佳音。〈從舊地名與古地圖看臺灣近代初期史〉。《臺灣史第十一講》。《臺灣月刊雙月電子報》（2008 年 2 月號）。http://subtpg.tpg.gov.tw/web-life/taiwan/9702/9702-01.htm

馬利胡健。〈一種植物和一個人的追求〉。《人民日報》。http://www.people.com.cn/GB/channel1/10/20000406/29750.html

〈按察使銜福建分巡臺灣兵備道〉。《臺灣歷史數位圖書館》。進入網站之後，點選「參考工具」之〈清代臺灣文官官職表查詢系統〉，接著以「人名查詢」。http://thdl.ntu.edu.tw/tools/

〈第十三篇綜合經濟管理與監督第三章計量第一節度量衡器〉。《樂業縣志》。《廣西地情網》。http://www.gxdqw.com/bin/mse.exe?seachword=&K=c&A=42&rec=168&run=13

張志中。〈永興教會：窮鄉僻壤的柑仔林宣教〉。《臺灣教會公報》第 2283 期（1995 年 12 月 3 日）頁 5。http://www.laijohn.com/PCT-W/8/84553/EH/about/1995.htm

張添鉢。〈臺灣水土保持芻談：月球世界〉。《臺灣省土木技師工會》。http://www.twce.org.tw/info/%E6%8A%80%E5%B8%AB%E5%A0%B1/447-4-2.htm

邵波（天津市文物局）。〈線性文化遺產的保護管理體系探析〉。《中國揚州》。http://www.yangzhou.gov.cn/gnyhcslw/201409/02e4c83147124009a9e741393179e1ca.shtml

〈種魚自然繁殖及受精卵收集〉。《農業知識入口網》。http://kmweb.coa.gov.tw/mobile/Subject/SubjectArticleContent?nodeID=2422&unitID=992&rootID=155

〈黃金虱目魚問世〉。《臺灣水產電子報》（2004 年 7 月 2 日）。http://www.cwin.com/scpnews-0405/view2.asp?id=518

黃叔璥。〈卷五‧番俗六考〉。《臺海使槎錄》。「維基中國哲學書電子化計畫」。http://ctext.org/wiki.pl?if=gb&chapter=253802

黃富三。〈外商洋行〉。《臺灣大百科全書》。臺北市：文化部。http://nrch.cca.gov.tw/twpedia.php?id=4867

郁永和。《裨海紀遊》（卷下）。《維基文庫自由的圖書館》。https://zh.wikisource.org/wiki/%E8%A3%A8%E6%B5%B7%E7%B4%80%E9%81%8A/%E5%8D%B7%E4%B8%8B

莊宗益。〈青灰岩地區植物分佈〉。http://www.wxp.ks.edu.tw/nature/theme4/book/book2/5/5.htm

莊溪。〈綠珊瑚〉、〈土牛膝〉、〈赤尾青竹絲〉、〈山煙草〉。《認識植物》。http://kplant.biodiv.tw/

〈愛國良吏黎兆堂〉。《杏壇人民政府網》。http://61.142.131.12:82/gate/big5/xingtan.shunde.gov.cn/data/main.php?id=3333-4180470

〈臺灣城殘蹟（安平古堡殘蹟）〉。臺南市文化資產管理處。http://tmach-culture.tainan.gov.tw/asset/assetdetail.asp?assetid=%7B88F1596C-8A93-45EC-B827-5DE46CBAB083%7D

〈臺灣城殘蹟（安平古堡殘蹟）〉。文化部文化資產局。http://view.boch.gov.tw/NationalHistorical/ItemsPage.aspx?id=35

摛。《康熙字典》摛的解釋。《漢典》。http://www.zdic.net/z/8f/kx/22CB8.htm

葉振輝著。《開港初期打狗史事研究》。高雄市：高雄市文獻委員會，2003，頁 110 ～ 136。http://britishconsulate.khcc.gov.tw/PhotoData/PIC1021211_2.pdf

劉建仁。〈倒退嚕〉。《臺灣話的語源與理據》（電子書）。https://taiwanlanguage.wordpress.com/2012/10/30/%e5%80%92%e9%80%80%e5%9a%95%ef%bc%88to%ca%9f-te%ca%9f-lu%ef%bc%89%e2%94%80%e2%94%80%e5%80%92%e8%bb%8a%e3%80%81%e9%80%80%e6%ad%a5/

劉運恩著。《華人基督教史人物辭典》。http://www.bdcconline.net/zh-hant/stories/by-person/m/ma-yage.php

郭德剛（Fernando Sainz）神父。天主教聖道明傳道中心。〈玫瑰省臺灣區會〉。http://www.catholic.org.tw/dominicanfamily/fam_frrosary.htm

〈熱蘭遮城城垣暨城內建築遺構〉。文化部文化資產局。http://www.boch.gov.tw/boch/frontsite/cultureassets/caseBasicInfoAction.do?method=doViewCaseBasicInfo&caseId=DA09602001170&assetsClassifyId=1.1&version=1

鍾肇政。〈臺灣客家人的分佈〉。《客家世界網》。http://www.hakkaworld.com.tw/

news2a_singo.asp?news_a_id=8

戴子堯。〈南瀛漁業：話虱目魚苗〉。《黑面琵鷺保育學會》。http://www.bfsa.org.tw/tc/chigu-in-3.php?pageNum_Recordset0=1&totalRows_Recordset0=38&&id=94

〈戴返遇見必麒麟〉。《教會史話》（第二輯 141）。《賴永祥長老資料庫》。http://www.laijohn.com/book2/141.htm

蕭達鴻。〈高雄市地質調查與土層特徵〉。http://www2.kuas.edu.tw/prof/hsiaodh/03-12-24.doc

〈關於我們〉。《財團法人高雄市私立基督教山地育幼院》。http://www.cmchtw.org.tw/_ch/about.php

圖像

〈捕魚圖〉。《番社采風圖》。中央研究院歷史語言研究所典藏。http://saturn.ihp.sinica.edu.tw/~wenwu/taiwan/

「福衛二號衛星影像」。國家太空中心。提供單位：中央研究院人文社會科學研究中心 GIS 研究專題中心。

「打狗港截取圖」。《臺灣堡圖》。美國國會圖書館原件典藏。資料數位化：中央研究院人社中心地圖與遙測影像數位典藏計畫，提供單位：中央研究院人文社會科學研究中心。

"Sketch map of southern Formosa",Reed College. Reed College Digital Collections.https://rdc.reed.edu/c/formosa/s/r?_pp=20&s=f5142d0abd9b6825ed54f2d8a6745948a7c8edcc&p=1&pp=1

二、日文

伊能嘉矩著。《大日本地名辭書·臺灣》。東京：富山房，1909。

湯淺浩史著。《瀨川孝吉臺灣原住民族影像誌：鄒族篇》。臺北市：南天書局，2000。

溪水著。〈六龜里、甲仙埔巡禮〉。《臺法月報》第 12 卷第 3 期（1918 年 3 月 20 日）：頁 35-37。

「蕃薯寮撫墾署長佐竹義和報告書」。《臺灣總督府檔案公文類纂》94/8。南投縣：國史館臺灣文獻館。

「蕃薯寮廳山杉林支廳管轄區域」。《臺灣總督府檔案公文類纂》599/21。南投縣：國史館臺灣文獻館。

三、外文

"APepohoanDwelling,"Reed College. Reed College Digital Collections. http://cdm.reed.edu/cdm4/document.php?CISOROOT=/formosa&CISOPTR=712&REC=1

"A sharp eye on everyday China, "China Daily Europe, "E-paper / Life." http://europe.chinadaily.com.cn/epaper/2014-04/04/content_17405771.htm

Bangus or milfish(Chanoschanos), Jürgen Freund Photography. http://jurgenfreund.photoshelter.com/image/I0000Wd4.09GFbXI

"Digitising Thomson's photographs ","John Thomson photographs,"Wellcome library. https://wellcomelibrary.org/collections/digital-collections/john-thomson-photographs/

"Illustrations of China and its people: Vol. II, Plate III, A Pepohoan Dwelling,"Reed College Digital Collections.http://cdm.reed.edu/cdm4/document.php?CISOROOT=%2Fformosa&CISOPTR

=712&REC=11&CISOBOX=Pepohoan+house Indulgy. http://indulgy.com/post/

"John Thomson's China,"Wellcome Collection. https://wellcomecollection.org/articles/john-thomsons-china-0

"John Thomsonphotographs,"Wellcome Library. http://wellcomelibrary.org/collections/digital-collections/john-thomson-photographs/

"John Thomson Photographs of China and the Far East,"Westwood Gallery. http://www.westwoodgallery.com/projects/traveling/john-thomsons-photographs-of-china-and-the-far-east/

"Illustrations of China and its People,"Volume1, Wikipedia. https://en.wikisource.org/wiki/Illustrations_of_China_and_Its_People/Volume_1

"Illustrations of China and its People, "Volume 2, Wikipedia. https://en.wikisource.org/wiki/Illustrations_of_China_and_Its_People/Volume_2

Muséefrançais de la photographie. http://collections.photographie.essonne.fr/board.php?facet:objectCategory=mfp__LQ_SYS_OBJECTCATEGORY_MATERIAL_C

National Science and Media Museum. http://collection.sciencemuseum.org.uk/search?q=camera

" Notes of a journey in Southern Formosa, 1873, " Reed College Digital Collections. https://www.reed.edu/formosa/texts/Thomson1873.html

The Watt Institution and School of Arts. https://www.hw.ac.uk/services/heritage-information-governance/history/edinburgh/watt-institution-school-arts.htm

"Thomson Biography,"Reed College Digital Collections. http://www.reed.edu/Formosa/texts/thomsonbio.html

"ThroughChinawitha Camera, 1898,"Wikisource.Chapter VII. Formosa. p138.https://en.wikisource.org/wiki/Through_China_with_a_camera

" VuePrise à Lakoli,"Reed College Digital Collections, https://www.reed.edu/

formosa/gallery/image_pages/Thomson/VueLakoli_S.html

自序

1. Henry Wellcome（亨利‧威爾康，1853-1936），美國 Almond, Wisconsin 人，1880 年起以醫藥發跡於英國。
2. "John Thomson's China"（約翰‧湯姆遜的中國），Wellcome Collection, https://wellcomecollection.org/articles/john-thomsons-china-0（2014 年 7 月 26 日瀏覽）。相關文字中譯：游蕙嘉。
3. 王雅倫著，《法國珍藏早期臺灣影像》（臺北市：雄獅圖書股份有限公司，1997 年）。
4. 劉克襄著，《福爾摩沙大旅行》（臺北市：玉山社出版事業有限公司，1999 年），頁 124-141。
5. 蘭伯特‧凡‧德‧歐斯弗特（Lambert van der Aalsvoort）著，林金源譯，《福爾摩沙見聞錄：風中之葉》（臺北市：經典雜誌，2002 年），頁 151-171。
6. 約翰‧湯姆生（John Thomson）著，魏延年主編，黃詩涵翻譯、顏湘如校稿，《從地面到天空：臺灣在飛躍之中》（臺北市：信鴿法國書店，2006 年）。
7. 英國威爾康圖書館 (Wellcome Library), http://wellcomeimages.org。若想搜尋湯姆生照片，可點入 Images，在 Search 欄輸入「John Thomson」；搜尋湯姆生臺灣照片，則輸入 Formosa。
8. 「2015 巴黎攝影月」，〈約翰‧湯姆生影像特展新聞稿〉，頁 12。http://u.osu.edu/mclc/files/2015/09/0903-pk-1h2ev32.pdf（2015 年 9 月 6 日瀏覽）
9. 邵波（天津市文物局），〈線性文化遺產的保護管理體系探析〉，《中國揚州》，http://www.yangzhou.gov.cn/gnyhcslw/201409/02e4c83147124009a9e741393179e1ca.shtml（2015 年 2 月 13 日瀏覽）〈中國大運河、絲路成功入選世界文化遺產名錄〉，《ETToday 東森新聞雲》，http://www.ettoday.net/news/20140623/370807.htm（2015 年 2 月 13 日瀏覽）

第一章　湯姆生的南臺灣旅行地圖、報導文章與照片

1. "A sharp eye on everyday China," China Daily Europe, "E-paper / Life", http://europe.chinadaily.com.cn/epaper/2014-04/04/content_17405771.htm（2016 年 1 月 3 日瀏覽）。中文翻譯：游蕙嘉。
2. John Thomson's China," Wellcome Collection, http://wellcomecollection.org/john-thomsons-china（2015 年 9 月 19 日瀏覽）；"John Thomson photographs," Wellcome Library, http://wellcomelibrary.org/collections/digital-collections/john-thomson-photographs/（2015 年 9 月 19 日瀏覽）。中文翻譯：游蕙嘉，擷取整理：游永福。
3. 玉川著，〈攝影展「晚清碎影」到英國〉，http://www.bbc.com/zhongwen/trad/uk/2010/02/100209_ent_chinain19th.shtml（2015 年 9 月 19 日瀏覽）

4. 呂麗嬋著，〈姚詠蓓在大世界走一圈，舊倉庫找回百年香港〉，http://hk.apple.nextmedia.com/news/art/20131215/18551298（2015 年 9 閱 20 日瀏覽）

1-1. 湯姆生南臺灣旅行地圖

1. "Sketch map of southern Formosa," Reed College Digital Collections, https://rdc.reed.edu/c/formosa/s/r?_pp=20&s=f5142d0abd9b6825ed54f2d8a6745948a7c8edcc&p=1&pp=1（2014 年 2 月 18 日瀏覽）
2. 為了表示族群尊重，「平埔番」用詞接下來一律調整為「平埔族群」或「平埔社群」。
3. 必麒麟（W. A. Pickering）著，陳逸君譯述，劉還月導讀，《歷險福爾摩沙》（臺北市：原民文化事業有限公司，2000 年出版），頁 124-135。
4. 《福爾摩沙大旅行》，頁 136。
5. 約翰・湯姆生著，徐家寧譯，《中國與中國人影像》（廣西：廣西師範大學出版社，2012 年），頁 168-169。
6. 約翰・湯姆生著，魏延年主編，黃詩涵翻譯，《從地面到天空：臺灣在飛躍之中》，頁 54。
7. 里程數據是筆者與團隊成員游心一親自踏查量測。
8. 《福爾摩沙大旅行》，頁 140，註 23。

1-3. 湯姆生的攝影方法與臺灣照片統計

1. 感謝林志明教授提出建議。
2. National Science and Media Museum, http://collection.sciencemuseum.org.uk/search?q=camera（2017 年 6 月 7 日瀏覽）
3. 筆者曾直接去信請館方協助提供研究所需的相機資料，雖得到系統自動回覆，之後卻無下文。
4. " John Thomson Photographs of China and the Far East," Westwood Gallery, http://www.westwoodgallery.com/projects/traveling/john-thomsons-photographs-of-china-and-the-far-east/（2015 年 12 月 8 日瀏覽）。中文翻譯：游蕙嘉。
5. .Muséefrançais de la photographie, http://collections.photographie.essonne.fr/board.php?facet:objectCategory=mfp___LQ_SYS_OBJECTCATEGORY_MATERIAL_C（2014 年 5 月 24 日瀏覽）
6. 感謝王雅倫教授、林志明教授、游蕙嘉、游安雅與臺北信鴿法國書店同仁協助翻譯。另外筆者曾參酌《法語助手》網站，以釐清翻譯的盲點。http://www.frdic.com/dicts/fr/（2015 年 12 月 31 日瀏覽）
7. 關於玻璃板重量的計算，感謝林志明教授建議留意「古代玻璃與現代玻璃之間的誤差問題」。
8. 九江五金行，〈玻璃與木心板重量計算公式〉（2015 年 7 月新增鐵板、鋁合金板），http://www.jioujiang.com/nine4_2.asp?num=197（2015 年 12 月 8 日瀏覽）
9. 《從地面到天空：臺灣在飛躍之中》，頁 122。中文翻譯：游蕙嘉。
10. 蘇約翰（John Shufelt），東海大學外文系教授，為費德廉教授的研究夥伴。

第二章　好戲，就從打狗開演

1. 《從地面到天空：臺灣在飛躍之中》，頁 32-34。
2. 同前註，頁 44。
3. 同前註，頁 46。

2-1. 打狗港景觀

1. 翁佳音，〈從舊地名與古地圖看臺灣近代初期史〉，《臺灣史第十一講》（中興新村：《臺灣月刊雙月電子報》，2008 年 2 月號）。http://subtpg.tpg.gov.tw/web-life/taiwan/9702/9702-01.htm（2014 年 4 月 29 日瀏覽）
2. 「生意人之島」的指述，原文標示為「Handelaars Eylandt」。
3. 「Sand spit of Takao」英文名稱，出現於李仙得（Charles W. Le Gendre）著，《Notes of Travel in Formosa. 1874》（臺南市：國立臺灣歷史博物館，2012 年，英文版），頁 166；中文翻譯，請見費德廉（Douglas L. Fix）與蘇約翰（John Shufelt）主編，羅效德與費德廉中譯，《臺灣紀行》（臺南市：國立臺灣歷史博物館，2013 年，中文版），頁 157，翻譯為「打狗的沙岬」，筆者將之簡略為「打狗沙岬」。
4. 《從地面到天空：臺灣在飛躍之中》（臺北市：信鴿法國書店，2006 年），頁 36。
5. 葉振輝著，《開港初期打狗史事研究》（高雄市：高雄市文獻委員會，2003），頁 110、114。http://britishconsulate.khcc.gov.tw/PhotoData/PIC1021211_2.pdf（2017 年 6 月 7 日瀏覽）
6. 蕭達鴻，〈高雄市地質調查與土層特徵〉，http://www2.kuas.edu.tw/prof/hsiaodh/03-12-24.doc（2015 年 5 月 28 日瀏覽）
7. 《法國珍藏早期臺灣影像》（臺北市：雄獅圖書股份有限公司，1997 年），頁 78。
8. 以法文標示的這張「打狗港平面圖」能夠釐清內容，主要借助從瑞士回臺度假，才 12 歲的姪孫游安通，於 2012 年 7 月 26 日協助部分文字辨識，以及在國立台灣大學地質科學系進行博士後研究的法國賀蘇晴（Sutieng Ho）於 2016 年 6 月 5 日接續協助，才使全部文字得以明朗，讓地圖更加可用。
9. 張宇彤著，〈前清打狗英國領事館之保存與再生〉（臺中市：《文化資產保存學刊》，第九期，2009 年 9 月），頁 45-70。
10. 《法國珍藏早期臺灣影像》，頁 80。
11. 感謝費德廉教授提供 JohnRichards 這篇文章之節錄。
12. 《臺灣紀行》，頁 157。
13. 《從地面到天空：臺灣在飛躍之中》，頁 38。原文，頁 86。
14. 在協助鄭立明導演拍攝《尋找木柵女》電影時，曾透過高雄市文化局申請上達研究後判定的南壽山取景點進行勘查拍照，然因該地屬軍事管制區而無法如願。
15. 《臺灣紀行》，頁 160-161。
16. 謝佩霓總編輯，曾芳玲執行編輯，《玻光流影：約翰湯姆生世紀影像特展——鏡頭下的福爾摩沙與亞洲紀行》（高雄市：高雄市立美術館，2012 年 11 月），頁 22。李夢哲、史育女著，〈打狗古今對照圖說〉，《打狗英國領事館的故事》（出版者：林富男，2007 年），頁 57、58、61。http://www.takaoclub.com/shaochuantou/shaomap.htm（2016 年 4 月 27 日瀏覽）
17. 來自美國的 Joshua DanielHeald 乃筆者外甥女婿，目前定居臺灣。

18. 莊溪著,〈綠珊瑚〉,《認識植物》,http://kplant.biodiv.tw/%E7%B6%A0%E7%8F%8A%E7%91%9A/%E7%B6%A0%E7%8F%8A%E7%91%9A.htm(2016 年 6 月 26 日瀏覽)

19. 引自彭淑芬口述。

20. 葉振輝著,《開港初期打狗史事研究》,頁 124-132。http://britishconsulate.khcc.gov.tw/PhotoData/PIC1021211_2.pdf(2017 年 6 月 8 日瀏覽)

21. 孔懷瑞著,〈第三章兩岸毒品犯罪方析〉,《臺海兩岸毒品犯罪問題分析 - 兼談兩岸合作打擊毒品犯罪》,頁 43。http://nccur.lib.nccu.edu.tw/bitstream/140.119/33851/7/103007.pdf(2015 年 6 月 27 日瀏覽)

22. 黃富三,〈外商洋行〉,《臺灣大百科全書》(臺北市:文化部),http://nrch.cca.gov.tw/twpedia.php?id=4867(2015 年 6 月 27 日瀏覽)

23. 不著撰人,《安平縣雜記》(南投縣:臺灣省文獻委員會。1993 年),頁 30。

2-2. 打狗港景觀

1. 「打狗港截取圖」,《臺灣堡圖》,原件典藏單位:美國國會圖書館,資料數位化:中央研究院人文社會科學研究中心地圖與遙測影像數位典藏計畫,授權單位:中央研究院人文社會科學研究中心。

2. 《法國珍藏早期臺灣影像》,頁 44。

3. 摛的意義,可參見:《康熙字典》摛的解釋,《漢典》,http://www.zdic.net/z/8f/kx/22CB8.htm(2015 年 5 月 28 日瀏覽),在此特別感謝朋友卓幸君提供該筆網路字典資料給筆者參考,由於「摛」字的出現,更多網路資料也得以現蹤:陳修主編,《臺灣話大詞典》(臺北市:遠流出版公司,1992 年),頁 1187。

4. 劉建仁,〈倒退嚕〉,《臺灣話的語源與理據》電子書,https://taiwanlanguage.wordpress.com/2012/10/30/%e5%80%92%e9%80%80%e5%9a%95%ef%bc%88to%ca%9f-te%ca%9f-lu%ef%bc%89%e2%94%80%e2%94%80%e5%80%92%e8%bb%8a%e3%80%81%e9%80%80%e6%ad%a5/(2015 年 6 月 10 日瀏覽)

5. 〈種魚自然繁殖及受精卵收集〉,《農業知識入口網》,http://kmweb.coa.gov.tw/mobile/Subject/SubjectArticleContent?nodeID=2422&unitID=992&rootID=155(2014 年 5 月 18 日瀏覽)

6. 〈受精卵孵化〉,《農業知識入口網》,http://kmweb.coa.gov.tw/mobile/Subject/SubjectArticleList?nodeID=2369&unitID=956&rootID=155(2014 年 5 月 18 日瀏覽)

7. 〈甚麼叫虱目魚〉,《行政院農業委員會》,https://kmweb.coa.gov.tw/subject/ct.asp?xItem=90201&ctNode=2357&mp=155&kpi=0&hashid=(2014 年 5 月 18 日瀏覽)

8. Bangus or milfish(Chanoschanos), Jürgen Freund Photography, http://jurgenfreund.photoshelter.com/image/I0000Wd4.09GFbXI(2014 年 5 月 15 日瀏覽)

9. 戴子堯,〈南瀛漁業:話虱目魚苗〉《黑面琵鷺保育學會》,http://www.bfsa.org.tw/tc/chigu-in-3.php?pageNum_Recordset0=1&totalRows_Recordset0=38&&id=94(2014 年 5 月 18 日瀏覽)

10. 莊士巧著,《高雄港流場與海水交換之數值模擬研究》碩士論文(國立中山大學海洋資源研究所,2002 年 1 月),頁 4、11。http://www2.nsysu.edu.tw/ets486/web/12.pdf(2016 年 6 月 27 日瀏覽)

11. 同前註,頁 26。

2-3. 打狗近郊風光

1. 《從地面到天空：臺灣在飛躍之中》，頁 36。
2. 陳修主編，《臺灣話大詞典》，頁 422。

第三章　臺灣府城掠影

1. 《從地面到天空：臺灣在飛躍之中》，頁 38-40。
2. 同前註，頁 86。
3. 〈愛國良吏黎兆堂〉，《杏壇人民政府網》。http://61.142.131.12:82/gate/big5/
   xingtan.shunde.gov.cn/data/main.php?id=3333-4180470（2014 年 11 月 6 日瀏覽）
4. 〈按察使銜福建分巡臺灣兵備道〉，《臺灣歷史數位圖書館》，進入網站之後，
   點選「參考工具」之〈清代臺灣文官官職表查詢系統〉，接著以「人名查詢」。
   http://thdl.ntu.edu.tw/tools/（2014 年 11 月 6 日瀏覽）
5. 從地面到天空：臺灣在飛躍之中》，頁 42。
6. 同前註。
7. 同前註，頁 90。
8. 余文儀著，《續修臺灣府志》（南投縣：臺灣省文獻委員會。1993 年）。頁
   614。
9. 謝金鑾、鄭兼才合著，《續修臺灣縣志》（南投縣：臺灣省文獻委員會。1993
   年）。頁 52。
10. 不著撰人，《安平縣雜記》，頁 88。

3-1. 荷蘭人的熱蘭遮城

1. 〈熱蘭遮城城垣暨城內建築遺構〉，文化部文化資產局，http://www.boch.gov.tw/
   boch/frontsite/cultureassets/caseBasicInfoAction.do?method=doViewCaseBasicInfo&caseId=D
   A09602001170&assetsClassifyId=1.1&version=1（2014 年 12 月 11 日瀏覽）
2. 〈臺灣城殘蹟（安平古堡殘蹟）〉，臺南市文化資產管理處，http://tmach-
   culture.tainan.gov.tw/asset/assetdetail.asp?assetid=%7B88F1596C-8A93-45EC-B827-
   5DE46CBAB083%7D（2014 年 12 月 11 日瀏覽）
3. 吉必勳於 1868 年 7 月繼任哲美遜（Jamieson）為英國駐臺灣領事。
4. 清朝官方文獻記錄的「茄噹」，今新譯為「戈爾登」，乃英國皇家砲艦「阿爾
   及利亞（Algrine）」號的艦長，軍階為「海軍中尉」。
5. 陳德智著，〈清末臺灣安平砲擊事件之研究〉（南投縣：《臺灣文獻》
   第六十一卷第三期，2010 年 9 月），頁 172。https://www.google.com.tw/
   search?sourceid=navclient&hl=zh-TW&ie=UTF-8&rlz=1T4ASUM_zh-TWTW512TW512
   &q=%e6%b8%85%e6%9c%ab%e5%8f%b0%e7%81%a3%e5%ae%89%e5%b9%b3%e7%a0%b
   2%e6%93%8a%e4%ba%8b%e4%bb%b6%e4%b9%8b%e7%a0%94%e7%a9%b6（2014 年 11
   月 09 日瀏覽）
6. 同前註，頁 177。
7. 同前註，頁 177-178。
8. 同前註，頁 178。
9. 同前註，頁 180-181。
10. 〈臺灣城殘蹟（安平古堡殘蹟）〉，文化部文化資產局，http://view.boch.gov.tw/

NationalHistorical/ItemsPage.aspx?id=35（2014 年 11 月 10 日瀏覽）

3-2. 臺灣府城與近郊

1. 《從地面到天空：臺灣在飛躍之中》，頁 40。
2. 同前註，頁 44-46。
3. 照片標題翻譯：孫靜芳。
4. 葉振輝著，《開港初期打狗史事研究》，頁 129，http://britishconsulate.khcc.gov.
   tw/PhotoData/PIC1021211_2.pdf（2017 年 6 月 8 日瀏覽）
5. 《從地面到天空：臺灣在飛躍之中》，頁 46-48。
6. 同前註，頁 94。
7. 《法國珍藏早期臺灣影像》，頁 38。
8. 《從地面到天空：臺灣在飛躍之中》，頁 48。
9. 同前註。
10. 同前註。
11. 同前註，頁 48-50。

3-3. 客家聚落與影像

1. 《從地面到天空：臺灣在飛躍之中》，頁 50。
2. 鍾肇政，〈臺灣客家人的分佈〉，《客家世界網》，http://www.hakkaworld.com.
   tw/news2a_singo.asp?news_a_id=8（2014 年 3 月 21 日瀏覽）
3. 〈天涯問答〉，《天涯社區》，http://wenda.tianya.cn/question/376c922a84e0be
   （2015 年 5 月 22 日瀏覽）
4. 馬利胡健，〈一種植物和一個人的追求〉，《人民日報》，http://www.people.
   com.cn/GB/channel1/10/20000406/29750.html（2011 年 4 月 11 日瀏覽）

第四章　馬雅各醫生的教區

1. 《從地面到天空：臺灣在飛躍之中》，頁 50。
2. 同前註，頁 96。

4-1. 拔馬禮拜堂

1. 〈拔馬教會的起源〉，《教會史話》（第二輯 143），《賴永祥長老資料庫》。
   http://www.laijohn.com/book2/143.htm（2014 年 11 月 26 日瀏覽）
2. 《從地面到天空：臺灣在飛躍之中》，頁 52。
3. 游永福著，《甲仙文史記事》（台北縣：詩藝文出版社，2006），頁 82。
4. 同前註，頁 87。
5. 《從地面到天空：臺灣在飛躍之中》，頁 78。

4-2. 木柵禮拜堂

1. 《從地面到天空：臺灣在飛躍之中》，頁 52。
2. 陳修主編，《臺灣話大詞典》，頁 1342。

3. 「平安」，《臺灣閩南語常用詞辭典》（教育部），http://twblg.dict.edu.tw/holodict_new/result_detail.jsp?n_no=1710&curpage=1&sample=p%C3%AEng&radiobutton=1&querytarget=1&limit=20&pagenum=4&rowcount=78（2014 年 6 月 18 日瀏覽）

4. 《伊能嘉矩臺灣踏查日記：羅漢門篇》，《羅漢門鄉土文化資訊網》，http://nelmen.tacocity.com.tw/aa.htm（2014 年 1 月 4 日瀏覽）

5. 〈木柵的歸主運動〉，《教會史話》（第二輯 142），《賴永祥長老資料庫》。http://www.laijohn.com/book2/142.htm（2014 年 11 月 20 日瀏覽）

6. 〈木柵早期領洗者〉，《教會史話》（第二輯 166），《賴永祥長老資料庫》，http://www.laijohn.com/book2/166.htm（2015 年 06 月 16 日瀏覽）

7. 約翰‧湯姆生著，徐家寧譯，《中國與中國人影像》（廣西：廣西師範大學，2012），頁 178。

8. 《從地面到天空：臺灣在飛躍之中》，頁 60。

9. 陳修主編，《臺灣話大詞典》，頁 503。坽簷腳石，即固定在屋簷下土台邊緣的石頭，有降低簷滴與雨水沖刷土台的功用。

10. 《從地面到天空：臺灣在飛躍之中》，頁 106。

11. 同前註，頁 60。

12. indulgy, http://indulgy.com/post/ei9SUu44M1/diadem（2015 年 8 月 18 日瀏覽）

13. 2013 年 7 月 1 日，筆者承蒙費德廉大方提供研究使用，謹此致謝。

14. 潘稀祺編著，《臺灣醫療宣教之父：馬雅各醫生傳》（臺南市：基督長老教會新樓醫院，2004），頁 75。

15. 莊溪著，〈土牛膝〉，《認識植物》，http://kplant.biodiv.tw/%E5%9C%9F%E7%89%9B%E8%86%9D/%E5%9C%9F%E7%89%9B%E8%86%9D.htm（2015 年 6 月 28 日瀏覽）

16. 《從地面到天空：臺灣在飛躍之中》，頁 50-52、98。

17. 梁實秋著，《遠東實用英漢辭典》（臺北市：遠東圖書，2004 年出版），頁：1066。

18. 《從地面到天空：臺灣在飛躍之中》，頁 52。

19. 陳修主編，《臺灣話大詞典》，頁 60。

20. 〈第十三篇綜合經濟管理與監督第三章計量第一節度量衡器〉，《廣西地情網》，《樂業縣志》。http://www.gxdqw.com/bin/mse.exe?seachword=&K=c&A=42&rec=168&run=13（2014 年 11 月 12 日瀏覽）

21. lazylazy，〈一斗米等於多少斤〉，《Baidu 知道》，http://translate.googleusercontent.com/translate_c?depth=1&hl=zh-TW&prev=search&rurl=translate.google.com.tw&sl=zh-CN&u=http://zhidao.baidu.com/question/535366106.html%3Floc_ans%3D1351313844&usg=ALkJrhh6hiIE1O-zca6jj4s9jc4OjcP8qw（2015 年 6 月 30 日瀏覽）

22. "APepohoan Dwelling," Reed College. Reed College Digital Collections.http://cdm.reed.edu/cdm4/document.php?CISOROOT=/formosa&CISOPTR=712&REC=1（2015 年 9 月 5 日瀏覽）。中文翻譯：游蕙嘉。

23. "APepohoan Dwelling, " Reed College. Reed College Digital Collections.http://cdm.reed.edu/cdm4/document.php?CISOROOT=/formosa&CISOPTR=712&REC=1（2015 年 6 月 30 日瀏覽）

24. "APepohoan Dwelling, " Reed College. Reed College Digital Collections.http://cdm.reed.edu/cdm4/document.php?CISOROOT=/formosa&CISOPTR=712&REC=1（2015 年 6 月 30 日瀏覽）

25. "Notes of a journey in Southern Formosa, 1873, "Reed Formosa Texts. https://www.reed.edu/

formosa/texts/Thomson1873.html（2015 年 8 月 20 日瀏覽）

26. 莊溪，〈赤尾青竹絲〉，《認識植物》，http://kplant.biodiv.tw/%E6%A9%A2%E5
%9C%93%E7%B7%9A%E8%95%A8/%E8%B5%A4%E5%B0%BE%E9%9D%92%E7%AB
%B9%E7%B5%B2/%E8%B5%A4%E5%B0%BE%E9%9D%92%E7%AB%B9%E7%B5%B2.htm
（2015 年 7 月 1 日瀏覽）

〈赤尾青竹絲〉，《國家人權博物館籌備處》，https://www.nhrm.gov.tw/
information?uid=118&pid=2016（2015 年 7 月 1 日瀏覽）

〈赤尾青竹絲〉，《臺灣大學數位動物博物館》，http://archive.zo.ntu.edu.tw/
rept_index.asp?rept_id=R0104（2015 年 7 月 1 日瀏覽）

〈赤尾青竹絲〉，《兩岸萌典》，https://www.moedict.tw/~%E8%B5%A4%E5%B0%
BE%E9%9D%92%E7%AB%B9%E7%B5%B2（2015 年 7 月 1 日瀏覽）

27. 〈赤尾青竹絲〉，《自然生活記趣》，http://blog.sina.com.tw/30839/article.
php?entryid=587071（2015 年 7 月 1 日瀏覽）

28. "Notes of a Journey in Southern Formosa, 1873 ",Reed Formosa Texts.http://www.reed.edu/
Formosa/texts/Thomson1873.html（2017 年 6 月 13 日瀏覽）

4-3. 東行路徑與「柑仔林」聚落

1. 《從地面到天空：臺灣在飛躍之中》，頁 54。
2. 游永福著，《甲仙文史記事》（台北縣：詩藝文出版社，2006），頁 38-40。
3. 同前註，頁 158。
4. 「蕃薯寮廳山杉林支廳管轄區域」，《臺灣總督府公文類纂》599/21（南投縣：
國史館臺灣文獻館）
5. 《從地面到天空：臺灣在飛躍之中》，頁 100。
6. 〈柑仔林教會自立待望〉，《教會史話》（第二輯 147）《賴永祥長老資料庫》，
http://www.laijohn.com/book2/147.htm（2015 年 7 月 2 日瀏覽）

第五章　浪舞南仔仙溪

1. 《從地面到天空：臺灣在飛躍之中》，頁 54、100。
2. 張志中撰，〈永興教會：窮鄉僻壤的柑仔林宣教〉，《臺灣教會公報》2283
期（1995 年 12 月 3 日出版）頁 5。http://www.laijohn.com/PCT-W/8/84553/EH/
about/1995.htm（2015 年 7 月 3 日瀏覽）
3. 《從地面到天空：臺灣在飛躍之中》，頁 54。

5-1. 馬雅各醫生的願望

1. 《從地面到天空：臺灣在飛躍之中》，頁 54-56。
2. 同前註，頁 56。
3. 《福爾摩沙見聞錄：風中之葉》，頁 160。
4. 《從地面到天空：臺灣在飛躍之中》，頁 102。
5. 《福爾摩沙大旅行》，頁 135，註 9。
6. 《從地面到天空：臺灣在飛躍之中》，頁 102。
7. 莊溪，〈山煙草〉，《認識植物》，http://kplant.biodiv.tw/%E5%B1%B1%E7%85%9
9%E8%8D%89/%E5%B1%B1%E7%85%99%E8%8D%89.htm（2015 年 7 月 18 日瀏覽）

8. "Notes of a journey in Southern Formosa, 1873," Reed Formosa Texts. http://cdm.reed.edu/cdm4/document.php?CISOROOT=/formosa&CISOPTR=721&REC=13# （2015 年 9 月 5 日瀏覽）

9. 中文翻譯：游蕙嘉。

10. "Illustrations of China and its people: Vol. II, Plate III, A Pepohoan Dwelling," Reed College Digital Collections. http://cdm.reed.edu/cdm4/document.php?CISOROOT=%2Fformosa&CISOPTR=712&REC=11&CISOBOX=Pepohoan+house （2015 年 9 月 5 日瀏覽）

11. 陳修主編，《臺灣話大詞典》，頁 505。

12. 《從地面到天空：臺灣在飛躍之中》，頁 56。

13. 《福爾摩沙大旅行》，頁 136，註 11。

14. 《從地面到天空：臺灣在飛躍之中》，頁 56-58。

15. 同前註，頁 58。

16. 《歷險福爾摩沙》，頁 124-135。

17. 《從地面到天空：臺灣在飛躍之中》，頁 60。

18. 同前註，頁 46。

19. 同前註，頁 58。

20. 梁實秋著，《遠東實用英漢辭典》，頁 1053。

21. 《從地面到天空：臺灣在飛躍之中》，頁 58。

22. 同前註，頁 104。

23. 同前註。

24. 同前註。

25. 同前註，頁 112。

5-2. 瓠仔寮，和善的好聚落

1. 《從地面到天空：臺灣在飛躍之中》，頁 58。

2. 同前註，頁 104。

3. 同前註。

4. 同前註，頁 58-60。

5. 同前註，頁 60。

6. 同前註。

7. 同前註。

8. 同前註。

9. 游永福著，《甲仙文史記事》，頁 44-45。

10. 《從地面到天空：臺灣在飛躍之中》，頁 62。

11. 同前註，頁 106。

12. 同前註，頁 62。

13. 同前註。

14. 同前註，頁 76。

5-3. 甲仙埔，狂野活力的迎賓晚會

1. 《從地面到天空：臺灣在飛躍之中》，頁 62。

2. 在 2016 年雨季，滴水崁溪口小徑入口之後的陡坡路段，因豪雨崩塌，要入溪口，得另覓新路徑。

3. 《歷險福爾摩沙》，頁 127。

4. 《從地面到天空：臺灣在飛躍之中》。

5. 同前註，頁 108。

6. 同前註。

7. 同前註。

8. 同前註。

9. 同前註，頁 64。

10. 同前註。

11. 同前註，頁 64。

12. 同前註，頁 110。

13. 同前註，頁 64。

14. 同前註，頁 66。

15. 周鍾瑄編纂，《諸羅縣志》〈卷八〉（維基中國哲學書電子化計畫），第 162 項。
    http://ctext.org/wiki.pl?if=gb&chapter=456879（2015 年 8 月 5 日瀏覽）

16. 黃叔璥著，《臺海使槎錄》〈卷五·番俗六考〉（維基中國哲學書電子化計畫），
    第 10 與第 60 項。http://ctext.org/wiki.pl?if=gb&chapter=253802（2015 年 8 月 8 日
    瀏覽）

17. 《福爾摩沙大旅行》，頁 138。

18. 《從地面到天空：臺灣在飛躍之中》，頁 110。

19. 同前註。

20. 劉建芳總編修，《甲仙鄉志》（增修初版）（高雄縣：甲仙鄉公所，2009 年 5 月）。
    頁：171-180。

21. 郁永和著，《裨海紀遊》〈卷下〉（維基文庫自由的圖書館）。https://
    zh.wikisource.org/wiki/%E8%A3%A8%E6%B5%B7%E7%B4%80%E9%81%8A/%E5%8D%B
    7%E4%B8%8B（2015 年 8 月 6 日瀏覽）

22. 《臺灣紀行》，頁 184-185。

23. 《從地面到天空：臺灣在飛躍之中》，頁 421。

24. 郭德剛（Fernando Sainz），天主教聖道明傳道中心，〈玫瑰省臺灣區會〉，
    http://www.catholic.org.tw/dominicanfamily/fam_frrosary.htm（2015 年 8 月 6 日瀏覽）

25. 《從地面到天空：臺灣在飛躍之中》，頁 66。

26. 《從地面到天空：臺灣在飛躍之中》，頁 66-68。

27. 同前註。

28. 〈蕃情兩紀〉，《漢文台灣日日新報》1905 年 12 月 17 日，05 版，「雜報」。

29. 同前註，頁 64。

30. 《從地面到天空：臺灣在飛躍之中》。

31. 中譯：游永福，《甲仙文史記事》，頁 99。英文："Through China with a
    Camera, 1898, "Wikisource.Chapter VII. Formosa. page138. https://en.wikisource.org/wiki/
    Through_China_with_a_camera（2015 年 8 月 20 日瀏覽）

32. 《從地面到天空：臺灣在飛躍之中》，頁 68。

33. 同前註。

34. 同前註。

35. 《歷險福爾摩沙》，頁 126-131。

36. 石萬壽著，《甲仙鎮海軍墓勘查研究》（臺北市：內政部民政司史蹟維護科。
    1991 年 2 月 28 日完成），頁 72。

37. 同前註，頁 73。

38. 湯淺浩史著，《瀨川孝吉臺灣原住民族影像誌：鄒族篇》（臺北市：南天書局，
    2000 年 11 月）。頁 4-5。

39. 曾國明著，《日治時代楠梓仙溪中游地區的土地開發與區域特色之形塑》（國立臺灣師範大學地理學系第三十二屆碩士論文，2003），頁 81-82。

40. 王嵩山、汪明輝、浦忠成著，《鄒族史篇》（南投縣：臺灣省文獻委員會。出版日期：2001 年 7 月），頁 227。

41. 王嵩山、汪明輝、浦忠成著，《鄒族史篇》，頁 239。

42. 〈甲仙化石館〉，高雄市：甲仙區公所。http://www.jiashian.gov.tw/?Guid=657e1524-a8e3-1a5c-c5fe-e470b1360408（2015 年 8 月 17 日瀏覽）

第六章　迷人荖濃溪與歸程

1. 《從地面到天空：臺灣在飛躍之中》，頁 68。
2. 同前註，頁 112。中文翻譯：游蕙嘉。

6-1. 荖濃風情畫

1. 《從地面到天空：臺灣在飛躍之中》，頁 68。

2. 同前註，頁 112。

3. 同前註，頁 70。

4. 同前註，頁 114。

5. 同前註，頁 70。

6. 同前註。

7. 作為一位特別關注臺灣的歷史學者，費德廉的視野相當寬廣，且不吝為拙著充實資料，令人感佩。

8. 《從地面到天空：臺灣在飛躍之中》，頁 72。

9. 《歷險福爾摩沙》，頁 129。

10. 《從地面到天空：臺灣在飛躍之中》。

11. 同前註，頁 116。

12. 同前註。

13. 同前註。

14. 〈捕魚圖〉，《番社采風圖》，中央研究院歷史語言研究所典藏，http://saturn.ihp.sinica.edu.tw/~wenwu/taiwan/（2015 年 8 月 25 日瀏覽）

15. 《從地面到天空：臺灣在飛躍之中》，頁 70。

16. 同前註，頁 70、114。

17. 謝佩霓總編輯，曾芳玲執行編輯，《玻光流影：約翰·湯姆生世紀影像特展》，頁 91。

18. 陳修主編，《臺灣話大詞典》，頁 689-690。

19. 同前註，頁 688-689、1257-1258。

20. 潘英編著，《臺灣平埔族史》（臺北市：南天書局有限公司，1996 年 6 月），頁 381。

21. 同前註。

22. 陳紹馨、傅瑞德合著，《臺灣人口之姓氏分布》第一冊（臺北市：國立台灣大學法學院社會學系，1970 年 7 月出版），頁 800-805。

23. 《臺灣平埔族史》，頁 397-399。

24. 不著撰人，《安平縣雜記》，頁 57。

25. 遺憾的是，在本書撰寫未完成之際，黃飛虎已經於 2015 年 8 月 19 日離世。

26. 《安平縣雜記》，頁 58。

27. 同前註。

6-2. 六龜里驚奇

1. 《從地面到天空：臺灣在飛躍之中》，頁 72。

2. 同前註，頁 72-74。

3. 同前註，頁 74。

4. 〈關於我們〉，財團法人高雄市私立基督教山地育幼院，http://www.cmchtw.org.
   tw/_ch/about.php（2015 年 12 月 16 日瀏覽）

5. 《從地面到天空：臺灣在飛躍之中》，頁 118。

6. 劉澤民編著，《平埔百社古文書》（南投縣：國史館臺灣文獻館，2002），頁
   84-85。

7. 劉澤民、陳文添、顏義芳編譯，《臺灣總督府檔案平埔族關係文獻選輯》（南
   投縣：臺灣省文獻委員會，2001），頁 190。

8. 《平埔百社古文書》，頁 94-95。

9. 不著撰人，《安平縣雜記》，頁 64。

10. 〈蕃薯寮撫墾署長佐竹義和報告書〉，《臺灣總督府檔案公文類纂》，94/8（南
    投縣：國史館臺灣文獻館）。

11. 伊能嘉矩著，《大日本地名辭書·臺灣》（東京：富山房，1909），頁 786-
    787。

12. 《從地面到天空：臺灣在飛躍之中》，頁 74。

13. 同前註，頁 118。

14. 同前註。

15. 梁實秋著，《遠東實用英漢辭典》，頁 116。

16. 《從地面到天空：臺灣在飛躍之中》，頁 74-76。

17. 同前註，頁 76。

6-3. 歸程：返回木柵

1. 《從地面到天空：臺灣在飛躍之中》，頁 76。

2. 同前註，頁 120。中文翻譯：游永福。

3. 同前註，頁 76。

4. 溪水著，〈六龜里、甲仙埔巡禮〉，《臺法月報》，第 12 卷第 3 期（1918 年 3
   月 20 日），頁 35-37。中文翻譯：李永清。

5. "Vue Prise à Lakoli," Reed College Digital Collections, https://www.reed.edu/formosa/gallery/
   image_pages/Thomson/VueLakoli_S.html（2015 年 5 月 30 日瀏覽）

6. 《福爾摩沙大旅行》，頁 140，註 23。

7. 《從地面到天空：臺灣在飛躍之中》，頁 76-78。

8. 同前註，頁 120。

9. 梁實秋著，《遠東實用英漢辭典》，頁 985。

10. 同前註。

11. 梁志輝、鍾幼蘭編輯，《臺灣原住民史料彙編》七，（南投縣：臺灣文獻委員會，
    1998 年 10 月出版），頁 451。

12. 周何總主編，《國語活用辭典》（臺北市：五南，2009），頁 1748。

13. 《從地面到天空：臺灣在飛躍之中》，頁 120。

14. 同前註，頁 78。

15. .《臺灣紀行》，頁 417。

16. 莊宗益著，〈青灰岩地區植物分佈〉，http://www.wxp.ks.edu.tw/nature/theme4/book/book2/5/5.htm（2015 年 8 月 31 日瀏覽）

17. 張添鉢著，〈臺灣水土保持芻談：月球世界〉（臺灣省土木技師工會，撰稿時間不明）。http://www.twce.org.tw/info/%E6%8A%80%E5%B8%AB%E5%A0%B1/447-4-2.htm（2014 年 9 月 3 日瀏覽）

18. 《從地面到天空：臺灣在飛躍之中》，頁 78。

19. 同前註，頁 120。

20. 同前註。

21. 同前註。

22. 同前註，頁 122。

23. 中文翻譯：游蕙嘉。

附錄 1871 年湯姆生南臺灣照片目錄

1. 係指英國倫敦威爾康圖書館的典藏編號。

2. 該照片在 Wellcome Library 的典藏名稱標記為：Saigon, Cochin China [Vietnam], 1867，典藏編號為 L0056517。

3. 該照片在 Wellcome Library 的典藏名稱標記為：In Kowloon, China, 1870。

國家圖書館出版品預行編目(CIP)資料

尋找湯姆生：1871臺灣文化遺產大發現 / 游永福作. -- 初版. -- 新北市：遠足文化, 2019.10
　　面；　公分. -- (見聞.影像；7)
ISBN 978-986-508-043-3(平裝)

1.人文地理 2.照片集 3.臺灣

733.4　　　　　　　　　　　　　　　　　　　　　　　　　　　　　　　　108017179

特別聲明：
有關本書中的言論內容，不代表本公司/出版集團的立場及意見，由作者自行承擔文責

遠足文化　　　　　　讀者回函

見聞·影像 visits & images 7

尋找湯姆生：1871臺灣文化遺產大發現

作者·游永福｜責任編輯·龍傑娣｜協力編輯·胡慧如｜｜美術設計·林宜賢｜出版·遠足文化 第二編輯部｜社長·郭重興｜總編輯·龍傑娣｜發行人兼出版總監·曾大福｜發行·遠足文化事業股份有限公司｜電話·02-22181417｜傳真·02-86672166｜客服專線·0800-221-029｜E-Mail·service@bookrep.com.tw｜官方網站·http://www.bookrep.com.tw｜法律顧問·華洋國際專利商標事務所·蘇文生律師｜印刷·凱林彩印股份有限公司｜初版·2019年10月｜初版三刷·2020年4月｜定價·700元｜ISBN·978-986-508-043-3｜版權所有·翻印必究｜本書如有缺頁、破損、裝訂錯誤，請寄回更換

本書獲國家文化藝術基金會　國家文化藝術基金會　出版補助
NCAF　National Culture and Arts Foundation